JERZY ŻABA, IRENA V. ŻABA

120 NAJPIĘKNIEJSZYCH MINERAŁÓW I SKAŁ

ATLAS
NATURALNYCH KAMIENI
SZLACHETNYCH I OZDOBNYCH

SBM
WYDAWNICTWO

Spis treści

Wstęp

Kamienie szlachetne i ozdobne są znane człowiekowi od zarania dziejów. Nieustannie wzbudzają zainteresowanie oraz zachwyt swym pięknem oraz wyjątkowymi właściwościami, a szczególnie różnorodnymi efektami optycznymi. Początkowo były stosowane w celach rytualnych, leczniczych i przede wszystkim zdobniczych, do których wykorzystywano głównie kwarc (kryształ górski i ametyst), szmaragdy, jaspisy, granaty, turkusy, perły, korale, a także bursztyn, jadeit, nefryt, serpentyn, lapis-lazuli i malachit. Zawsze stanowiły symbol siły i trwałości władzy, oznakę bogactwa, sławy i powodzenia, a także przedmiot marzeń oraz temat legend, opowieści i bajek. Ich piękno opiewali najwięksi artyści, poeci i pisarze. Nazwy drogich kamieni wielokrotnie pojawiają się w starych księgach, m.in. na stronach Biblii w opisie nowego miasta Jeruzalem (Objawienie św. Jana), gdzie oprócz dominującego czystego złota, są też wymienione jaspisy, szafiry, szmaragdy, beryle, topazy, hiacynty, ametysty, chryzolity, perły oraz chalcedon wraz z jego odmianami reprezentowanymi przez chryzopraz, sardonyks i karneol.

Kamienie szlachetne i ozdobne stanowiły niemal zawsze ozdobę insygniów władzy. Zdobią również przedmioty kultu oraz świątynie niemal wszystkich wielkich religii świata. Obecnie bardzo często są traktowane jako lokata kapitału, ale także bywają kupowane z podziwu dla ich piękna, harmonii i doskonałości. Część kamieni szlachetnych i ozdobnych nadal służy jako środek leczniczy. Na fali wzrostu popularności ezoteryki, uzdrawianie i terapie z ich wykorzystaniem stają się coraz bardziej popularne w dążeniu do osiągnięcia równowagi, zdrowia i szczęścia.

Definicja kamieni szlachetnych i ozdobnych nie jest jednoznaczna i ciągle ulega zmianom. Istnieją liczne, bardzo szczegółowe podziały tych kamieni, które jednak nie uwzględniają wszystkich przypadków oraz nie wyjaśniają nasuwających się wątpliwości. Kamienie te bowiem z trudem poddają się sztywnym klasyfikacjom, gdyż nawet ten sam rodzaj minerału lub skały, lecz o różnej jakości gemmologicznej, bywa zaliczany bądź do kamieni szlachetnych, bądź do ozdobnych, a niekiedy nawet nie kwalifikuje się do żadnej z tych grup. Ponadto bardzo wiele zależy od indywidualnych gustów i preferencji, a także subiektywnych odczuć oraz wrażliwości na piękno. Stąd też większość tych kamieni cieszy się dużym zainteresowaniem kolekcjonerów.

Kamienie szlachetne i ozdobne są reprezentowane najczęściej przez minerały (np. diament, korund, topaz, agat) oraz skały (np. unakit, nefryt, marmur onyksowy). Rzadziej są to różnego rodzaju substancje organiczne (np. bursztyn, koral, perły). Wszystkie powstają w sposób naturalny bez udziału człowieka. Jednak część kamieni szlachetnych i ozdobnych bywa wytwarzana w laboratoriach i stanowi kamienie syntetyczne, które bądź odpowiadają swymi właściwościami fizycznymi i chemicznymi określonym kamieniom naturalnym (np. syntetyczne diamenty, rubiny, szafiry albo szmaragdy), bądź są tworami całkowicie sztucznymi, nie mającymi swych naturalnych odpowiedników w przyrodzie (np. cyrkonie, piasek pustyni lub YAG). W poniższym opracowaniu nie zostały uwzględnione, gdyż nie reprezentują naturalnych kamieni.

Do **kamieni szlachetnych** są zaliczane przede wszystkim minerały, skały i substancje pochodzenia organicznego, które poza innymi zastosowaniami bywają wykorzystywane w jubilerstwie do wyrobu klejnotów. Stąd też są nazywane kamieniami jubilerskimi. Aby można było zaliczyć je do tej grupy, powinny odznaczać się szczególnym pięknem (niezwykłym wyglądem, połyskiem, barwą, czystością lub rzadko spotykanymi, zachwycającymi efektami optycznymi), wyjątkową odpornością na zniszczenie i co za tym idzie – trwałością oraz rzadkością występowania. Jednak nie wszystkie kamienie wykorzystywane w jubilerstwie spełniają te trzy podstawowe warunki. Spowodowało to, że wartościowe, niezbyt twarde i częściej spotykane okazy przez pewien czas określano jako kamienie półszlachetne (zwane też później kamieniami jubilersko-ozdobnymi). Granice pomiędzy tymi grupami stopniowo się zacierały, gdyż piękne kamienie półszlachetne częstokroć przewyższają ceną kamienie szlachetne niższej jakości. Obecnie przyjmuje się określać mianem szlachetnych wszystkie kamienie jubilerskie oraz okazy szlifowane do celów kolekcjonerskich. Do najwyżej cenionych, właściwych kamieni szlachetnych zalicza się przeważnie te najbardziej trwałe, o twardości powyżej 7 w skali Mohsa. Ale nawet w tej grupie wyróżnia się swoistą elitę kamieni drogocennych, reprezentowaną tylko przez cztery minerały: diament, rubin, szafir i szmaragd. Są to najrzadsze, najpiękniejsze, najtrwalsze i najdroższe z kamieni używanych w jubilerstwie. Łączna wartość tych czterech rodzajów kamieni szlachetnych stanowi 97% wartości wszystkich kamieni znajdujących się na światowych rynkach. Do tej elity zalicza się też niekiedy szczególnej piękności, rzadko spotykane opale, które jednak odznaczają się znacznie niższą twardością i stosunkowo niewielką trwałością. Rzeczywistą wartość większości kamieni szlachetnych można wiarygodnie ocenić dopiero po ich oszlifowaniu.

Do **kamieni ozdobnych** są zaliczane mniej cenne minerały, skały i substancje pochodzenia organicznego odznaczające się mniej efektownym wyglądem oraz mniejszą twardością i trwałością, które nie znajdują zastosowania w jubilerstwie. Stosuje się je głównie do wyrobu popularnej, niedrogiej, artystycznej galanterii, pamiątek, ozdób oraz rzeźb. Bywają też szeroko stosowane w architekturze jako kamienie okładzinowe, a także kamienie nagrobkowe. Wykonuje się z nich różnorodne przedmioty o charakterze użytkowym, jak umywalki, parapety, schody, płytki podłogowe i ścienne, kominki, blaty stołów itp. Spektrum kamieni ozdobnych jest wyjątkowo szerokie, gdyż obejmuje niemal wszystkie rodzaje skał o atrakcyjnym wyglądzie. Duża część kamieni ozdobnych bywa ponadto przedmiotem zainteresowania kolekcjonerów.

Znanych jest kilkaset kamieni szlachetnych i ozdobnych reprezentowanych przez minerały i skały (oraz ich odmiany), a także związki pochodzenia organicznego. W atlasie ukazano 120 wybranych, najczęściej spotykanych, naturalnych kamieni szlachetnych i ozdobnych, z czego przeważająca większość należy do minerałów. Nie uwzględniono produktów uzyskiwanych sztucznie, stanowiących kamienie syntetyczne, kamienie rekonstruowane oraz imitacje, a także (ze względu na szczególne bestialstwo w ich pozyskiwaniu) niektórych substancji pochodzenia organicznego, takich jak kość słoniowa, rogi nosorożców lub szylkret.

W opisach minerałów zawarto informacje o ich pozycji systematycznej, częstości występowania, pochodzeniu nazwy, cechach chemicznych i fizycznych, pochodzeniu (powstawaniu), występowaniu na świecie i w Polsce oraz znaczeniu i zastosowaniu, głównie w charakterze kamieni szlachetnych, ozdobnych i kolekcjonerskich. Opisy jubilerskich odmian minerałów przedstawiono w formie skróconej, uwzględniając przede wszystkim ich najbardziej charakterystyczne cechy. Kamienie szlachetne i ozdobne będące minerałami uporządkowano według powszechnie stosowanej klasyfikacji chemiczno-strukturalnej.

W opisach skał zawarto informacje o ich pozycji systematycznej, częstości występowania, pochodzeniu nazwy, składzie mineralnym, cechach charakterystycznych, pochodzeniu (powstawaniu), występowaniu oraz znaczeniu i zastosowaniu jako kamieni szlachetnych, ozdobnych bądź kolekcjonerskich. Zostały one uporządkowane z uwzględnieniem charakteru skał, które reprezentują, w kolejności: skały magmowe, skały metamorficzne oraz skały osadowe.

WŁAŚCIWOŚCI MINERAŁÓW

Minerały są substancjami o stałym stanie skupienia i swoistych, ściśle określonych właściwościach fizycznych i chemicznych, powstałymi w sposób naturalny, bez ingerencji człowieka, w wyniku procesów geologicznych lub kosmologicznych. Są reprezentowane przez pojedyncze pierwiastki lub znacznie częściej przez różnorodne związki chemiczne. Ich nazwa pochodzi od łac. *minera* (kopalnia, ruda) oraz *minerals* (związany z kopalnią, górnictwem). Stanowią podstawowy budulec skał. Minerały w ogromnej większości tworzą **kryształy**, gdyż odznaczają się budową krystaliczną, czyli uporządkowaną strukturą wewnętrzną. Nieliczne z nich (np. opale) są ciałami bezpostaciowymi, czyli amorficznymi (gr. *amorph* – bezkształtny, nieforemny); mają nieuporządkowaną budową wewnętrzną, w związku z czym nie wykształcają kryształów, a co za tym idzie nie wykazują większości ich cech.

POWSTAWANIE MINERAŁÓW

Minerały tworzą się w obrębie litosfery ziemskiej w wyniku procesów magmowych i metamorficznych (procesy endogeniczne) oraz na jej powierzchni dzięki procesom egzogenicznym prowadzącym m.in. do powstawania skał osadowych. Stanowią też składnik wielu ciał kosmicznych. Powstają w wyniku krystalizacji z fazy gazowej i ciekłej (zarówno z roztworów, jak i stopów magmowych), a także dzięki powolnemu przechodzeniu stałych substancji niekrystalicznych w ciała krystaliczne. Część minerałów tworzy się wskutek rekrystalizacji (blastezy) w warunkach metamorfizmu oraz diagenezy.

KLASYFIKACJA MINERAŁÓW

Znanych jest ponad 4000 gatunków i kilka tysięcy odmian minerałów. Współczesne podziały minerałów oparte są na ich składzie chemicznym i wewnętrznej budowie (strukturze). Powszechnie przyjmowaną i stosowaną jest chemiczno-strukturalna klasyfikacja minerałów obejmująca 10 gromad: 1 – pierwiastki rodzime, 2 – siarczki i siarkosole (oraz selenki, tellurki, arsenki, antymonki i bizmutki), 3 – halogenki (fluorki, chlorki, bromki i jodki), 4 – tlenki i wodorotlenki, 5 – węglany i azotany, 6 – borany, 7 – siarczany, seleniany, chromiany, molibdeniany i wolframiany, 8 – fosforany, arseniany i wanadany, 9 – krzemiany oraz 10 – związki organiczne i pokrewne, czyli substancje pochodzenia organicznego. Część minerałów tworzy grupy (np. granaty, turmaliny, pirokseny lub amfibole).

KRYSZTAŁY ORAZ ELEMENTY ICH BUDOWY

Kryształy odznaczają się prawidłową (sieciową) budową wewnętrzną. Ich elementy składowe (atomy, jony lub cząsteczki) są rozmiesz-

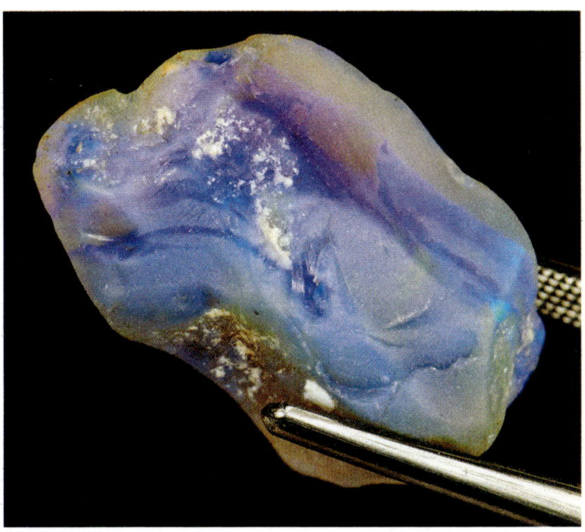

Ciało bezpostaciowe (opal)

Ciało krystaliczne (kwarc)

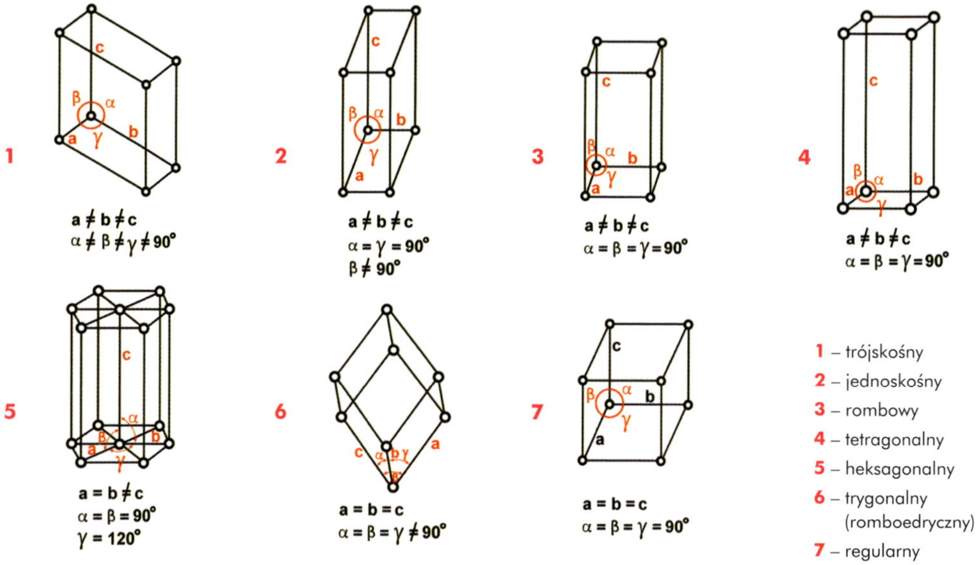

Schematy podstawowych układów krystalograficznych

czone prawidłowo (periodycznie), tworząc trójwymiarową sieć przestrzenną (krystaliczną). Dzięki takiej budowie kryształy są ciałami jednorodnymi (wykazują w każdym punkcie jednakowy skład chemiczny oraz właściwości fizyczne, takie jak np. gęstość i ciepło topnienia) i anizotropowymi ponieważ w różnych kierunkach ujawniają niejednakowe właściwości fizyczne, takie jak m.in.: twardość, łupliwość lub barwę. Do najbardziej charakterystycznych cech morfologicznych kryształów należą elementy je ograniczające, elementy symetrii oraz pokrój i postać. Elementami ograniczającymi kryształy są ściany (przeważnie reprezentowane przez płaskie powierzchnie), krawędzie (linie proste) i naroża (punkty). Kąty pomiędzy analogicznymi ścianami kryształów tych samych minerałów są zawsze takie same (stałe). Kryształy odznaczają się symetrią zarówno budowy wewnętrznej, jak i ściśle od niej zależną – symetrią zewnętrznej postaci geometrycznej. Elementami symetrii są: płaszczyzny symetrii, osie symetrii oraz środek symetrii. Najmniejszym elementem sieci przestrzennej kryształów jest komórka elementarna (równoległościan podstawowy). Jej kształt i symetria stanowi podstawowy element sieci przestrzennej kryształów.

UKŁADY KRYSTALOGRAFICZNE

Najmniejszym elementem kryształów jest równoległościan podstawowy, czyli komórka elementarna. Jego kształt i symetria stanowi podstawowy element sieci przestrzennej kryształów. W zależności od parametrów tzw. stałych sieciowych (a, b, c oraz α, β, γ), określających postać równoległościanu elementarnego, a także rodzaju i liczby elementów symetrii, wyróżnia się siedem układów krystalograficznych: **trójskośny**, **jednoskośny**, **rombowy**, **tetragonalny**, **heksagonalny**, **trygonalny** i **regularny**. Cechy budowy wewnętrznej (struktury) kryształów znajdują zazwyczaj odbicie w ich postaci zewnętrznej (morfologii), co bywa często wykorzystywane przy identyfikacji minerałów, w tym również kamieni szlachetnych i ozdobnych.

POKRÓJ KRYSZTAŁÓW

Pokrój jest to ogólny wygląd zewnętrzny kryształów nawiązujący do ich wymiarów w trzech wzajemnie prostopadłych kierunkach, czyli do stosunku ich długości do szerokości i grubości. Wyróżnia się cztery podstawowe pokroje kryształów: **izometryczny** (wymiary we wszystkich przestrzennych kierunkach są zbliżone), **słupkowy** (kryształy wyraźnie wydłużone w jednym kierunku), **płytkowy** (podobne wymiary w dwu kierunkach, a w trzecim znacznie mniejsze) i **tabliczkowy** (różne wymiary w trzech wzajemnie prostopadłych kierunkach). Odmianami pokroju słupkowego są pokroje beczułkowaty, pręcikowy, igiełkowy i włoskowy, płytkowego – pokroje blaszkowy i łuseczkowy, natomiast tabliczkowego – pokrój listewkowy. Pokrój kryształów

Pokrój izomertyczny (granat)

Pokrój słupkowy (turmalin)

Pokrój płytkowy (muskowit)

Pokrój tabliczkowy (baryt)

służy do przybliżonego określania kształtu kryształów poszczególnych minerałów, co bywa pomocne przy ich identyfikacji.

POSTACIE KRYSZTAŁÓW

Jest to ściśle określony, geometryczny kształt kryształów. Przyjmują one postać bądź prostych form geometrycznych (proste postacie kryształów), bądź, znacznie częściej ich kombinacji, co powoduje, że ich postać (jako figura geometryczna) staje się znacznie bardziej skomplikowana. Proste postacie kryształów są m. in. reprezentowane przez: sześcian, ośmiościan, czworościan, słup, piramidę, podwójną piramidę (bipiramidę), romboedr, skalenoedr, trapezoedr, dwunastościan rombowy, dwunastościan pentagonalny, dwunastościan deltoidowy, dwudziestoczterościan deltoidowy lub czterdziestoośmiościan. Postać kryształów większości minerałów wykazuje ścisły związek z ich układem krystalograficznym. Poszczególne minerały wykształcają jedną, kilka lub kilkanaście prostych postaci, bądź mają postać znacznie bardziej skomplikowaną, wynikającą ze wzajemnego nałożenia lub połączenia dwóch lub kilku form prostych. Niektóre minerały odznaczają się wyjątkową różnorodnością postaci, których liczba może dochodzić nawet do kilkuset. Postać kryształów należy do najważniejszych cech morfologicznych minerałów pozwalających na ich makroskopową identyfikację.

SKUPIENIA MINERALNE

Są to formy występowania grup minerałów, zarówno tego samego rodzaju (skupienia jednorodne, monomineralne), jak i wielu gatunków (skupienia niejednorodne, polimineralne). Ze względu na sposób wykształcenia (charakterystyczny wygląd) wyróżnia się wiele postaci skupień mineralnych. Do najczęściej spotykanych należą skupienia: ziarniste, zbite, ziemiste, sypkie, proszkowe,

Kryształy o postaci sześcianów (piryt)

Skupienie ziarniste (oliwin)

Skupienie pręcikowe (antymonit)

Skupienie groniaste (malachit)

słupkowe, pręcikowe, igiełkowe, włókniste, listewkowe, tabliczkowe, płytkowe, blaszkowe, łuseczkowe, promieniste, wachlarzowe, pilśniowe, snopkowe, łodygowate, rozetowe, sferolityczne, pierzaste, siatkowe, naciekowe, nerkowate, groniaste, kuliste i skorupowe. Niektóre skupienia przyjmują postać: powłok, nalotów, wykwitów, geod, migdałów, druz, szczotek krystalicznych, konkrecji, dendrytów, pseudomorfoz oraz zbliźniaczeń, zrostów i przerostów. Postać wielu skupień mineralnych, ze względu na charakterystyczny wygląd, ma duże znaczenie przy identyfikacji minerałów.

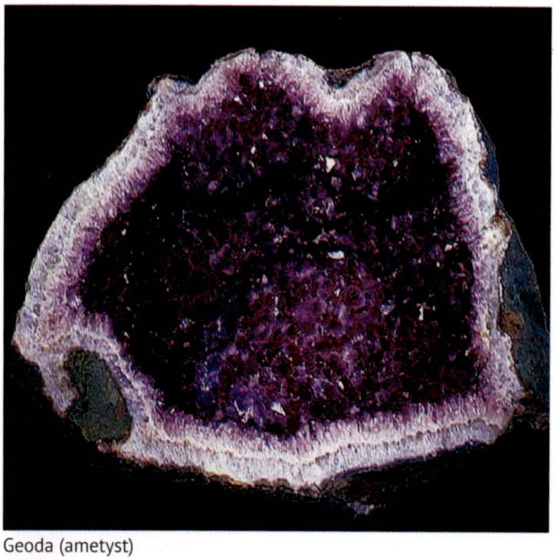
Geoda (ametyst)

GĘSTOŚĆ (CIĘŻAR WŁAŚCIWY)

Określa stosunek masy (ciężaru, wagi) danego minerału do jego objętości. Przedstawiana jest w g/cm^3. Liczba ta wyraża stosunek ciężaru danego kamienia do tej samej objętości wody. Do określenia gęstości minerałów stosuje się najczęściej metodę siły wyporu za pomocą wagi hydrostatycznej (metoda podwójnego ważenia kamienia: w powietrzu i zanurzonego w wodzie) oraz metodę suspensyjną (metoda zawieszenia danego kamienia w odpowiednio dobranej cieczy ciężkiej). Metody te jednak mogą być tylko stosowane w odniesieniu do kamieni nieoprawionych. Gęstość zależy od masy atomowej budujących dany minerał pierwiastków oraz od przestrzennego ułożenia atomów, jonów i cząsteczek (gęstości sieci krystalicznej). Minerały w zależności od ich gęstości dzieli się na bardzo lekkie (poniżej 2 g/cm^3), lekkie (2–3 g/cm^3), ciężkie (3–5 g/cm^3), bardzo ciężkie (5–10 g/cm^3) i skrajnie ciężkie (powyżej 10 g/cm^3). Gęstość pospolitych minerałów stanowiących główne składniki skał waha się najczęściej w granicach od 2 do 4 g/cm^3; określane są one niekiedy jako średnio ciężkie. Większość kamieni szlachetnych odznacza się gęstością od 1 do 8 g/cm^3. Te najbardziej wartościowe, jak diament, rubin i szafir, mają gęstość wyraźnie większą od pospolitych minerałów skałotwórczych reprezentowanych między innymi przez kwarc (2,65 g/cm^3) i skalenie (2,54–2,76 g/cm^3). Ponieważ gęstość poszczególnych kamieni szlachetnych i ozdobnych jest w miarę stała, stanowi ona ich ważną cechę rozpoznawczą.

TWARDOŚĆ

Jest to opór, jaki stawia minerał podczas rysowania jego powierzchni dowolnym przedmiotem, czyli odporność na ścieranie lub rysowanie przez przedmioty o ostrej krawędzi. Do określenia względnej twardości minerałów stosuje się najczęściej porównawczą, dziesięciostopniową skalę Mohsa składającą się z minerałów uporządkowanych według ich rosnącej twardości. Każdemu stopniowi tej skali został przyporządkowany wzorcowy minerał; są to kolejno: 1 – talk, 2 – gips, 3 – kalcyt, 4 – fluoryt, 5 – apatyt, 6 – ortoklaz, 7 – kwarc, 8 – topaz, 9 – korund i 10 – diament. Każdy następny minerał z tej skali zarysowuje wszystkie minerały go poprzedzające. Za pomocą skali Mosha można jedynie stwierdzić, który kamień szlachetny jest twardszy od innego; nie uzyskujemy jednak informacji o rzeczywistych różnicach twardości pomiędzy minerałami. Diament, który odznacza się najwyższą twardością (10 w skali Mohsa) spośród wszystkich minerałów, jest około 180 razy twardszy od korundu (czyli rubinu lub szafiru) oraz około 1000 razy twardszy od kwarcu. Dlatego do stwierdzenia rzeczywistej (bezwzględnej) twardości są stosowane inne specjalistyczne metody (np. Rosivala) oraz skale (m. in. skale: Brinella, Knoopa oraz Vickersa). Twardość stanowi cechę kierunkową i z tego powodu u większości kryształów różni się w zależności od kierunku ich rysowania. Największe różnice pod tym względem wykazuje cyanit (dysten); jego twardość badana na tej samej ściance kryształu wynosi 4–4,5 w kierunku równoległym do wydłużenia słupa oraz 6–7 w kierunku do niego poprzecznym. Twardość określa się na świeżych powierzchniach minerałów, gdyż procesy wietrzeniowe w różnym stopniu ją obniżają. Zależy też od temperatury. Twardość należy do najważniejszych cech diagnostycznych minerałów; jest charakterystyczna i stała dla każdego z nich. Bywa szczególnie istotna w badaniu kamieni szlachetnych, a także podczas ich szlifowania. Metody tej nie należy stosować do badania kamieni już oszlifowanych, gdyż mogłyby zostać zarysowane i tym samym uszkodzone.

Najbardziej miękki (1) minerał w skali Mohsa – talk

Minerał o średniej twardości (5) w skali Mohsa – apatyt

Najtwardszy (10) minerał w skali Mohsa – diament

ŁUPLIWOŚĆ

Oznacza zdolność kryształów do pękania (rozdzielania się) wzdłuż stałych dla danego minerału, płaskich powierzchni zwanych płaszczyznami łupliwości. Stanowi cechę większości kryształów, które dzielą się w ten sposób na mniejsze elementy (tzw. odłupki). Ze względu na łatwość z jaką minerał oddziela się (odspaja) pod wpływem nacisku, uderzenia lub szybkiej zmiany temperatury, wyróżnia się łupliwość: doskonałą, bardzo dobrą i dobrą (zupełną, dokładną), wyraźną (średnią), oraz niewyraźną (słabą) i niezupełną (bardzo słabą). Kryształy mogą wykazywać jeden lub kilka uprzywilejowanych kierunków łupliwości; na tej podstawie wyróżnia się łupliwość: jednokierunkową, dwukierunkową, trójkierunkową, czterokierunkową oraz sześciokierunkową. Łupliwość stanowi ważną cechę diagnostyczną minerałów. Jej charakter ma duże znaczenie podczas szlifowania kamieni szlachetnych. Łupliwości nie wykazują wszelkie ciała bezpostaciowe (amorficzne), np. opal i bursztyn.

PRZEŁAM

Oznacza pękanie minerałów wzdłuż dowolnych, przypadkowych i zazwyczaj nierównych powierzchni. Przełam wykazują w szczególności minerały odznaczające się słabą łupliwością lub jej brakiem. W zależności od charakteru powierzchni wyróżnia się przełam: muszlowy, nierówny, schodkowy, zadziorowaty, haczykowaty, ziemisty, a także ziarnisty, pręcikowy, włóknisty, płytkowy, blaszkowy, łuskowy oraz równy. W niektórych minerałach (np. w granatach) przełam równy ma charakter oddzielności.

PODATNOŚĆ

Określa sposób zachowania się minerałów pod wpływem oddziaływania czynników mechanicznych działających z zewnątrz; z uwagi na to najczęściej wyróżnia się minerały: kruche, sprężyste, giętkie, kowalne, ciągliwe, strugalne (krajalne), łagodne i spoiste.

INKLUZJE (WROSTKI)

Są to wszelkie substancje stałe, ciekłe i gazowe występujące wewnątrz minerałów. Inkluzje stałe są zazwyczaj reprezentowane przez drobne kryształy różnych minerałów, natomiast ciekłe i gazowe przyjmują najczęściej postać pęcherzyków. Obecność inkluzji wpływa na barwę i stopień przezroczystości minerałów oraz może powodować różne efekty optyczne (np. iryzacja i jej odmiany). Inkluzje stanowią cechę charakterystyczną niektórych kamieni szlachetnych i ozdobnych, ułatwiają ich identyfikację, a także często wpływają na ich jakość i wartość. Do inkluzji zalicza się też różne wewnętrzne defekty kryształów, jak pęknięcia i szczeliny. Szczególnym rodzajem inkluzji są pozostałości organizmów żywych (zwierząt i roślin) spotykane w bursztynie.

Przełam muszlowy (obsydian)

Kryształy kwarcu z inkluzjami rutylu

Minerał barwny (cynober)

Minerał bezbarwny (goshenit, odmiana berylu)

PRZEZROCZYSTOŚĆ (PRZEJRZYSTOŚĆ)

Oznacza zdolność minerałów do przepuszczania światła. Pod tym względem wyróżnia się minerały: przezroczyste, półprzezroczyste, przeświecające, przeświecające na krawędziach i nieprzezroczyste. Przezroczystość minerałów w pewnym stopniu zależy od ich barwy. Kamienie przezroczyste są reprezentowane przez minerały bezbarwne bądź zabarwione (np. kryształ górski, ametyst, fluoryt, rubin, szafir), natomiast nieprzezroczyste – niemal wyłącznie przez minerały barwne (np. malachit, piryt, hematyt, magnetyt).

BARWA

Należy do najważniejszych cech fizycznych (optycznych) kamieni szlachetnych i ozdobnych, decydujących o ich atrakcyjności, a także stanowiącym bardzo istotne kryterium pomocne przy ich identyfikacji. Barwa minerałów zależy głównie od tego, jak dany kamień pochłania lub odbija energię światła. Gdy światło białe, składające się ze wszystkich barw widma, przechodzi przez minerał, niektóre z tych barw mogą zostać zaabsorbowane (pochłonięte) przez jego wewnętrzną strukturę. Pozostałe barwy tworzą wtedy wspólnie, obserwowaną przez nas, barwę kamienia. W przypadkach, gdy żadna część widma światła białego nie została pochłonięta, minerał odbieramy jako bezbarwny. Wśród kamieni szlachetnych i ozdobnych wyróżnia się minerały: 1 – barwne (własnobarwne, idiochromatyczne), odznaczające się stałą, charakterystyczną dla nich barwą własną, ściśle powiązaną z ich składem chemicznym, 2 – bezbarwne, przezroczyste (achromatyczne), 3 – zabarwione (obcobarwne, allochromatyczne), odznaczające się barwą zapożyczoną, których zabarwienie pochodzi od różnych domieszek obcych pierwiastków bądź defektów w ich strukturze oraz 4 – pozornie barwne (pseudochromatyczne) wykazujące iryzację. Szczególną odmianą barwy zapożyczonej jest barwa naleciała, pojawiająca się tylko na powierzchni niektórych minerałów. Tworzą ją naloty różnych substancji, będące niekiedy produktami utleniania tych kamieni. Część minerałów, szczególnie zabarwionych, odznacza się wielobarwnością (np. ametryn, fluoryt lub turmalin arbuzowy). Bardzo często kryształy wykazują też różne barwy pleochroiczne. Ten rodzaj wielobarwności ściśle wiąże się ze zjawiskiem pleochroizmu.

WSPÓŁCZYNNIKI ZAŁAMANIA ŚWIATŁA

Wyrażają stosunek prędkości światła w powietrzu do jego prędkości wewnątrz badanego kryształu. Do ich określania wykorzystuje się zjawisko załamania światła podczas przechodzenia fal świetlnych z jednego ośrodka do drugiego, co zależy od względnej prędkości światłą w obu tych środowiskach. W związku z tym, że załamanie światła jest wielkością stałą dla poszczególnych kamieni szlachetnych i ozdobnych, stanowi bardzo ważną cechę przydatną podczas ich identyfikacji.

DWÓJŁOMNOŚĆ (PODWÓJNE ZAŁAMANIE ŚWIATŁA)

Określa zdolność kryształów optycznie anizotropowych do podwójnego załamania światła, co oznacza, że promień światła wchodzący w kamień, rozdziela się w jego wnętrzu na dwa osobne promienie. Stanowi różnicę między wartościami dwóch lub trzech współczynników załamania światła. Jest pomocna w identyfikacji kamieni szlachetnych i ozdobnych, a także w odróżnianiu kamieni naturalnych od sztucznych. Dwójłomności nie wykazują ciała bezpostaciowe (amorficzne) oraz w minerały należące do układu regularnego.

DYSPERSJA

Określa grę barw obserwowaną niekiedy w bezbarwnych (czasami też w słabo zabarwionych), przeważnie oszlifowanych kamieniach szlachetnych i ozdobnych, powodowaną załamaniem i rozszczepianiem (na barwne widmo) światła białego przechodzącego przez kryształ, z uwzględnieniem określonych linii widma (tzw. linii Fraunhofera). Służy do identyfikacji kamieni szlachetnych i ozdobnych.

IRYZACJA

Stanowi grę barw (przypominającą tęczę) obserwowaną u niektórych kamieni szlachetnych i ozdobnych w postaci migotliwych odblasków lub charakterystycznej poświaty pojawiającej się na ich ścianach lub powierzchniach łupliwości. Nazwa pochodzi od greckiej bogini tęczy Irydy (łac. *iris* – tęcza). Wiąże się z rozpraszaniem lub/i rozszczepianiem (dyspersją) światła, odbijanego, załamywanego lub ulegającego ugięciu (dyfrakcji) i interferencji na różnych elementach wewnętrznej budowy minerałów reprezentowanych m.in. przez: powierzchnie łupliwości, zbliźniaczenia, spękania, szczeliny, pustki, inkluzje oraz granice zrostów i przerostów. Szczególnymi odmianami iryzacji są m. in.: labradoryzacja (labradorescencja), schillerescencja, adularyzacja (adularescencja), awenturyzacja (awenturescencja), opalescencja oraz opalizacja.

PLEOCHROIZM (WIELOBARWNOŚĆ)

Jest to zdolność kryształów do selektywnego absorbowania światła o różnej długości fali, w zależności od kierunku jego rozchodzenia. Powoduje to, że kryształy zmieniają barwy w zależności od kierunku ich obserwacji, a także – znacznie rzadziej – przy

Pleochroizm turmalinu (fotografia zwykła i z filtrem polaryzacyjnym)

Różne barwy rysy (po lewej piryt, po prawej rodochrozyt)

różnym oświetleniu (np. efekt aleksandrytu). Pleochroizmu nie wykazują minerały krystalizujące w układzie regularnym oraz ciała bezpostaciowe (amorficzne). Pozostałe ujawniają go z różną intensywnością, w związku z czym wyróżnia się pleochroizm: bardzo słaby, wyraźny, silny i bardzo silny. W zależności od wewnętrznej struktury kryształy wykazują dwie (dichroizm) lub trzy (trichroizm) główne barwy pleochroiczne. Pleochroizm większości minerałów jest widoczny dopiero podczas specjalistycznych badań mikroskopowych. W sposób widoczny nieuzbrojonym okiem ujawniają go m.in. aleksandryt, szmaragd, rubin, turmalin oraz kordieryt.

RYSA

Jest to barwa sproszkowanego minerału. Proszek ten uzyskuje się najczęściej w wyniku zarysowania minerału ostrym narzędziem lub poprzez pocieranie kamieniem o nieszkliwioną, porcelanową płytkę. Rysa pozwala odróżnić minerały barwne od zabarwionych. Pierwsze z nich odznaczają się rysą barwną, natomiast drugie – białą lub jasnoszarą. Minerały zabarwione nie różnią się pod tym względem od kamieni bezbarwnych. Rysa stanowi też charakterystyczną cechę wielu minerałów barwnych, gdyż może mieć barwę taką samą jak okaz niezarysowany (np. zielony malachit odznacza się również zieloną rysą, a czarny magnetyt rysą czarną) lub niekiedy całkowicie odmienną (np. złocisty piryt ma rysę czarną, a stalowoszary hematyt rysę wiśniową). Barwa rysy stanowi bardzo ważną cechę pozwalającą na identyfikację niektórych minerałów. Metody tej nie należy stosować w odniesieniu do kamieni oszlifowanych. Jeśli jest to konieczne, rysę należy wykonać w najmniej eksponowanych miejscach wyrobu.

POŁYSK

Stanowi zjawisko związane z odbiciem światła (fal świetlnych) od różnych powierzchni minerałów. Natężenie połysku, czyli ilość odbitego od tych powierzchni światła, zależy głównie od ich gładkości, a także od współczynników załamania światła i absorbcji światła. Połysk określa się na świeżych powierzchniach ścian kryształów, a także na powierzchniach ich łupliwości, oddzielności i przełamu oraz na innych powierzchniach uzyskanych w wyniku szlifowania. Jego rodzaj ustala się porównując z połyskiem różnych, ogólnie znanych substancji. Wyróżnia się połysk: szklisty, diamentowy, tłusty, żywiczny, woskowy, perłowy, jedwabisty, metaliczny, półmetaliczny, ziemisty oraz matowy (oznaczający brak połysku). Przy określaniu połysku nie należy sugerować się barwą badanych minerałów.

Połysk metaliczny (galena)

Luminescencja różnych minerałów pod wpływem promieni ultrafioletowych

LUMINESCENCJA (ZIMNE ŚWIECENIE)

Jest to zjawisko wtórnego świecenia minerałów poprzez emitowanie przez nie promieniowania widzialnego pod wpływem działania promieni ultrafioletowych, rentgenowskich, katodowych, a także światła słonecznego, reakcji chemicznych, ogrzewania, a nawet nacisku. Pod wpływem tych czynników minerały świecą z różną intensywnością i w rozmaitych barwach, co stanowi w niektórych przypadkach ich cechę diagnostyczną. Jeśli minerał przez jakiś czas emituje światło jeszcze po zakończeniu oddziaływania źródła energii (głównie naświetlania), mamy do czynienia z **fosforescencją**, natomiast gdy zjawisko to niemal natychmiast zanika, taki rodzaj luminescencji nazywamy **fluorescencją**. Przy badaniu kamieni szlachetnych i ozdobnych najczęściej stosuje się naświetlanie promieniami ultrafioletowymi.

WŁAŚCIWOŚCI MAGNETYCZNE

Część minerałów wykazuje w różnym stopniu właściwości magnetyczne. Minerały silnie magnetyczne są przyciągane przez magnes trwały (np. sztabkowy) lub elektromagnes, a także oddziaływają na igłę kompasu. Należą do nich głównie żelazo rodzime (pochodzenia ziemskiego i meteorytowego), magnetyt, pirotyn i platyna żelazowa. Minerały średnio magnetyczne są reprezentowane m.in. przez: chromit, hematyt, ilmenit, goethyt, wolframit, biotyt, epidot oraz ciemno zabarwione amfibole, pirokseny, granaty i turmaliny.

WŁAŚCIWOŚCI ELEKTRYCZNE

Część minerałów wykazuje w określonych warunkach właściwości elektryczne: piezoelektryczność i piroelektryczność. **Piezoelektryczność** polega na powstawaniu ładunków elektrycznych na powierzchni minerału pod wpływem jego ściskania, rozciągania lub pocierania. Zjawisko to wykazują m. in. kwarc, turmalin i sfaleryt. **Piroelektryczność** polega na tworzeniu się pod wpływem ogrzewania, różnoimiennych ładunków elektrycznych na przeciwległych elementach powierzchni kryształu. Natomiast podczas jego oziębiania, w tych samych miejscach powstają ładunki odmiennego znaku. Właściwości te wykazują m.in. turmaliny, kwarc, hemimorfit i skolecyt.

WŁAŚCIWOŚCI SKAŁ

Skały stanowią zespoły złożone z wielu osobników tego samego lub różnych gatunków minerałów (skały mono- lub polimineralne), powstałe w sposób naturalny w wyniku procesów geologicznych zachodzących w głębi skorupy ziemskiej, a także na jej powierzchni. Reprezentują zarówno utwory lite (zwięzłe, twarde), jak i luźne, nieskonsolidowane osady, z wyłączeniem gleby, której do skał się nie zalicza. Skały odznaczają się ściśle określonymi cechami, do których w szczególności należą: skład mineralny i chemiczny, barwa, forma występowania oraz wewnętrzna budowa, czyli struktura i tekstura.

GENETYCZNE PODZIAŁY SKAŁ

Najbardziej podstawowa klasyfikacja skał jest ściśle powiązana z ich genezą. Według tego kryterium dzielą się one na trzy obszerne grupy reprezentowane przez skały magmowe, osadowe i metamorficzne. Skały magmowe i metamorficzne są często określane jako – krystaliczne.

Skały magmowe tworzą się w wyniku krystalizacji stopu krzemianowego (magmy), zarówno w głębi skorupy ziemskiej (głębinowe skały magmowe), jak i na jej powierzchni (wylewne skały magmowe). Skały magmowe stanowią produkt procesów endogenicznych, mających swe źródło w głębi Ziemi. W części skał wylewnych, z powodu bardzo szybkiego ochłodzenia i zestalenia lawy, nie wykształcają się kryształy. Powstała w ten sposób skała ma charakter naturalnego, krzemianowego szkliwa wulkanicznego. Ścisły związek z procesami magmowymi wykazują pegmatyty, krystalizujące z magmy resztkowej w późnych etapach kształtowania się magmowych intruzji, a także utwory hydrotermalne powstające dzięki aktywności par i gorących roztworów pomagmowych.

Skały osadowe są utworami powstałymi na powierzchni Ziemi dzięki aktywności procesów egzogenicznych, głównie różnorodnych procesów wietrzeniowych i sedymentacyjnych. Utwory te mogą następnie ulegać różnym przeobrażeniom fizycznym i chemicznym, zachodzącym głównie podczas diagenezy, powodującym m.in. przekształcenie luźnych osadów w zwięzłe skały (lityfikacja), a czasami też zmiany ich składu chemicznego i mineralnego (np. w wyniku metasomatozy). Skały osadowe ze względu na genezę dzieli się zazwyczaj na: okruchowe (detrytyczne, klastyczne), chemiczne (chemogeniczne) i organogeniczne. Skały okruchowe składają się z ziaren różnych minerałów oraz z okruchów i otoczaków pochodzących z dezintegracji (rozpadu, rozdrobnienia) skał magmowych, metamorficznych i osadowych, a czasami też fragmentów organizmów. Skały chemiczne powstają w wyniku sedymentacji chemicznej, polegającej przeważnie na wytrącaniu się różnych substancji z roztworów wodnych. Natomiast skały organogeniczne tworzą się w wyniku nagromadzenia szczątków różnych organizmów, zarówno zwierzęcych, jak i roślinnych. Jako osobne grupy skał okruchowych bywają też wyróżniane skały ilaste i alitowe, plasujące się na pograniczu skał okruchowych i chemicznych, powstające najczęściej w wyniku różnych procesów wietrzeniowych.

Skały metamorficzne stanowią produkt przeobrażeń skał magmowych, osadowych bądź wcześniej powstałych skał metamorficznych. Tworzą się niemal wyłącznie w głębi skorupy ziemskiej dzięki aktywności różnych procesów endogenicznych, głównie pod wpływem temperatury i ciśnienia, a niekiedy także czynników chemicznych. Wzrost kryształów odbywa się w nich w stanie stałym, bez większego udziału fazy ciekłej. Proces ten, zwany blastezą (krystaloblastezą, rekrystalizacją), prowadzi do tworzenia się nowych, trwałych w zmienionych warunkach temperatury i ciśnienia, minerałów (blastów) lub ich zespołów (paragenez). Większość skał metamorficznych kształtuje się w warunkach metamorfizmu regionalnego obejmującego bardzo duże obszary. Do nieco rzadszych należą skały kataklastyczne, powstałe w warunkach metamorfizmu dyslokacyjnego towarzyszącego aktywności wielkich stref uskokowych, a także skały kontaktowe, tworzące się najczęściej w osłonie intruzji magmowych w warunkach metamorfizmu termicznego, a niekiedy też metasomatycznego (metasomatozy) powiązanego z przemieszczeniem się i rozprzestrzenianiem różnych składników chemicznych przenikających skały. Zjawiska metasomatyczne towarzyszą zarówno procesom metamorficznym, jak i magmowym, hydrotermalnym oraz osadowym (podczas diagenezy). Na pograniczu procesów metamorficznych i magmowych, w warunkach ultrametamorfizmu, tworzą się skały zwane migmatytami.

SKŁAD MINERALNY I CHEMICZNY

Skały odznaczają się bardzo zróżnicowanym składem mineralnym i chemicznym, często stanowiącym podstawę do ich bardziej szczegółowych klasyfikacji. Skład mineralny skał znacznie różni się w zależności od reprezentowanej przez nie genetycznej grupy. W każdej z tych grup do najważniejszych należą **minerały skałotwórcze**, odgrywające najbardziej istotną rolę w ich budowie. Do najważniejszych minerałów skałotwórczych należą tzw. **minerały główne**, stanowiące zazwyczaj podstawowy składnik danej grupy skał. Zazwyczaj występują one w znacznych ilościach i decydują o systematycznej przynależności danej skały, a często też o jej nazwie. Przykładowo w skałach magmowych do minerałów głównych należą: kwarc, skalenie, skaleniowce (foidy), miki (łyszczyki), amfibole, pirokseny i oliwiny.

Całkiem inny charakter mają **minerały poboczne** występujące powszechnie we wszystkich typach skał, lecz najczęściej w bardzo niewielkich ilościach. Nie decydują one o przynależności systematycznej danej skały, mogą jednak wpływać na pewne ich cechy, np. barwę. W skałach krystalicznych, w szczególności w magmowych, do minerałów pobocznych zalicza się przede wszystkim: magnetyt, hematyt, piryt, pirotyn, cyrkon, rutyl, apatyt, ilmenit, korund oraz beryl.

Szczególnym charakterem odznaczają się **minerały akcesoryczne**, które występują sporadycznie tylko w niektórych typach skał i przeważnie nie decydują o ich przynależności systematycznej. Niekiedy bywają uwzględniane w nazwie skały lub/i stanowią podstawę do wydzielenia pewnych szczególnych odmian skalnych. Minerały akcesoryczne bywają najczęściej wyróżniane w skałach krystalicznych, a przede wszystkim w magmowych. Niekiedy dorównują w nich ilościowo minerałom głównym. Są one reprezentowane m.in. przez granaty, turmaliny oraz chromit, a czasami cyrkon i apatyt, a także kordieryt, andaluzyt, cyanit bądź sillimanit.

W skałach osadowych wyróżnia się dwie genetyczne grupy minerałów. **Minerały allogeniczne** powstają poza środowiskiem tworzenia się skał osadowych, a dostają się tam w wyniku wietrzenia, starszych od danego osadu, skał magmowych, metamorficznych lub osadowych. Do minerałów tych należą m.in. kwarc, skalenie, miki i granaty, często stanowiące składniki piasków i piaskowców. **Minerały autogeniczne** powstają w środowisku tworzenia skał osadowych, w wyniku wytrącania się z roztworów, procesów biochemicznych oraz różnorodnych procesów wtórnych (np. wietrzenia lub diagenezy). Minerały te, w odróżnieniu od poprzednich, nie są przynoszone z zewnątrz. Należą do nich m.in.: minerały ilaste, gips, kalcyt, dolomit, syderyt, magnezyt, halit, chalcedon, chloryty i zeolity.

Skały często wykazują różny skład chemiczny, co również bywa niekiedy uwzględniane w ich klasyfikacjach. Wśród skał magmowych, ze względu na zawartość krzemionki (SiO_2) wyróżnia się skały: kwaśne (zawierają najwięcej krzemionki, powyżej 65% SiO_2), obojętne (pośrednie), zasadowe i ultrazasadowe (zawierają najmniej krzemionki, poniżej 45–40% SiO_2). W grupie skał osadowych również stosuje się podziały uwzględniające ich skład chemiczny; pod tym względem wyróżnia się m.in. skały: węglanowe, krzemionkowe, fosforanowe, siarczanowe, solne, żelaziste oraz węgle (w grupie paliw kopalnych).

FORMY WYSTĘPOWANIA SKAŁ

Skały występują w głębi oraz na powierzchni ziemi. **Skały magmowe głębinowe** tworzą najczęściej intruzje (ciała intruzyjne) różnej wielkości i kształtu, powstałe wskutek wdarcia się magmy w otaczające je skały (skały osłony) skorupy ziemskiej. Intruzje są reprezentowane przez plutony (np. batolity, etmolity,

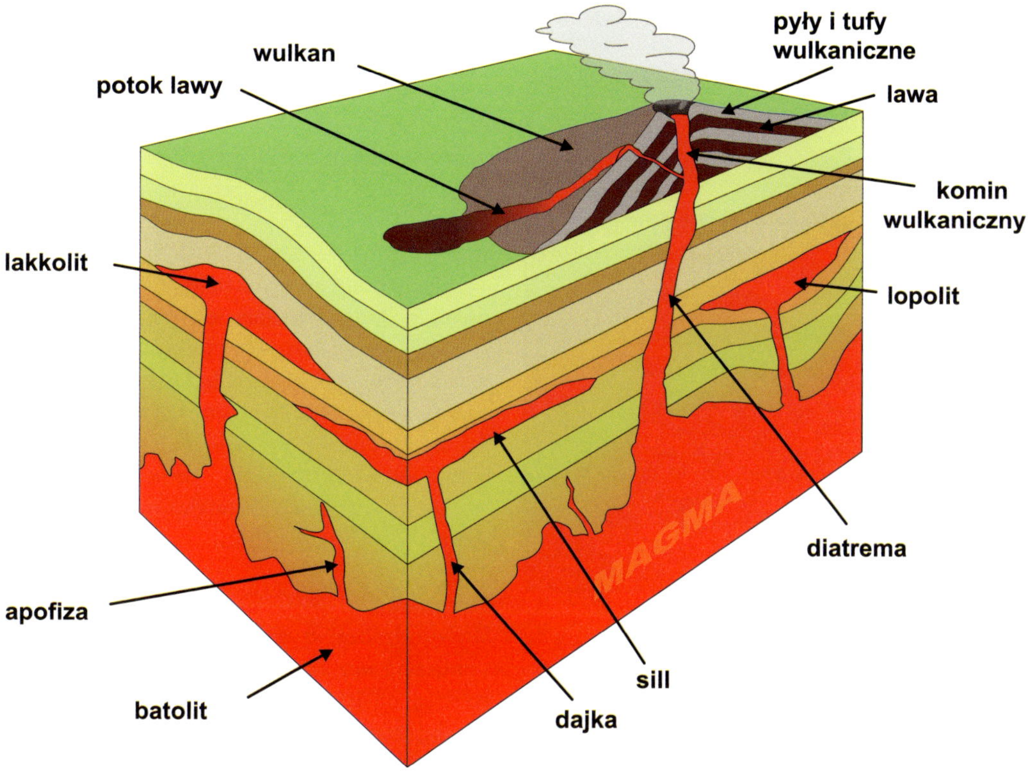

Wybrane formy występowania skał magmowych

bysmality, lakkolity, lopolity i fakolity) oraz towarzyszące im zazwyczaj żyły magmowe (np. sille lub dajki). W zależności od głębokości powstawania wyróżnia się intruzje: abysalne, tworzące się na dużych głębokościach (poniżej 10 km), mezoabysalne (głębokości pośrednie rzędu kilku kilometrów) oraz subwulkaniczne (bardzo płytkie, tworzące się tuż pod powierzchnią ziemi). Ze względu na stosunek do struktur w skałach osłony (takich jak warstwowanie lub foliacja), intruzje są dzielone na zgodne oraz niezgodne. Intruzje odsłaniające się obecnie na powierzchni ziemi lub występujące na niewielkich głębokościach, tworzą masywy magmowe.

Skały magmowe wylewne powstają w wyniku erupcji wulkanicznych, czyli wydostania się na powierzchnię ziemi lawy, gazów i materiałów piroklastycznych. Erupcje wulkaniczne zachodzą zarówno na lądach (erupcje lądowe), jak i na dnach oceanów (erupcje podmorskie). Tworzą bardzo różne formy w zależności od intensywności, przebiegu oraz charakteru wydobywających się produktów. Należą do nich m.in. pokrywy lawowe, potoki lawowe oraz stożki wulkaniczne, którym często towarzyszą kaldery. Na dnach oceanów powszechną, bardzo charakterystyczną formą erupcji są lawy kuliste (poduszkowe).

Stożek wulkaniczny (Lanzarote, Hiszpania)

Warstwowy układ skał osadowych (góry Atlas, Maroko)

Skały metamorficzne tworzą się na bardzo różnych głębokościach. Skały metamorfizmu regionalnego, zajmujące największe obszary, kształtują się w obrębie trzech stref głębokościowych: epi (najpłytszej), mezo (pośredniej) i kata (najgłębszej). W warunkach strefy epi powstają m.in. fyllity, kwarcyty, łupki chlorytowe i talkowe, serpentynity i zieleńce, w strefie mezo – amfibolity, gnejsy, łupki łyszczykowe, kwarcyty i marmury, natomiast w strefie kata – granulity, eklogity, a także gnejsy, kwarcyty i marmury. Część skał metamorficznych reprezentowanych przez migmatyty, tworzy się na bardzo dużych głębokościach, poniżej strefy kata. Niektóre z nich mogą też powstawać na powierzchni ziemi m.in. wskutek kolizji z różnymi ciałami kosmicznymi (metamorfizm zderzeniowy, szokowy). Skały metamorficzne występują przeważnie w formie rozległych masywów.

Skały metamorficzne – kamieniłom marmuru (Cararra, Włochy)

Skały osadowe powstają na powierzchni ziemi, zarówno na lądach, jak i na dnach mórz i oceanów, w wyniku różnorodnych procesów sedymentacyjnych. Odznaczają się wyjątkowo dużym zróżnicowaniem form występowania. Stosunkowo często występują w formie ławic, warstw oraz ich zespołów i kompleksów, np. mułowce, wapienie, dolomity, margle, piaskowce, kwarcyty, zlepieńce i in.

BUDOWA WEWNĘTRZNA SKAŁ

Skały odznaczają się wyjątkowo zróżnicowaną budową wewnętrzną, w dużej mierze zależną od ich rodzaju. Bardzo ważną cechą budowy skał jest **struktura**, określająca sposób wykształcenia składników skały, a przede wszystkim takie cechy jak wielkość i kształt tych składników oraz wzajemne stosunki pomiędzy nimi. Do najbardziej podstawowych należy budowa (struktura): drobnoziarnista (przeciętna średnica ziarna/kryształów w skale jest mniejsza od 2 mm), średnioziarnista (2–5 mm) i gruboziarnista (ponad 5 mm) oraz równoziarnista (składniki skały są w przybliżeniu tej samem wielkości) i nierównoziarnista (składniki skały są różnej wielkości). Ze względu na rodzaj skały (magmowa, osadowa, metamorficzna), a także specyficzne cechy jej wewnętrznej budowy, wyróżnia się kilkaset różnych struktur określających wszelkie znane sposoby wykształcenia składników w skałach. Niemniej ważną cechą budowy wewnętrznej większości skał jest ich **tekstura**, określająca sposób ułożenia i przestrzennego rozmieszczenia składników w skale, a w szczególności cechy ich uporządkowania i orientacji oraz stopień wypełnienia przez nie przestrzeni skalnej. Do najbardziej podstawowych należą budowa (tekstura): bezładna, czyli bezkierunkowa (składniki są ułożone przypadkowo), kierunkowa (składniki są ułożone w określonym kierunku), zbita, czyli masywna (składniki ściśle wypełniają całą przestrzeń zajętą przez skałę, nie pozostawiając żadnych wolnych miejsc, czyli próżni) oraz porowata (wewnątrz skały znajdują się różnego typu, kształtu i wielkości wolne przestrzenie nie wypełnione masą skalną). Ze względu na rodzaj skały, a także specyficzne cechy jej wewnętrznej budowy, wyróżnia się kilkadziesiąt różnych tekstur, określających wszelkie znane sposoby ułożenia i przestrzennego rozmieszczenia składników w skałach. Do najbardziej charakterystycznych cech kierunkowych skał należą m.in.: warstwowanie (w skałach osadowych np. w piaskowcach lub wapieniach), foliacja (w skałach metamorficznych np. w łupkach lub gnejsach) oraz budowa fluidalna (w skałach magmowych, najczęściej w lawach wulkanicznych).

BARWA SKAŁ

Barwa skał zależy w głównej mierze od ich podstawowego składu mineralnego, czyli od barwy minerałów budujących daną skałę. Na ich barwę mają też często wpływ domieszki oraz naloty różnych minerałów. Ta cecha jest brana pod uwagę w jednej z głównych klasyfikacji skał magmowych, według której wyróżnia się skały skrajnie leukokratyczne (bardzo jasne), leukokratyczne (jasne), mezokratyczne (szare), melanokratyczne (ciemne) oraz skrajnie melanokratyczne, czyli ultramaficzne (bardzo ciemne). Różne elementy powyższych terminów stosuje się też w nazewnictwie niektórych skał magmowych, a także metamorficznych (np. leukogranit, leukognejs, mafity, ultramafity itp.).

SZLIFY KAMIENI SZLACHETNYCH I OZDOBNYCH

Większość kamieni szlachetnych dopiero po oszlifowaniu ujawnia swoje, dotychczas skrywane piękno. Dotyczy to też kamieni ozdobnych, które po przecięciu i/lub wypolerowaniu, stają się nieporównywalnie bardziej atrakcyjne. Ta prawidłowość znana jest ludzkości już od bardzo dawna. Najstarszym sposobem upiększania kamieni szlachetnych i ozdobnych było grawerowanie na ich powierzchniach różnych znaków, np. symboli i figur. Początki bardziej zaawansowanej obróbki kamieni sięgają XIII w., gdyż wcześniej, głównie w Indiach, szlifowano i polerowano tylko powierzchnie naturalnych ścian kryształów, a także powierzchnie ich łupliwości, dzięki czemu zyskiwały one pogłębioną przezroczystość i wyraźnie silniejszy połysk. Pierwsze próby nadawania kamieniom szlifu fasetkowego zaczęto podejmować w XV w. we Włoszech. Od tego czasu dzięki ciągłemu doskonaleniu technik szlifierskich, a także pojawianiu się coraz doskonalszych narzędzi i maszyn, ogromnie rozwinięto oraz udoskonalono sposoby i metody obróbki kamieni szlachetnych i ozdobnych. Rodzaj szlifu jest dobierany bardzo starannie w zależności od gatunku oraz indywidualnych własności kamieni, które mają zostać poddane obróbce. Do najczęściej stosowanych należą szlify: fasetkowy i gładki.

Szlif fasetkowy (wielościenny) stosuje się głównie do obróbki przezroczystych kamieni szlachetnych. Polega on na wykonaniu na kamieniu płaskich powierzchni (fasetek). Ich liczba i kształt określają rodzaj szlifu, który dobiera się w taki sposób, aby wydobyć z kamienia jego najkorzystniejsze cechy. Szlif fasetkowy składa się z części górnej zwanej koroną, dolnej nazywanej podstawą oraz rozdzielającego je cienkiego pasa – rondysty. Jednym z rodzajów szlifu fasetkowego, stanowiącym największe osiągnięcie sztuki szlifierskiej, jest **szlif brylantowy**. Odznacza się on dużą liczbą fasetek, klasyczny ma ich

Szlif brylantowy

Szlif gładki (turmaliny)

58 (33 w koronie i 25 w podstawie). Istnieje wiele odmian tego szlifu (np. królewski, dwurzędowy), w tym różne szlify fantazyjne przyjmujące np. kształt wrzeciona (markiza), gruszki (pendeloque), kropli, oliwki, serca, trójkąta, pięciokąta, sześciokąta, a także rombu. Bardzo rozpowszechnionymi rodzajami szlifu fasetkowego są m.in. szlify: rozetowy, schodkowy, szmaragdowy, nożycowy (krzyżowy), poduszkowy, tablicowy, bagiet (baguette) oraz mieszany, który stanowi różne, wzajemne kombinacje szlifu brylantowego i schodkowego.

Szlif szmaragdowy (szmaragdy)

Szlif gładki stosuje się głównie do obróbki kamieni nieprzezroczystych i przeświecających oraz minerałów wykazujących charakterystyczne efekty optyczne, m.in. kociego oka, asteryzm, a także oplaescencję, opalizację lub awenturyzację. Do najbardziej charakterystycznych szlifów gładkich należy szlif kaboszonowy, kulisty (kule, paciorki itp.) oraz w kształcie jajka. Szlif kaboszonowy odznacza się wypukłą ku górze, zaokrągloną kopułą, która od dołu jest ograniczona płaską bądź wypukłą ku dołowi powierzchnią. Kształt kaboszonu widoczny w planie jest najczęściej okrągły lub owalny. Część szlifów określanych jako mieszane stanowi połączenie elementów szlifu fasetkowego z kaboszonowym.

Niektórym, przeważnie mniej wartościowym, kamieniom nadaje się **szlif bębnowy**, którego produktem są wytwarzane na masową skalę kamienie barokowe (baroki), określane zazwyczaj mianem bębniaków. Część minerałów i skał bywa przecinana, a niekiedy także dzielona na plastry, których powierzchnie są następnie szlifowane i polerowane. Cięciu i polerowaniu poddaje się najczęściej agaty (i inne odmiany chalcedonu), krzemienie, jaspisy oraz skrzemieniałe drewno.

Wyjątkową sztuką obróbki kamienia jest **gliptyka**, polegająca na ich rzeźbieniu i rytowaniu. Szczególnymi wyrobami tego typu, wykonanymi w kamieniach o budowie warstwowej, są **gemmy**, mające charakter kamei (gemmy wypukłe) lub intaglio (gemmy wklęsłe).

Intaglio (gemma wklęsła)

SŁOWNICZEK

ADULARYZACJA (ADULARESCENCJA) – rodzaj iryzacji o charakterze opalescencji odznaczający się charakterystyczną srebrzystobłękitną lub srebrzystomleczną poświatą, obserwowaną w kamieniach księżycowych reprezentowanych przez róże gatunki i odmiany skaleni (głównie przez adular).

ASTERYZM (EFEKT GWIAZDY) – efekt świetlny o charakterze opalescencji (rodzaj iryzacji) przypominający cztero-, sześcio- lub dwunastopromienną gwiazdę (łac. *astrum* – gwiazda), pojawiający się na powierzchniach niektórych minerałów (np. rubinów, szafirów, granatów, spineli), którym nadano szlif kaboszonowy lub kulisty.

AWENTURYZACJA (AWENTURESCENCJA) – migotliwy efekt świetlny przypominający iskrzenie, wywołany odbijaniem i rozpraszaniem światła na drobnych wrostkach (inkluzjach) mineralnych rozproszonych w macierzystym krysztale, reprezentowanych m.in. przez hematyt, piryt lub fuchsyt. Efekt ten wykazują głównie awenturyn (kwarc awenturynowy) oraz kamień słoneczny (skaleń awenturynowy).

BRYLANCJA – zespół efektów świetlnych w postaci iskrzących się odbić, podkreślonych i wzmocnionych przez odpowiednio dobrany szlif i poler intensyfikujące naturalny połysk kryształu. Do najbardziej doskonałych, zapewniających całkowite odbicie światła i tym samym najsilniejszą brylancję, należy szlif brylantowy. Efekt ten zależy też w dużej mierze od współczynnika załamania światła danego minerału.

CIAŁO AMOROFICZNE (CIAŁO BEZPOSTACIOWE) – ciało nie mające struktury krystalicznej, czyli nie wykazujące prawidłowej (uporządkowanej) budowy wewnętrznej; nie tworzy kryształów, ma nieforemną i przypadkową postać zewnętrzną oraz jest izotropowe pod względem wszystkich własności fizycznych (np. opale, bursztyny, szkliwa wulkaniczne oraz szkło).

CIAŁO ANIZOTROPOWE – ciało wykazujące w różnych kierunkach niejednakowe właściwości fizyczne, takie jak m.in.: twardość, łupliwość, rozszerzalność cieplna, barwa, pleochroizm.

CIAŁO BEZPOSTACIOWE → ciało amorficzne.

CIAŁO IZOTROPOWE – ciało wykazujące we wszystkich kierunkach takie same właściwości fizyczne. Do ciał izotropowych należą m.in.: opale, bursztyny, naturalne szkliwa wulkaniczne, szkło oraz kryształy układu regularnego.

CIAŁO JEDNORODNE – ciało wykazujące w każdym punkcie jednakowy skład chemiczny oraz właściwości fizyczne takie jak np. gęstość i ciepło topnienia.

CIAŁO KRYSTALICZNE → kryształ.

DICHROIZM – rodzaj pleochroizmu charakteryzujący się dwiema głównymi barwami pleochroicznymi. Mogą go ujawniać kamienie krystalizujące w układzie trygonalnym, tetragonalnym i heksagonalnym. Silny dichroizm wykazują m.in. turmaliny, szmaragd, rubin i benitoit.

DRUZA MINERALNA – skupienie kryształów występujących w formie szczotki krystalicznej, narosłych na ścianach nieregularnej, często kanciastej pustki w skale.

EFEKT ALEKSANDRYTU – szczególny rodzaj pleochroizmu polegający na zdolności do zmiany barwy minerału przy różnym oświetleniu. Wykazuje go m.in. aleksandryt, który w świetle dziennym jest żółtawozielony, a w sztucznym czerwony.

EFEKT KOCIEGO OKA – efekt optyczny polegający na pojawianiu się wąskiej smugi świetlnej przypominającej źrenicę kociego oka, która przemieszcza się po wypukłej, wypolerowanej powierzchni kamienia w trakcie jego obracania. Efekt ten mogą wykazywać m.in.: chryzoberyl, beryl, apatyt, opal, nefryt, rubin, turmalin, gips oraz niektóre odmiany kwarcu.

FLUIDALNA BUDOWA SKAŁY – odznacza się linijnym lub płaskorównoległym (warstwowym) uporządkowaniem składników niektórych skał magmowych (głębinowych, żyłowych oraz wylewnych). Bardzo często występuje w lawach wulkanicznych, gdzie czasami tworzy charakterystyczne zafałdowania, powstałe wskutek zawirowań w płynącej lawie.

FOLIACJA – zespół wtórnych, płaskich i wzajemnie równoległych powierzchni, powstały w wyniku procesów tektonicznych lub/i metamorficznych. Foliacja ułatwia niekiedy dzielenie się skał metamorficznych na cienkie płytki.

GEMMA (z łac. pączek, oczko winorośli, drogi kamień) – kamień szlachetny lub ozdobny najczęściej o kształcie okrągłej lub owalnej płytki z reliefem wypukłym (kamea) lub wklęsłym (intaglio), używany jako ozdoba lub pieczęć. Najczęściej do wykonywania gemm używano kamienia składającego się z różnobarwnych warstw: agatu, onyksu, sardonyksu, a także karneolu, plazmy i innych kolorowych odmian chalcedonu oraz berylu, serpentynu, marmuru, lapis-lazuli, a czasami też muszli i korali. Ten sposób obróbki kamieni stosowany był już 3000 lat p.n.e. Szczególnie piękne gemmy, o dużej wartości artystycznej, tworzono w antycznej Grecji i starożytnym Rzymie. Pełniły funkcję dekoracyjną, a czasem nawet religijną i magiczną. Przedstawiano na nich postacie ludzkie, mitologiczne, zwierzęta, rośliny lub symbole religijne.

GEMMOLOGIA (łac. *gemma* – drogi kamień, gr. *logos* – nauka) – nauka o kamieniach szlachetnych i ozdobnych oraz ich syntetycznych odpowiednikach, a także innych materiałach wykorzystywanych w jubilerstwie i zdobnictwie.

GEODA – kuliste lub elipsoidalne skupienie minerałów wtórnych, częściowo wypełniających wcześniejszą pustkę w skale. Geody najczęściej występują w pustkach pogazowych w obrębie skał wulkanicznych.

GLIPTYKA – sztuka rzeźbienia i rytowania reliefów w kamieniach szlachetnych i ozdobnych; obrobione w ten sposób kamienie noszą nazwę gemm.

INTAGLIO (wł. *intagliare* – rytować, żłobić, łac. *in taliare* – ciąć wewnątrz) – rodzaj gemmy; szlachetny lub ozdobny kamień z wklęsłym reliefem, odznaczającym się dużą precyzją wykonania i wielką dbałością o szczegóły; bywał wykorzystywany jako pieczęć.

IZOMORFIZM (RÓWNOPOSTACIOWOŚĆ) – tworzenie identycznych kryształów (o tej samej strukturze wewnętrznej i morfologii) przez minerały o różnym składzie chemicznym, np. szeregi izomorficzne plagioklazów (albit – anortyt) lub oliwinów (forsteryt – fajalit).

KAMEA (arab. *kamma* – garb, wypukłość) – rodzaj gemmy; szlachetny lub ozdobny kamień z reliefem ciętym wypukło, często oprawiany w postaci broszy lub medalionu.

KARAT (*Carat*) – jednostka masy kamieni szlachetnych, używana od dawna w jubilerstwie (skrót kt lub ct). Nazwa pochodzi od jednolitych pod względem rozmiaru i masy nasion drzewa karobowego (*Ceratonia siliqua L.*), używanych jako odważniki (gr. *keration*); 1 karat odpowiada masie 200 mg, czyli 0,2 g. Karat ma całkiem inne znaczenie w przypadku złota. Nie stanowi on wtedy jednostki masy, lecz określa zawartość złota w stopie (1 karat to 1/24 zawartości wagowej złota w stopie).

KAWERNA – pustka o dowolnym kształcie, powstała w skale w wyniku wtórnych procesów, np. hydrotermalnych, wietrzeniowych (wietrzenie chemiczne) lub krasowych. Kawerny szczególnie często występują w skałach węglanowych. Na ścianach kawern narastają niekiedy, zazwyczaj w formie szczotek krystalicznych, różne minerały wtórne.

KRYSZTAŁ (CIAŁO KRYSTALICZNE) – ciało o prawidłowej (sieciowej) budowie wewnętrznej, jednorodne i anizotropowe (pod względem co najmniej jednej własności), przyjmujące postać wielościanu ograniczonego płaskimi ścianami i zawsze odznaczające się wypukłymi kątami. Charakteryzuje się trójwymiarowym uporządkowaniem budowy wewnętrznej; jego elementy składowe (atomy, jony lub cząsteczki) są rozmieszczone prawidłowo (periodycznie) tworząc sieć przestrzenną.

LABRADORYZACJA (LABRADORESCENCJA) – rodzaj iryzacji odznaczający się grą metalicznie lśniących barw w odcieniach niebieskich, zielonych, złocistych, a także czerwonych. Efekt ten wykazują głównie labrador i jego odmiana – spektrolit. Szczególnie intensywna labradoryzacja odznaczająca się tęczową grą barw, jest określana jako schillerescencja.

MIAROLE – małe, kanciaste pory w skałach plutonicznych, pozostałe po gazach, ograniczone płaskimi ścianami otaczających je minerałów.

ODDZIELNOŚĆ MINERAŁÓW – zaznaczające się w niektórych minerałach (np. granatach) płaskie i w miarę gładkie powierzchnie, ujawniające się niekiedy pod wpływem nacisku lub uderzenia.

ODDZIELNOŚĆ SKAŁ – pękanie niektórych skał (np. granitów, piaskowców) wzdłuż stałych, płaskich powierzchni, nawiązujących do charakterystycznych dla tych skał kierunków ciosu.

OPALAESCENCJA – rodzaj iryzacji, objawiający się na powierzchniach niektórych minerałów w postaci mlecznobiałej, niebieskobiałej lub srebrzystoniebieskoperłowej poświaty przypominającej światło księżyca. Wykazują ją m.in. opale (głównie pospolite opale zwyczajne) oraz skalenie o charakterze kamieni księżycowych i niektóre odmiany chalcedonu.

OPALIZACJA – bardzo efektowana, niekiedy migotliwa gra barwa w postaci kolorowych plam, wykazywana przez szlachetne opale.

ORIENT (OVERTON) – zjawisko subtelnej gry barw oraz iryzującego połysku obserwowane u pereł, spowodowane załamaniem i interferencją światła na drobnych elementach ich budowy.

PARAGENEZA MINERALNA – zespół minerałów pozostających we wzajemnej równowadze, współwystępujących w danych warunkach fizykochemicznych określanych przez ciśnienie, temperaturę oraz skład chemiczny skały. Zmiana któregoś z tych czynników prowadzi do ukształtowania się nowego zespołu minerałów (nowej paragenezy mineralnej) dostosowanego do zmienionych warunków.

PARAMORFOZA – forma zastępowania minerału przez jego odmianę polimorficzną z zachowaniem dotychczasowego kształtu i składu chemicznego (np. paramorfoza siarki rombowej po jednoskośnej). Zmianie ulega jedynie, makroskopowo niedostrzegalna, wewnętrzna struktura nowopowstałego minerału.

PĘCHERZE POGAZOWE – owalne pustki występujące w skałach wulkanicznych jako pozostałość po pęcherzach gazowych uwięzionych w krzepnącej lawie. Często bywają wypełnione, częściowo lub całkowicie, przez minerały wtórne, np. agaty lub kryształy kwarcu tworzące szczotki krystaliczne.

POLIMORFIZM (WIELOPOSTACIOWOŚĆ) – występowanie tej samej substancji chemicznej w różnych układach krystalograficznych, np. diament (regularny) i grafit (heksagonalny) stanowiące odmiany polimorficzne węgla (C) lub kalcyt (trygonalny) i aragonit (rombowy) – odmiany polimorficzne węglanu wapnia ($CaCO_3$).

PORFIROWA BUDOWA SKAŁY – budowa nierównoziarnista, charakteryzująca się występowaniem dużych, pojedynczych kryształów (najczęściej reprezentowanych przez: kwarc, skalenie, a także biotyt, augit lub hornblendę), tkwiących w bardzo drobnoziarnistym lub skrytokrystalicznym (afanitowym) tle skalnym (cieście skalnym). Taką budową odznaczają się niektóre wylewne oraz żyłowe skały magmowe zwane porfirami.

PRZEROSTY – przypadkowe (dowolne) lub prawidłowe zrosty kryształów tego samego lub różnych minerałów, które wzajemnie się przenikają.

PSEUDOMORFOZA – minerał wtórny powstały w miejscu innego, pierwotnego minerału (o innym składzie chemicznym), dziedziczący po nim jego formę zewnętrzną, czyli kształt (np. pseudomorfoza goethytu po pirycie).

REKRYSTALIZACJA (BLASTEZA) – powtórna (wtórna) krystalizacja minerałów zachodząca w już wcześniej powstałych skałach, w warunkach metamorfizmu lub diagenezy (w skałach osadowych).

RELIEF (PŁASKORZEŹBA) – kompozycja rzeźbiarska wykonana na płycie kamiennej, metalowej lub drewnianej z pozostawieniem na niej tła.

ROZTWÓR STAŁY (KRYSZTAŁY MIESZANE) – fizycznie jednorodna, krystaliczna mieszanina dwóch lub więcej izomorficznych substancji, występująca w stałym stanie skupienia. Jeśli składniki mieszają się w dowolnych proporcjach, to tworzą ciągły roztwór stały (ciągły szereg izomorficzny), natomiast jeśli mieszają się tylko w określonym stosunku – tworzą nieciągły roztwór stały (nieciągły szereg izomorficzny). Roztwory stałe (szeregi izomorficzne) tworzą m.in. plagioklazy, oliwiny, turmaliny oraz granaty.

SCHILLERESCENCJA – rodzaj iryzacji o charakterze opalescencji odznaczający się tęczową grą barw, migotliwością lub pojawianiem się połyskującego pasemka, wykazywany przez niektóre skalenie potasowe (o charakterze kamieni księżycowych), plagioklazy (głównie labrador), a także różne przezroczyste minerały (np. kryształy górskie) odznaczające się obecnością defektów budowy wewnętrznej

SZCZOTKA KRYSTALICZNA – skupienie kryształów narastających blisko siebie na skalnym podłożu, w obrębie różnych pustek w skałach, m.in. wewnątrz szczelin, druz, geod lub kawern.

SZEREG IZOMORFICZNY → roztwór stały.

TEKTYTY – formy bogatego w krzemionkę naturalnego szkliwa impaktowego powstałe wskutek uderzenia w powierzchnię Ziemi dużego meteorytu; stopione skały ziemskie i fragmenty meteorytu uległy wtedy wyrzuceniu na znaczną odległość od miejsca kolizji, zestalając się już podczas lotu w powietrzu.

TRICHROIZM – rodzaj pleochroizmu odznaczający się trzema głównymi barwami pleochroicznymi. Mogą go ujawniać minerały krystalizujące w układzie rombowym, jednoskośnym i trójskośnym. Bardzo silny trichroizm wykazuje m.in. kordieryt, tanzanit oraz staurolit.

ZBLIŹNIACZENIA (BLIŹNIAKI) – prawidłowe zrosty dwu (zbliźniaczenia podwójne) lub kilku (wielokrotne) kryształów tego samego minerału, wykazujące wobec siebie równoległość niektórych elementów budowy zewnętrznej (morfologii) i wewnętrznej (sieci krystalicznej). Między ścianami bliźniaków często występuję kąty wklęsłe (ujemne).

ZROSTY – przypadkowe (dowolne) lub prawidłowe zrosty kryształów tego samego lub różnych minerałów.

Kamienie szlachetne i ozdobne

Oznaczenia użyte w opisach (częstość występowania):

◈	bardzo rzadki
◈◈	rzadki
◈◈◈	pospolity
◈◈◈◈	bardzo pospolity

PLATYNA RODZIMA

Platinum
Minerał z gromady pierwiastków rodzimych
Platyna (*Platinum*) Pt

Nazwa pochodzi od hiszp. zdrobnienia *platina* (sreberko), podkreślającego małą, jak początkowo sądzono, użyteczność tego metalu, przez długi czas uważanego za bezwartościową odmianę srebra.

POCHODZENIE

Występuje głównie w ultrazasadowych i zasadowych skałach magmowych; bywa też spotykana w utworach okruchowych. Współwystępuje m.in. z: oliwinem, piroksenem, ilmenitem, magnetytem, chromitem, spinelem chromowym, pirotynem, pentlandytem i chalkopirytem.

WYSTĘPOWANIE

Najsłynniejsze obszary występowania platyny rodzimej znajdują się w Rosji, Kanadzie oraz RPA; znana jest też z: USA, Kolumbii, Peru, Ekwadoru, Etiopii, Australii, Nowej Zelandii, Indonezji, Brazylii i Madagaskaru, a także Irlandii, Portugalii, Finlandii i Francji. Największe samorodki platyny rodzimej o wadze kilkunastu kilogramów zostały znalezione na Uralu.

ZNACZENIE I ZASTOSOWANIE

Platyna jest znana już od ok. 4000 lat; była używana w czasach faraonów, a także przez Indian w Ameryce Południowej w czasach przedkolumbijskich. Znajduje zastosowanie w jubilerstwie do wyrobu biżuterii, a także w bardzo wielu gałęziach przemysłu. Niegdyś (np. w Rosji) była stosowana do bicia monet.

WŁAŚCIWOŚCI

Układ krystalograficzny: regularny
Wykształcenie: kryształy o pokroju izometrycznym, przyjmujące zazwyczaj postać sześcianu; najczęściej w formie ziaren, łusek, a także różnej wielkości bryłek (samorodków); niekiedy skupienia promieniste
Twardość: 4–4,5
Gęstość: 21,5 (zwykle z powodu domieszek niższa, wahająca się w granicach 14,0–19,0)
Barwa: srebrzystobiała, rzadziej stalowoszara
Rysa: stalowoszara, srebrzystobiała
Połysk: metaliczny
Przezroczystość: nieprzezroczysta
Podatność: kowalna i ciągliwa
Łupliwość: brak
Przełam: haczykowaty, zadziorowaty, nierówny
Inne cechy: jest doskonałym przewodnikiem ciepła i elektryczności; niemal zawsze zawiera domieszki żelaza (4–11%), irydu, palladu, niklu, osmu, a także rutenu i rodu; wykazuje wtedy właściwości magnetyczne i jest zewnętrznie podobna do żelaza

ZŁOTO RODZIME

Gold
Minerał z gromady pierwiastków rodzimych
Złoto (*Aurum*), Au

Nazwa pochodzi od łac. historycznego określenia tego minerału – *aurum*.

POCHODZENIE

Złoto rodzime tworzy dwa podstawowe typu złóż: pierwotne i wtórne. Złoża pierwotne są najczęściej związane z żyłami hydrotermalnymi, kwarcowymi oraz strefami tektonicznymi. Współwystępuje m.in. z: kwarcem, pirytem, arsenopirytem, antymonitem, tetraedrytem, pirotynem, chalkopirytem, galeną, sfalerytem oraz tellurkami srebra i miedzi. Złoża wtórne złota są związane ze skałami okruchowymi.

WYSTĘPOWANIE

Największe na świecie złoże złota (wtórne) występuje w obrębie prekambryjskich, silnie scementowanych i nieco zmetamorfizowanych zlepieńców w Witwatersrand koło Johannesburga w Transvaalu (RPA). Średnia zawartość złota w skale wynosi tam 6 g/t. Jest ono eksploatowane w tym rejonie już od ok. 100 lat; obecnie prowadzi się wydobycie do głębokości 4000 m. Zasoby tego gigantycznego złoża oceniane są na ok. 70 000 t; daje ono ponad połowę światowej produkcji złota. Duże złoża złota rodzimego (zarówno pierwotne, jak i wtórne) znajdują się w Rosji, Australii, Chinach, USA, Kanadzie oraz Rumunii. Złoto rodzime znane jest też z Egiptu, Ghany, Algierii, Kolumbii, Wenezueli, Meksyku, Peru, Brazylii, Indii, Filipin, Fidżi, Sumatry, a także Republiki Czeskiej, Słowacji i Niemiec.

W Polsce złoto rodzime znane jest z Dolnego Śląska, głównie z utworów aluwialnych dorzecza Izery, Kwisy, Bobru i Białej Głuchołaskiej. Największe koncentracje tego kruszcu (0,2–0,8 g/t) występują w rejonie Złotoryi, Lwówka Śląskiego, Bolesławca, Legnicy, a także Leśnej, Lubania Śląskiego, Hali Izerskiej koło Świeradowa Zdroju, Jeleniej Góry, Karpacza, Szklarskiej Poręby i Głuchołaz. Złoto rodzime występuje też w żyłach kruszcowych i kwarcowych (złoża pierwotne). Znane jest głównie ze Złotego Stoku w Górach Złotych, Radzimowic, Różanej, Kleczy i Radomic w Górach Kaczawskich, a także Masywu Śnieżnika oraz Rudaw Janowickich. Złoto rodzime występuje też w Górach Świętokrzyskich oraz w żyłach kruszcowych w Tatrach. Ślady złota stwierdzono także w galenie w okolicach Siewierza, natomiast większe jego zawartości – w cechsztyńskich złożach miedzi w rejonie Legnicy, Lubina, Polkowic i Głogowa.

WŁAŚCIWOŚCI

Układ krystalograficzny: regularny
Wykształcenie: kryształy o pokroju sześcianów, ośmiościanów lub dwunastościanów rombowych; niekiedy wykazuje pokrój płytkowy, blaszkowy, a także słupkowy, prętowy, igiełkowy lub włoskowy; przeważnie skupienia zbite, ziarniste, włókniste, drzewiaste, pierzaste, blaszkowe, łuskowe, kuliste, szkieletowe albo skorupowe; tworzy też dendryty, nieforemne wrostki (wpryśnięcia), impregnacje i naloty; często występuje w formie ziaren (detrytycznych) oraz drobnego pyłu (tzw. złota mąka); niekiedy tworzy nieregularne grudki, a także sporej wielkości bryły (samorodki).
Twardość: 2,5–3
Gęstość: 15,5– 9,3 (czyste: 19,28)
Barwa: złocistożółta, żółtobiała
Rysa: żółta, połyskliwa
Połysk: silny metaliczny
Przezroczystość: nieprzezroczyste
Podatność: kowalne, giętkie, strugalne i ciągliwe
Łupliwość: brak
Przełam: haczykowaty
Inne cechy: stanowi dobry przewodnik ciepła i elektryczności; jest wyjątkowo odporne na czynniki zewnętrzne (w tym na oddziaływanie większości związków chemicznych). Często zawiera domieszki srebra (**elektrum**), rtęci (**amalgamat złota**), miedzi (**cuproauryt**), palladu (**porpezyt**), rodu (**rhodyt**), itru (**irauryt**), platyny (**złoto platynowe**), a także bizmutu (**maldonit**), telluru, selenu i antymonu.

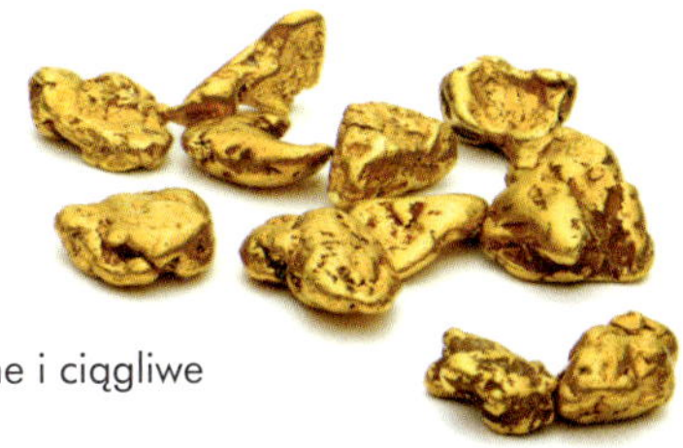

ZNACZENIE I ZASTOSOWANIE

Złoto odegrało wyjątkową rolę w dziejach cywilizacji. Okazjonalnie było już wykorzystywane w neolicie, a zorganizowane na wielką skalę wydobycie przypadło na przełom epoki kamienia i brązu. Szacuje się, iż w dziejach ludzkości wydobyto już ok. 80 000 t złota. Ten najcenniejszy kruszec jest powszechnie wykorzystywany w jubilerstwie do wyrobu biżuterii. Służy też do wykonywania wielu przedmiotów ozdobnych, sakralnych i użytkowych; jednym z największych wyrobów z czystego złota jest sarkofag Tutenchamona o wadze 110 kg. Złoto stanowi podstawę systemów monetarnych, a także służyło do wyrobu monet. Znajduje ponadto zastosowanie w medycynie, stomatologii oraz wielu gałęziach przemysłu.

SREBRO RODZIME

Silver
Minerał z gromady pierwiastków rodzimych
Srebro (*Argentum*), Ag

Nazwa pochodzi od gr. określenia tego minerału – *silbur*, a także od łac. *argentum* (biały), nawiązującego do jego charakterystycznej barwy.

POCHODZENIE

Występuje w utworach hydrotermalnych, w pegmatytach oraz w strefach utleniania bądź cementacji złóż kruszców miedzi, ołowiu i cynku. Współwystępuje m.in. z: argentytem, akantytem, pirargirytem, galeną, cerusytem, miedzią rodzimą, złotem rodzimym, a także siarczkami oraz arsenkami niklu i kobaltu.

WYSTĘPOWANIE

Najbardziej znane wystąpienia srebra rodzimego znajdują się w Boliwii, Chile, Meksyku, Peru, Kanadzie, USA, RPA, Rosji,

WŁAŚCIWOŚCI

Układ krystalograficzny: regularny
Wykształcenie: kryształy izometryczne o postaci sześcianu lub ośmiościanu; przeważnie skupienia ziarniste, blaszkowe, płytkowe, włókniste, nitkowate, kłębiaste, pierzaste, drzewiaste, drutowe, gwiaździste i szkieletowe; często też: dendryty, nieforemne – nieraz bardzo duże – bryły (samorodki), wpryśnięcia, impregnacje i naloty
Twardość: 2,5–3
Gęstość: 9,6–12,0
Barwa: srebrzystobiała, biała, a także szara, żółtawa bądź niemal czarna (wskutek utleniania)
Rysa: srebrzystobiała, szara, błyszcząca
Połysk: silny metaliczny
Przezroczystość: nieprzezroczyste
Podatność: kowalne, ciągliwe i giętkie
Łupliwość: brak
Przełam: haczykowaty
Inne cechy: wykazuje doskonałe przewodnictwo cieplne i elektryczne; zawiera, niekiedy znaczne, domieszki rtęci (**amalgamaty**), złota (**elektrum**), bizmutu (**chilenit**), antymonu (**animikit**), arsenu (**huntilith**) oraz miedzi i platyny

Kazachstanie, Birmie, Australii i Japonii. W Europie srebro rodzime występuje w Norwegii, Republice Czeskiej, Niemczech, a także we Włoszech, Hiszpanii, Grecji, Słowacji, Francji i Szwecji. Największe samorodki tego minerału napotkano w Schneebergu w Niemczech (w 1477 r. znaleziono tam bryłę o masie ok. 20 t). Szczególnie pięknie wykształcone kryształy srebra rodzimego bywają znajdowane w Norwegii.

W Polsce srebro rodzime jest spotykane w Górach Świętokrzyskich, Sudetach (m.in. w Rudawach Janowickich, Górach Izerskich, Górach Sowich i Masywie Śnieżnika) oraz w Tatrach. Występuje też w cechsztyńskich łupkach miedzionośnych na monoklinie przedsudeckiej oraz w złożach cynku i ołowiu na obszarze śląsko-krakowskim.

ZNACZENIE I ZASTOSOWANIE

Srebro rodzime stanowi doskonałą, choć rzadką rudę srebra. Jako metal szlachetny jest powszechnie używane w jubilerstwie do produkcji biżuterii. Najstarsze wyroby wykonane z tego kruszcu pochodzą już z czwartego tysiąclecia przed naszą erą. Służy od dawna do produkcji stopów, głównie z miedzią i czasem ze złotem. Bywa też używane do wyrobu monet oraz wielu przedmiotów ozdobnych i użytkowych. Wykorzystywane jest ponadto w medycynie oraz w wielu gałęziach przemysłu. Srebro rodzime należy do bardzo poszukiwanych i wyjątkowo wysoko cenionych kamieni kolekcjonerskich.

DIAMENT

Diamond
Minerał z gromady pierwiastków rodzimych
Węgiel (*Carbo*), C

Nazwa pochodzi od gr. *adamas* (łac. *diamentum*), co oznacza niepokonany, niezniszczalny, a nawiązuje do wyjątkowej twardości tego minerału.

POCHODZENIE

Stanowi składnik bardzo rzadkich skał magmowych – kimberlitów oraz utworów okruchowych i meteorytów.

WYSTĘPOWANIE

Największe złoża diamentów znajdują się w: Rosji, RPA, Botswanie oraz Australii. Znane są też m.in. z: Indii, Borneo, Brazylii, Wenezueli, Ghany, Sierra Leone, Gwinei, Angoli, Demokratycznej Republiki

WŁAŚCIWOŚCI

Układ krystalograficzny: regularny
Wykształcenie: kryształy (zazwyczaj niewielkie) o pokroju izometrycznym, przyjmujące przeważnie postać ośmiościanu, a znacznie rzadziej: sześcianu, czworościanu, dwunastościanu rombowego lub czterdziestoośmiościanu; na ścianach ośmiościanu często wykazuje charakterystyczne, trójkątne figury; część okazów ma wyraźnie zaokrąglone kształty; występuje zarówno w formie pojedynczych kryształów, jak i w skupieniach ziarnistych, włóknisto-promienistych, rzadziej zbitych (**bort**, **ballas**, **carbonado**)
Twardość: 10
Gęstość: 3,47–3,56 (3,52)
Barwa: jasnożółta, brunatnawa, szarawa lub jest bezbarwny; rzadziej: żółta, ciemnożółta, mlecznobiała, szara, brunatna, pomarańczowa, różowa, czerwona, czerwonobrunatna, purpurowa, niebieska, fioletowa, czarna, a także zielononiebieska bądź zielona
Pleochroizm: brak
Rysa: biała
Połysk: diamentowy
Przezroczystość: przezroczysty do nieprzezroczystego
Współczynniki załamania światła: 2,417–2,419 (2,418)
Dwójłomność: brak
Dyspersja: 0,044
Podatność: kruchy
Łupliwość: doskonała wg (111)
Przełam: muszlowy, zadziorowaty lub gruzłowaty
Luminescencja: niekiedy (niebieska, zielona, szara, żółtawa)

Konga, Namibii, Tanzanii, Guajny, Zimbabwe, Wybrzeża Kości Słoniowej, Liberii, Lesotho, Senegalu i Mali.

ZNACZENIE I ZASTOSOWANIE

Diamenty należą do najwyżej cenionych kamieni szlachetnych używanych do wyrobu drogocennej biżuterii. Cechy kamieni jubilerskich ma zaledwie 10 do 20% wszystkich wydobywanych diamentów. Obrabia się je najczęściej szlifem brylantowym; noszą wtedy nazwę brylantów (brylant, czyli błyszczący). Nowoczesny szlif brylantowy, doskonale uwydatniający wyjątkowe cechy optyczne diamentu (w szczególności tzw. ogień), został opracowany dopiero w 1919 r. Diamentom nadaje się też inne formy, np. markizy (czółenka), owalu, oliwki, gruszki lub łezki. Podczas procesu szlifowania kryształ traci zazwyczaj ok. 40–50% pierwotnej masy, dlatego formę szlifu wyjątkowo starannie dobiera się do kształtu kamienia, aby straty były jak najmniejsze. Największym diamentem znalezionym na świecie był Cullinan, pochodzący z RPA. Jego masa przed oszlifowaniem wynosiła 3106 kr (kamień miał wielkość pięści). Bardzo dużymi rozmiarami odznaczały się też m.in.: Excelsior (995,29 kr), Gwiazda Sierra Leone (968,9 kr) oraz Wielki Mogoł (787,25 kr). Największym oszlifowanym diamentem na świecie jest Cullinan I (530,2 kr); do bardzo dużych obrobionych kamieni należą też m.in.: Cullinan II (317,4 kr), a także Wielki Mogoł (280 kr), Gwiazda Jakucji (232,1 kr), Czarna Gwiazda Afryki (202 kr), Regent (137 kr) i Koh-i-Noor (105,6 kr). Do unikatów należy największy na świecie, wyjątkowo czysty, naturalnie zabarwiony zielony diament (tzw. Zielony Drezdeński) o masie 40,7 kr, oszlifowany w kształcie łezki. Główne centra obróbki diamentów znajdują się w: Amsterdamie, Antwerpii, Nowym Jorku, Tel-Awiwie i Idar-Oberstein. Diamenty nie mające wartości jubilerskiej znajdują szerokie zastosowanie w różnych gałęziach przemysłu.

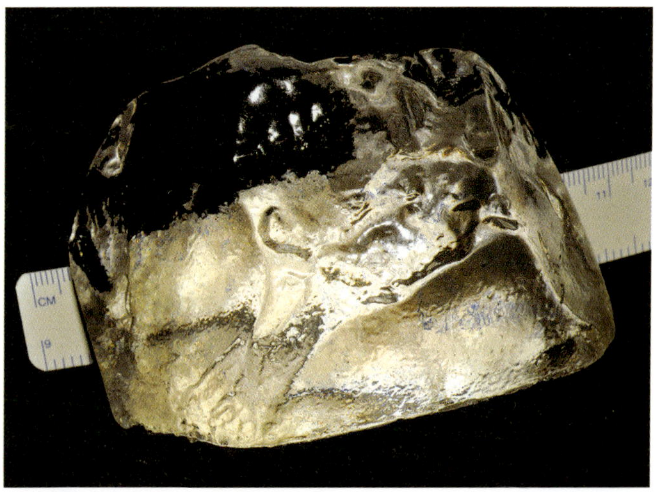

Kopie diamentu Cullinan (powyżej) i największych uzyskanych z niego brylantów (poniżej)

SFALERYT

BLENDA CYNKOWA, *Sphalerite*
Minerał z gromady siarczków
Siarczek cynku, ZnS

Nazwa pochodzi od gr. *Sphaleros*, czyli zwodniczy, niepewny, złudny, podstępny, nawiązuje do kłopotów z właściwą identyfikacją tego minerału (dopiero w XVIII w. szwedzki chemik Georg Brandt rozpoznał w nim kruszec cynku).

POCHODZENIE

Najczęściej stanowi produkt procesów hydrotermalnych. Jest spotykany w żyłach i gniazdach kruszcowych, kawernach, druzach i szczelinach skalnych. Występuje niekiedy w pegmatytach, granitach i gabrach oraz w skałach metamorficznych utworzonych w warunkach przeobrażeń kontaktowych i metasomatycznych. Często współwystępuje z galeną, wurtzytem, pirytem, pirotynem, markasytem, chalkopirytem, barytem i kalcytem.

WYSTĘPOWANIE

Duże przezroczyste, dobrze wykształcone kryształy sfalerytu (bezbarwne lub różnie zabarwione) pochodzą głównie z Meksyku i Hiszpanii, a także Australii, USA, Kazachstanu, Jugosławii i Republiki Czeskiej.

W Polsce sfaleryt stanowi pospolity kruszec triasowych złóż cynku i ołowiu w rejonie śląsko-krakowskim. Jest tam podstawowym składnikiem blendy cynkowej. Znany jest też z Gór Wałbrzyskich, Pogórza i Gór Kaczawskich, Rudaw Janowickich, Gór i Pogórza Izerskiego, Gór Złotych, Masywu Śnieżnika, Gór Bardzkich, Wzgórz Strzegomskich oraz rejonu Lubina, Sieroszowic, Rudnej i Polkowic. Występuje ponadto w wielu miejscach w Górach Świętokrzyskich, w okolicach Częstochowy i Łęczycy oraz w Tatrach.

ZNACZENIE I ZASTOSOWANIE

Sfaleryt ma duże znaczenie kolekcjonerskie. Niekiedy bywa wykorzystywany jako atrakcyjny kamień jubilerski.

WŁAŚCIWOŚCI

Układ krystalograficzny: regularny
Wykształcenie: kryształy o pokroju izometrycznym, przyjmujące zazwyczaj postać czworościanu (tetraedru) lub dwunastościanu rombowego; tworzy też wzajemne ich kombinacje; na ścianach kryształów często charakterystyczne prążkowania; skupienia zbite, ziarniste, ziemiste i pylaste (**brunckit**), a także naciekowe, nerkowate, groniaste i skorupowe, odznaczające się budową koncentryczną, warstwową, pręcikowa oraz włóknistą
Twardość: 3,5–4
Gęstość: 3,9–4,2
Barwa: żółta bądź brunatna (**blenda karmelowa**); niekiedy bywa bezbarwny (**cleiofan**), może też być: biały, pomarańczowy, czerwony (**blenda rubinowa**, **gumucionit**), zielony, oliwkowozielony, szary, brunatnoczarny, a także czarny (**marmatyt**, **christofit**).
Pleochroizm: brak
Rysa: biała, żółtawa, brunatna
Połysk: diamentowy, tłusty, a rzadziej żywiczny, szklisty, matowy
Przezroczystość: przezroczysty do nieprzezroczystego
Współczynniki załamania światła: 2,37–2,43
Dwójłomność: brak
Dyspersja: 0,156
Podatność: kruchy
Łupliwość: doskonała wg (110)
Przełam: muszlowy, niekiedy nierówny
Luminescencja: żółtopomarańczowa
Inne cechy: przy pocieraniu o niepolerowaną płytkę porcelanową (lub przy rozdrabnianiu) wydziela zapach siarkowodoru; często tworzy odmiany kolomorficzne

Nadaje się mu szlif fasetkowy, który najlepiej wydobywa jego diamentowy połysk oraz bardzo silny ogień. Masa obrobionych kamieni zazwyczaj nie przekracza 10 kr. Największe mogą osiągać masę dochodzącą do 48 kr (żółte), 60 kr (żółtozielone) i 73 kr (żółtobrązowe). Najlepszy materiał gemmologiczny jest pozyskiwany w Hiszpanii oraz Kazachstanie.

Najładniejsze kryształy sfalerytu pochodzące z Polski są znajdowane w kopalni w Boguszowie (Góry Wałbrzyskie) oraz Stanisławowie (Góry Kaczawskie) na Dolnym Śląsku. Atrakcję kolekcjonerską stanowią skorupowe, warstwowane, kolomorficzne odmiany pochodzące z obszaru śląsko-krakowskiego. Są one ozdobą wielu światowych kolekcji muzealnych. Służą też do wyrobu drobnej galanterii ozdobnej, rzeźb oraz biżuterii artystycznej. Niekiedy nadaje się im szlif kaboszonowy lub obrabia się w formie paciorków, tabliczek bądź płytek Sfaleryt wykorzystywany jest jako źródło otrzymywania cynku, a niekiedy też kadmu i srebra. Znajduje szerokie zastosowanie w przemyśle.

MARKASYT

BŁYSZCZ GROTOWY, *Marcasite*
Minerał z gromady siarczków
Siarczek żelaza, FeS_2

WŁAŚCIWOŚCI

Układ krystalograficzny: rombowy
Wykształcenie: kryształy tabliczkowe lub słupkowe, wykazujące częste, wielokrotne zbliźniaczenia w kształcie ostrza włóczni lub kogucich grzebieni; przeważnie skupienia zbite, ziarniste, skorupowe, nerkowate, kuliste, naciekowe o budowie igiełkowej, włóknistej, promienistej lub/i koncentrycznej; znane są też jego formy rozetowe przypominające róże; w skałach osadowych tworzy konkrecje
Twardość: 6–6,5
Gęstość: 4,89
Barwa: jasnożółta (mosiężnożółta) z zielonkawym odcieniem
Pleochroizm: brak
Rysa: zielonkawoczarna
Połysk: metaliczny
Przezroczystość: nieprzezroczysty
Podatność: kruchy
Łupliwość: niewyraźna wg (011)
Przełam: nierówny
Inne cechy: po pewnym czasie może ulegać rozpadowi, uwalniając kwas siarkowy

Nazwa pochodzi od arab. *marqasitae* bądź pers. *marcasisa;* w ten sposób ogólnie określano piryt i markasyt.

POCHODZENIE

Powstaje w wyniku działalności hydrotermalnej oraz procesów hipergenicznych. Bywa znajdowany wśród skał osadowych, gdzie zazwyczaj towarzyszy pirytowi, a także galenie, sfalerytowi i chalkopirytowi.

WYSTĘPOWANIE

Piękne kryształy markasytu o wielkości dochodzącej do 5–7 cm znajdowane są w Republice Czeskiej. Ładne okazy pochodzą również z Niemiec oraz Wielkiej Brytanii, Hiszpanii, USA, Rosji, a także Francji, Austrii, Rumunii, Meksyku, Chile, Boliwii i Pakistanu.

Z Polski (kopalnia Pomorzany k. Olkusza) znane są wspaniałe, skorupowe, nerkowate i naciekowe skupienia markasytu. Ładne okazy pochodzą też z kopalni Turów w Turoszowie. Bywa także spotykany w Sudetach, Górach Świętokrzyskich, Górnośląskim Zagłębiu Węglowym, na Kujawach oraz Legnicko-Głogowskim Okręgu Miedziowym.

ZNACZENIE I ZASTOSOWANIE

Markasyt jest interesujący dla kolekcjonerów. Od czasów starożytnych bywa używany także jako kamień ozdobny. Obrabia się go w formie kaboszonów i płytek; dobrze wykształcone kryształy są okazjonalnie szlifowane fasetkowo. Niekiedy bywa stosowany do wyrobu biżuterii (głównie we Francji i Tajlandii) oraz różnych ozdób. Jest wykorzystywany do produkcji kwasu siarkowego.

FLUORYT

Fluorite
Minerał z gromady halogenków
Fluorek wapnia, CaF_2

Nazwa pochodzi od łac. *fluctus* (fala) lub *fluere* (płynąć), z powodu wykorzystywania tego minerału w hutnictwie jako topnika oraz ze względu na stosunkowo niską temperaturę jego topnienia.

POCHODZENIE

Występuje najczęściej w utworach hydrotermalnych i pegmatytowych. Bywa spotykany w skałach magmowych, osadowych i metamorficznych. Często towarzyszy minerałom kruszcowym. Współwystępuje m.in. z: galeną, sfalerytem, kalcytem, barytem, kwarcem, a także topazem, molibdenitem i kasyterytem.

WYSTĘPOWANIE

Duże wystąpienia fluorytu są znane z USA, Kanady, Rosji, RPA, Tajlandii, Peru, Brazylii, Meksyku, Australii, Chin i Mongolii, a także Niemiec, Szwajcarii, Republiki Czeskiej, Norwegii, Włoch i Wielkiej Brytanii.

W Polsce fluoryt występuje głównie na Dolnym Śląsku w Karkonoszach, Górach Izerskich oraz na Pogórzu Izerskim, Górach Kaczawskich, a także Rudawach Janowickich, Górach Wałbrzyskich, Masywie Śnieżnika oraz na obszarze Wzgórz Strzegomskich. Obecność fluorytu stwierdzono ponadto w Beskidach oraz na Kujawach.

ZNACZENIE I ZASTOSOWANIE

Ma duże znaczenie naukowe i kolekcjonerskie. Niekiedy jest stosowany jako kamień jubilerski lub ozdobny. Wyjątkowo ładne kryształy są szlifowane i oprawiane, jednak ze względu na niewielką twardość i doskonałą łupliwość, są nietrwałe i mało odporne na zniszczenie. Mimo to minerał ten bywa stosowany do wyrobu popularnej biżuterii i drobnej galanterii ozdobnej. Egipcjanie używali go do rzeźbienia skarabeuszy, Grecy do wyrobu waz (tzw. wazy murryńskie), a Chińczycy wyko-

WŁAŚCIWOŚCI

Układ krystalograficzny: regularny
Wykształcenie: prawidłowo wykształcone, duże kryształy o pokroju sześcianu bądź ośmiościanu (lub ich kombinacje); występuje też w formie kryształów dwunastościennych (dwunastościan rombowy) lub szkieletowych o skomplikowanej morfologii; często tworzy naloty, naskorupienia oraz żyły, jak też skupienia ziarniste, konkrecyjne, nerkowate, promieniste lub zbite
Twardość: 4
Gęstość: 3,14–3,21 (3,18)
Barwa: charakteryzuje się wyjątkowo dużą zmiennością zabarwienia; bywa: bezbarwny, biały, białoszary, różowy, żółty, żółtopomarańczowy, czerwonawy, purpurowy, karminowy, brunatny, zielony, szmaragdowozielony, niebieski, fioletowy, a nawet ciemnofioletowy lub fioletowoczarny (**antozonit**, czyli fluoryt cuchnący); niekiedy wykazuje barwne wstęgowanie (fluoryt pasiasty, np. odmiana **Blue John**)
Pleochroizm: brak
Rysa: biała
Połysk: szklisty
Przezroczystość: przezroczysty do przeświecającego
Współczynniki załamania światła: 1,432–1,434
Dwójłomność: brak
Dyspersja: 0,007
Podatność: kruchy
Łupliwość: doskonała wg (111)
Przełam: równy lub muszlowy
Luminescencja: wyraźna fluorescencja (w odcieniach niebieskich), a niekiedy fosforescencja (zielona lub żółtozielona)

rzystują go do dziś jako materiał rzeźbiarski. Szeroko znana jest zbita, pasiasta odmiana fluorytu, zwana Blue John, występująca w kopalni Castleton w hrabstwie Derby w Anglii, którą od czasów starożytnych stosuje się do wyrobu waz, naczyń, urn i innych przedmiotów dekoracyjnych oraz biżuterii; odznacza się występowaniem naprzemianległych, nieregularnych smug o zmiennym zabarwieniu: purpurowofioletowym, fioletowym, niebieskim, białym i żółtym. Przepiękne wyroby (wazy, urny, wazony) wykonane z tej odmiany fluorytu można podziwiać m.in. w Muzeum Historii Naturalnej w Londynie, Zamku Windsorów w Anglii, a także Białym Domu w Waszyngtonie i w Watykanie. Fluoryt znajduje szerokie zastosowanie w wielu gałęziach przemysłu.

SPINEL

SPINEL WŁAŚCIWY, SPINEL SZLACHETNY, *Spinel*, (*Precious spinel*)
Minerał z gromady tlenków zaliczany do grupy spineli
Tlenek magnezu i glinu, $MgAl_2O_4$

Nazwa pochodzi od łac. *spinella* (mały cierń) lub *spina* (kolec, róg, strzała), ze względu na często spotykany, ostrokrawędzisty kształt tego minerału.

POCHODZENIE

Najczęściej bywa spotykany w utworach metamorficznych, głównie w krystalicznych dolomitach i zasobnych w magnez marmurach, a rzadziej w gnejsach, granulitach i eklogitach. Niekiedy występuje w pegmatytach oraz w niektórych zasadowych i ultrazasadowych skałach magmowych. Stosunkowo często bywa znajdowany w utworach okruchowych. Współwystępuje m.in. z: dolomitem, magnetytem, granatami, cyrkonem i korundem.

WYSTĘPOWANIE

Największe spinele bywają znajdowane w stanie Nowy Jork (kryształy pochodzące z Amita osiągają wagę do 14 kg) oraz New Jersey w USA. Wspaniałe okazy, o wielkości do 5 cm, występują w Kanadzie, natomiast spinele z Pamiru w Tadżykistanie często osiągają masę 100 kr (największy znaleziony okaz ważył 5,1 kg). Piękne kryształy spinelu, o wielkości do 3 cm, spotykane są też w Szwecji. Kryształy o najwyższej jakości jubilerskiej pochodzą głównie ze Sri Lanki, Birmy (spinel gwiaździsty), Kambodży, Tajlandii, Pakistanu i Afganistanu (spinel gwiaździsty).

W Polsce bywa znajdowany na Dolnym Śląsku: w złotonośnych piaskach koło Złotoryi oraz w aluwiach rzeki Izery na Hali Izerskiej (Góry Izerskie). Na Hali Izerskiej spotyka się kilka barwnych odmian spinelu: ciemnoczerwone spinele rubinowe, pomarańczowoczerwone spinele almandynowe, niebieskie spinele szafirowe oraz brunatne, czarne lub czarnozielone pleonasty. Rozmiary tych ostatnich dochodzą niekiedy do 5, a nawet 8 mm.

WŁAŚCIWOŚCI

Układ krystalograficzny: regularny
Wykształcenie: kryształy izometryczne, przyjmujące kształt ośmiościanu lub rzadziej dwunastościanu rombowego; często zbliźniaczone; wyróżnia się bogactwem postaci; skupienia ziarniste
Twardość: 8
Gęstość: 3,55–3,98
Barwa: jest bezbarwny lub biały, szary, purpurowy, czerwony, karminowoczerwony (tzw. **spinel rubinowy**), fiołkoworóżowy, niebieski (tzw. **spinel szafirowy**), niebieskozielony, zielony (**cejlonit**), brunatny, ciemnozielony, czarny (**pleonast**), żółty, pomarańczowy (**rubicel, spinel ognisty**), pomarańczowoczerwony, brunatnoczerwony, fioletowy (tzw. **spinel almandynowy**)
Pleochroizm: brak
Rysa: biała
Połysk: silny szklisty, rzadziej jedwabisty
Przezroczystość: przezroczysty do przeświecającego
Współczynniki załamania światła: 1,712–1,736
Dwójłomność: brak
Dyspersja: 0,026
Podatność: kruchy
Łupliwość: niewyraźna wg (111)
Przełam: muszlowy
Luminescencja: zmienna, zależy od barwy kryształu (czerwona, żółtozielona)
Inne cechy: niekiedy wykazuje asteryzm (**spinel gwiaździsty**) bądź sporadycznie efekt kociego oka

ZNACZENIE I ZASTOSOWANIE

Ma znaczenie naukowe oraz stanowi poszukiwany, bardzo wysoko ceniony kamień kolekcjonerski. Wiele odmian spinelu stanowi cenne kamienie szlachetne; są wykorzystywane do wyrobu drogiej biżuterii. Okazom przezroczystym nadaje się zazwyczaj szlif fasetkowy (brylantowy, poduszkowy, schodkowy, nożycowy, mieszany lub fantazyjny), natomiast przeświecające są najczęściej obrabiane w formie kulek lub kaboszonów. Masa takich kamieni nie przekracza zazwyczaj 5–7 kr, a tylko sporadycznie jest większa. Wyjątkowo duże spinele: Rubin Timur (361 kr) oraz Rubin Czarnego Księcia (170 kr) zdobią koronę królów brytyjskich. W przeszłości były one mylnie uważane za rubiny. W skarbcu koronnym byłych szachów Iranu znajdują się dwa spinele rubinowe ważące ok. 500 i 270 kr. Wspaniały okaz spinelu rubinowego o masie ok. 399 kr jest przechowywany w Skarbcu Diamentowym na Kremlu w Rosji. Wyjątkowo duże kryształy spinelu, ważące ok. 355 i 520 kr, znajdują się w zbiorach Muzeum Brytyjskiego w Londynie. Do wyjątkowo cennych, rzadko spotykanych drogocennych kamieni należą spinele gwiaździste wykazujące asteryzm w postaci cztero- lub sześciopromiennej gwiazdy; mogą mieć bardzo różne zabarwienie: purpurowe, brunatnoczerwone, czarne, szare lub szaroniebieskie; nadaje się im szlif kaboszonowy. Spinel bywa często stosowany do produkcji materiałów ściernych, łożysk oraz ruchomych części zegarów.

CHRYZOBERYL

Chrysoberyl
Minerał z gromady tlenków
Tlenek glinu i berylu, Al_2BeO_4

Nazwa pochodzi od gr. *chrysos* (*khrysos*), czyli złoty, oraz minerału berylu (złoty beryl), do którego chryzoberyl jest podobny.

POCHODZENIE

Stanowi składnik niektórych pegmatytów, skał kontaktowo-pneumatolitycznych oraz utworów okruchowych. Często współwystępuje z: berylem, turmalinem, granatami, spinelem, skaleniami, kwarcem, muskowitem, a także topazem, andaluzytem i sillimanitem.

WŁAŚCIWOŚCI

Układ krystalograficzny: rombowy
Wykształcenie: kryształy o pokroju tabliczkowym, grubopłytkowym lub krótkosłupkowym; często zbliźniaczone, niekiedy wielokrotnie (przypomina wtedy sześcioramienną gwiazdę)
Twardość: 8,5
Gęstość: 3,50–3,84 (3,70–3,72)
Barwa: żółta (w różnych odcieniach), zielona, szmaragdowozielona, zielononiebieska, miodowobrunatna, brunatna, rzadziej jasnoniebieska albo jest bezbarwny. Barwa chryzoberylu jest wywoływana przeważnie przez domieszki żelaza i chromu
Pleochroizm: przeważnie słaby (czerwony, żółtopomarańczowy, zielony)
Rysa: biała
Połysk: szklisty, tłusty, półdiamentowy i niekiedy jedwabisty (**cymofan**)
Przezroczystość: przezroczysty do przeświecającego
Współczynniki światła: 1,745–1,763
Dwójłomność: 0,008–0,012 (0,10)
Dyspersja: 0,015
Podatność: kruchy
Łupliwość: wyraźna wg (110)
Luminescencja: zazwyczaj brak, czasami żółtozielona
Inne cechy: niektóre odmiany (aleksandryt, cymofan) wykazują szczególne zjawiska optyczne: efekty aleksandrytu, kociego oka, opalescencję, a niekiedy asteryzm

WYSTĘPOWANIE

Największy kryształ chryzoberylu, ważący 8 kg, został odkryty w Brazylii w 1828 r. Z tego kraju pochodzi też kryształ o przekroju 6,4 cm, a także piękne wielokrotne bliźniaki tego minerału. Wspaniałe kryształy chryzoberylu o długości 18 cm zostały znalezione USA. Niewiele mniejsze okazy, o długości dochodzącej do 15 cm, bywają spotykane na Madagaskarze. Na Uralu w Rosji były znajdowane kryształy aleksandrytu o wielkości dochodzącej do 10 cm. Natomiast największy okaz cymofanu o masie 475 kr pochodzi ze Sri Lanki. Słynne wystąpienia chryzoberylu są znane także z: Indii, Birmy, Australii, Zimbabwe, Tanzanii, Demokratycznej Republiki Konga, RPA, Chin, Japonii, Kanady, Włoch, Szwecji, Norwegii, Finlandii i Szwajcarii.

W Polsce został stwierdzony na Dolnym Śląsku w: Żółkiewce koło Strzegomia, Szklarach koło Ząbkowic Śląskich, Podlesiu koło Niemczy (zielone, tabliczkowe kryształy o średnicy do 1 cm), a także w piaskach aluwialnych w okolicach Złotoryi i Jerzmanic (Pogórze Kaczawskie) oraz w aluwiach rzeki Izery na Hali Izerskiej (Góry Izerskie).

ZNACZENIE I ZASTOSOWANIE

Jest bardzo wysoko cenionym kamieniem szlachetnym, szeroko wykorzystywanym w jubilerstwie oraz poszukiwanym przez kolekcjonerów. Przezroczystym kryształom chryzoberylu nadaje się szlif fasetkowy (mieszany, schodkowy, poduszkowy i rzadziej brylantowy), natomiast cymofan – wykazujący optyczny efekt kociego oka bądź asteryzm – bywa obrabiany w formie kaboszonu. Najwspanialsze oszlifowane kamienie to: chryzoberyl o masie 245 kr, aleksandryt (65,7 kr) oraz cymofan (171,5 kr), wszystkie pochodzące ze Sri Lanki. Dwa ostatnie znajdują się w zbiorach Smithsonian Institution w Waszyngtonie (USA).

ALEKSANDRYT

Alexandrite
Minerał z gromady tlenków, odmiana chryzoberylu

Nazwa pochodzi od imienia rosyjskiego cara Aleksandra II Romanowa, na którego cześć została nadana w 1842 r.

WYSTĘPOWANIE

Znany jest głównie z Rosji (Tokowaja, Ural Środkowy), gdzie został po raz pierwszy znaleziony w 1834 r., obecnie jest już tam niemal całkowicie wyeksploatowany. Ładne okazy aleksandrytu pochodzą ze Sri Lanki oraz Brazylii. Minerał bywa także spotykany w Zimbabwe, RPA, Zambii, Tanzanii, Birmie, Australii oraz na Madagaskarze.

ZNACZENIE I ZASTOSOWANIE

Aleksandryt jest niezwykle atrakcyjnym i cennym szlachetnym kamieniem kolekcjonerskim oraz jubilerskim. Największe i najpiękniejsze okazy są znane z Rosji; znajdowano tam kryształy o wielkości dochodzącej do 10 cm. W Muzeum Mineralogicznym im. A.E. Fersmana w Moskwie znajduje się pochodząca z Uralu druza o wymiarach 25 x 15 cm, złożona z 22 kryształów aleksandrytu, których łączna masa wynosi 5,38 kg (największy z tych kryształów ma wymiary 6 x 3 cm). Okazy aleksandrytu są szlifowane fasetkowo i kaboszonowo. Ich masa zwykle waha się od 1 do 5 kr. Jednak wyjątkowo osiąga nawet ponad 60 kr. W kolekcji Smithsonian Instutution w Waszyngtonie znajduje się oszlifowany kryształ zielonego aleksandrytu ze Sri Lanki o masie 65,7 kr.

CECHY CHARAKTERYSTYCZNE

Przezroczysta lub przeświecająca odmiana chryzoberylu wykazująca charakterystyczną zmianę barw podczas zmiany rodzaju oświetlenia. W świetle naturalnym bywa żółtawy, żółtozielony, zielony lub niebieskozielony, natomiast przy oświetleniu sztucznym staje się pomarańczowy, fioletowoczerwony, purpurowoczerwony bądź fioletowy. Zjawisko to nazwano efektem aleksandrytu. Wyjątkowo są spotykane okazy wykazujące równocześnie efekt aleksandrytu oraz kociego oka (tzw. aleksandrytowe kocie oko). Wykazuje ciemnoczerwoną luminescencję oraz bardzo silny pleochroizm (szmaragdowozielony, pomarańczowożółty, fioletowozielony). Występuje w skałach metamorficznych, a także w pegmatytach i skałach osadowych. Jest minerałem wyjątkowo rzadkim.

CYMOFAN

CHRYZOBERYLOWE KOCIE OKO,
Cymophane
Minerał z gromady tlenków, odmiana chryzoberylu

CECHY CHARAKTERYSTYCZNE

Przezroczysta lub przeświecająca odmiana chryzoberylu wykazująca efekt kociego oka. Odznacza się szklistym, tłustym lub jedwabistym połyskiem oraz zazwyczaj żółtą, żółtobrunatną, miodowobrunatną, żółtozieloną, szarozieloną, a także zielononiebieską barwą. Niekiedy zamiast charakterystycznego dla tego minerału efektu kociego oka wykazuje znacznie rzadszy efekt asteryzmu w postaci czteroramiennej gwiazdy. Niektóre okazy wykazują też zjawisko opalescencji. Cymofan znajdowany jest w pegmatytach, skałach metamorficznych oraz w formie otoczaków w skałach okruchowych.

Nazwa pochodzi od gr. *kyma* (fala) i *fainio* (*phainio*), czyli pokazywać (*phan*, zadawać się), w nawiązaniu do falistych efektów świetlnych (smugi światła) ukazujących się i przemieszczających podczas obrotu kamienia.

WYSTĘPOWANIE

Najpiękniejsze i zarazem najwyższej jakości kamienie pochodzą ze Sri Lanki, Rosji, a także Indii. Mniej atrakcyjne, często zanieczyszczone kryształy cymofanu są znajdowane w Brazylii i Chinach.

ZNACZENIE I ZASTOSOWANIE

Cymofan należy do cennych kamieni szlachetnych. Jest używany do wyrobu drogiej biżuterii. Najczęściej jest szlifowany w formie kaboszonów; masa obrobionych kamieni rzadko przekracza 2, a wyjątkowo 10 kr. W zbiorach Smithsonian Institution w Waszyngtonie znajduje się oszlifowany cymofan pochodzący ze Sri Lanki, o masie 171,5 kr. Największy znany kryształ tego minerału (znaleziony na Sri Lance) miał 475 kr.

KORUND

Corundum
Minerał z gromady tlenków
Tlenek glinu, Al_2O_3

Nazwa pochodzi od. sanskr. *kurunam* (*kauruntaka*, *koruvinda*), czyli rubin, który stanowi częstą czerwoną odmianę tego minerału.

POCHODZENIE

Bywa spotykany w wielu skałach magmowych. Stanowi też częsty składnik skał metamorficznych, powstałych zarówno w warunkach przeobrażeń kontaktowych, jak i regionalnych, a także skał okruchowych. Współwystępuje z: magnetytem, spinelem, kalcytem, topazem, enstatytem i diasporem.

WYSTĘPOWANIE

Największe okazy korundu pochodzą z Madagaskaru (do 170 kg) oraz Transvaalu w RPA (do ok. 150 kg), gdzie są spotykane doskonale wykształcone kryształy o długości dochodzącej do 25 cm. Znane miejsca występowania korundu znajdują się także w: Birmie, Tajlandii, Kambodży, Indiach, Laosie, Wietnamie, Pakistanie, Afganistanie, Australii, Kenii, Tanzanii oraz na Sri Lance.

W Polsce duże okazy (długość do 5 cm) są znajdowane w pegmatytach w Karkonoszach oraz w aluwiach Gór Izerskich (leukoszafiry, rubiny, szafiry i szafiry gwiaździste o wielkości przekraczającej niekiedy 1 cm). Korund jest też spotykany w Górach Bialskich, Górach Sowich, Rudawach Janowickich oraz w rejonie Kłodzka, Żarowa, Złotoryi i Legnickiego Pola.

WŁAŚCIWOŚCI

Układ krystalograficzny: trygonalny
Wykształcenie: kryształy słupkowe, a także tabliczkowe i igiełkowe; zwykle przyjmuje postać pseudoheksagonalnego słupa zwieńczonego bipiramidą; na ścianach kryształów często są widoczne prostopadłe (względem wydłużenia słupów), głębokie zbrużdżenia; skupienia ziarniste i zbite (szmergiel).
Twardość: 9
Gęstość: 3,9–4,1
Barwa: szara albo brunatna; bywa też: niebieski (**szafir**), różowy, czerwony (**rubin**), żółtopomarańczowy (**padparadża**), żółty, fiołkoworóżowy, fioletowy, zielony, jasnozielononiebieski, biały i bezbarwny (**leukoszafir**); znane są też odmiany dwubarwne (np. **szafir arbuzowy**). Wszystkie wymienione odmiany barwne korundu poza czerwoną (rubin), szarą i brunatną traktowane są jako odmiany szafiru
Pleochroizm: silny (zależy od barwy kryształu)
Rysa: biała
Połysk: szklisty, diamentowy (po oszlifowaniu), a niekiedy tłusty bądź jedwabisty (np. niektóre szafiry z Kaszmiru)
Przezroczystość: przezroczysty do nieprzezroczystego
Współczynniki załamania światła: 1,76–1,77
Dwójłomność: 0,008
Dyspersja: 0,018
Podatność: kruchy
Łupliwość: zwykle brak; niekiedy prawie prostokątna podzielność wykorzystującą płaszczyzny zbliźniaczeń
Przełam: muszlowy, nierówny, zadziorowaty
Luminescencja: barwy ściśle uzależnione od indywidualnego zabarwienia kryształów
Inne cechy: niekiedy asteryzm w postaci sześciopromiennej, a rzadziej dwunastopromiennej gwiazdy.

ZNACZENIE I ZASTOSOWANIE

Korund stanowi poszukiwany, wyjątkowo atrakcyjny kamień kolekcjonerski. Niektóre jego odmiany (szafiry i rubiny) to najwyżej cenione kamienie szlachetne szeroko stosowane w jubilerstwie. Nadaje się im zazwyczaj szlif fasetkowy, a odmianom gwiaździstym (asteryzm) – kaboszonowy. Służą do wyrobu drogiej biżuterii. Korund znajduje zastosowanie w licznych gałęziach przemysłu.

RUBIN

Ruby
Minerał z gromady tlenków (czerwona odmiana korundu)
Tlenek glinu, Al_2O_3

Nazwa pochodzi od. łac. *ruber* (czerwony) i nawiązuje do barwy minerału.

POCHODZENIE

Podobnie jak pozostałe odmiany korundu bywa spotykany w skałach metamorficznych, magmowych i okruchowych.

WYSTĘPOWANIE

Najsłynniejsze wystąpienia rubinów znajdują się na Sri Lance i Madagaskarze oraz w Birmie,

WŁAŚCIWOŚCI

Układ krystalograficzny: trygonalny
Wykształcenie: kryształy romboedryczne, tabliczkowe, bipiramidalne lub słupkowe o sześciobocznych zarysach
Twardość: 9
Gęstość: 3,97–4,05
Barwa: czerwona, ciemnoczerwona, różowoczerwona, brunatnoczerwona, purpurowa; pochodzi ona głównie od domieszek tlenku chromu (barwa czerwona), a także dodatkowo wanadu (purpurowa) bądź żelaza (brunatnoczerwona)
Pelochroizm: silny (żółtoczerwony, ciemnoczerwony)
Rysa: biała
Połysk: szklisty, diamentowy (po oszlifowaniu)
Przezroczystość: przezroczysty do nieprzezroczystego
Współczynniki załamania światła: 1,766–1,774
Dwójłomność: 0,008
Dyspersja: 0,018
Podatność: kruchy
Łupliwość: przeważnie brak
Przełam: muszlowy, nierówny, zadziorowaty
Luminescencja: silna (czerwona lub karminowoczerwona)
Inne cechy: niekiedy wykazuje zjawisko asteryzmu (rubin gwiaździsty) oraz efekt kociego oka

Kambodży, Tajlandii, Indiach, Pakistanie, Afganistanie, Kenii, Tanzanii, Zambii, Malawi, Demokratycznej Republice Konga i Angoli.

W Polsce jest znany z osadów aluwialnych rzeki Izery w Górach Izerskich (brunatnoczerwone, zaokrąglone ziarna o średnicy przekraczającej niekiedy 1 cm); kilkumilimetrowej wielkości kryształy są spotykane w eklogitach w Górach Sowich.

ZNACZENIE I ZASTOSOWANIE

Rubin należy do szczególnie atrakcyjnych i poszukiwanych kamieni kolekcjonerskich. Wspaniale wykształcone, duże kryształy rubinu najwyższej jakości, o wielkości do 6–8 cm, są spotykane w Birmie (największy okaz ważył 1184 kr). Jasnoczerwony kryształ rubinu o długości 15 cm i masie 7000 kr (czyli 1400 g) został znaleziony w Prilepie w Macedonii. Szczególnie wartościowe są rubiny gwiaździste, wykazujące zjawisko asteryzmu w postaci sześcio- lub dwunastopromiennej gwiazdy. Największy z nich o wadze 593,4 g pochodzi ze Sri Lanki. Rubin należy do najcenniejszych kamieni szlachetnych. Najbardziej poszukiwane są przezroczyste, duże kryształy o barwie czerwonej z delikatnym niebieskim odcieniem (czerwień krwi gołębiej). Mają one wartość handlową zbliżoną do diamentów. Rubiny są zazwyczaj szlifowane fasetkowo. Ich masa rzadko przekracza 30 kr, a tylko wyjątkowo osiąga 250 kr. Kryształom wykazującym asteryzm nadaje się szlif kaboszonowy (największy taki okaz ma wagę 166 kr). Rubiny są stosowane przede wszystkim do wyrobu drogiej biżuterii. Okazjonalnie bywają rzeźbione; piękny okaz pochodzący z Birmy o wadze 690 g (przedstawiający Buddę) znajduje się w Brytyjskim Muzeum Historii Naturalnej w Londynie. Rubin bywa szeroko stosowany w przemyśle precyzyjnym, automatycznym i elektronicznym.

SZAFIR

Sapphire
Minerał z gromady tlenków, odmiana korundu
Tlenek glinu, Al_2O_3

WŁAŚCIWOŚCI

Układ krystalograficzny: trygonalny
Wykształcenie: kryształy o postaci pseudoheksagonalnych słupów (o przekroju sześciobocznym), bipiramid, przeważnie o beczułkowatych zarysach; rzadziej ma pokrój tabliczkowy (postać romboedrów); na ścianach kryształów widoczne są czasami wyraźne, poprzeczne (względem wydłużenia słupa) zbrużdżenia
Twardość: 9
Gęstość: 3,99–4,00
Barwa: typowy szafir ma barwę niebieską w różnych odcieniach; do szafirów przyjęło się jednak zaliczać też inne barwne odmiany korundu: białą, bezbarwną (**leukoszafir**), jasnoróżową, różową, czerwonoróżową, pomarańczowoczerwoną (**padparadża**), żółtopomarańczową, purpurową, fioletową, fioletowoniebieską, zieloną, jasnozielononiebieską, szarą, brunatną, a nawet czarną; znane są też jego odmiany dwubarwne, np. **szafir arbuzowy**
Pleochroizm: wyraźny bądź słaby, zależny od barwy kryształu (niebieski, żółty, niebieskozielony, żółtozielony, fioletowy)
Rysa: biała
Połysk: silny szklisty, niekiedy tłusty, jedwabisty lub diamentowy (okazy oszlifowane)
Współczynniki załamania światła: 1,762–1,778
Dwójłomność: 0,008–0,009
Dyspersja: 0,018
Podatność: kruchy
Łupliwość: przeważnie brak
Przełam: nierówny, muszlowy
Luminescencja: niekiedy (fioletowa lub pomarańczowa)
Inne cechy: asteryzm w postaci sześcio-, a wyjątkowo dwunastopromiennej gwiazdy (szafir gwiaździsty).

Nazwa pochodzi od. gr. *sappheiros* (niebieski kamień) i nawiązuje do najczęstszej barwy tego minerału; wywodzi się także od hebr. *sappir* (najpiękniejszy).

POCHODZENIE

Podobnie jak pozostałe odmiany korundu szafir jest spotykany w skałach magmowych (najczęściej w pegmatytach i bazaltach), metamorficznych i okruchowych.

WYSTĘPOWANIE

Okazy najwyższej jakości pochodzą głównie ze Sri Lanki, Tajlandii, Kambodży, Birmy oraz Indii (m.in. bardzo rzadki zielono-czerwony szafir arbuzowy). Największe kryształy są spotykane na Sri Lance (masa nawet 20 kg), w Birmie (szafir gwiaździsty o masie ok. 12,6 kg), Rosji (ponad 5 kg), na Madagaskarze (długość ponad 10 cm) i w Zimbabwe (do 7 cm). Szafiry występują także w: Laosie, Wietnamie, Australii, Tanzanii, USA, Kanadzie, Bra-

zylii, Kolumbii, Kenii, Namibii, Zambii, Mozambiku, Rwandzie, Demokratycznej Republice Kongo, Malawi i RPA

W Polsce są znane tylko z Dolnego Śląska. Białe leukoszafiry oraz niebieskie szafiry o długości dochodzącej do 5 cm występują w pegmatytach koło Karpacza (Karkonosze). Okazy o wielkości przekraczającej czasami 1 cm (maksymalnie do 3 cm) bywają znajdowane w aluwiach rzeki Izery w Górach Izerskich (szafiry białe, bezbarwne, bladoniebieskie, niebieskie, zielone, bladoróżowe oraz gwiaździste).

ZNACZENIE I ZASTOSOWANIE

Należy do bardzo poszukiwanych, wyjątkowo atrakcyjnych i cennych kamieni kolekcjonerskich i przede wszystkim jubilerskich. Szafirom nadaje się zazwyczaj szlif fasetkowy (brylantowy, tablicowy, schodkowy, poduszkowy, mieszany). Masa tak obrobionych okazów zazwyczaj waha się od 1 do 5 kr i rzadko przekracza 10 kr. Jednak największe z nich – pochodzące ze Sri Lanki – mogą osiągać nawet 423 kr (ciemnoniebieskie). Największy, oszlifowany okaz pochodzący z Australii (żółty) ma wagę 217,5 kr. Znacznie większe bywają kamienie, którym nadano kształt kaboszonu; rekordowy ma masę 5604 kr. Kaboszonowo obrabia się zazwyczaj okazy wykazujące zjawisko asteryzmu; największe szafiry gwiaździste ważą: 563 kr (Gwiazda Indii ze Sri Lanki), 333 kr (Gwiazda Azji) oraz 733 kr (Szafirowa Czarna Gwiazda Queenslandu z Australii). Szafiry są wykorzystywane głównie do wyrobu drogiej biżuterii. Niekiedy wykonuje się z nich rzeźby. Unikatowe pod tym względem są popiersia trzech amerykańskich prezydentów wyrzeźbione w kryształach szafiru: A. Lincolna (2302 kr), G. Washingtona (1997 kr) i D. Eisenhowera (2097 kr). Wspaniałe okazy szafiru można podziwiać w Muzeum Historii Naturalnej w Nowym Jorku oraz w Smithsonian Institution w Waszyngtonie (USA).

HEMATYT

BŁYSZCZ ŻELAZA, ŻELAZIAK CZERWONY, *Hematite*
Minerał z gromady tlenków
Tlenek żelaza, Fe_2O_3

Nazwa pochodzi od gr. *haema* (*haima*), czyli krew, oraz *haimatites* (krwisty), nawiązuje do czerwonej barwy tego minerału po jego sproszkowaniu.

POCHODZENIE

Jest rozpowszechniony we wszystkich głównych typach skał (magmowych, metamorficznych i osadowych). Stanowi ważny składnik utworów hydrotermalnych. Powstaje też w warunkach metamorfizmu kontaktowego i regionalnego oraz tworzy spoiwo skał okruchowych. Towarzyszy m.in. magnetytowi, syderytowi, goethytowi, pirytowi i kwarcowi.

WYSTĘPOWANIE

Najpiękniejsze kryształy występują we Francji (gdzie osiągają wielkość do 10 cm), Japonii (do 6 cm), Brazylii (do kilku centymetrów), Szwajcarii (do 4–5 cm), Austrii, Niemczech i Republice Czeskiej. Najwspanialsze okazy błyszczu żelaza znane są z Włoch, piękne róże hematytowe – z Brazylii (średnica do 15 cm) oraz Szwajcarii (do ok. 7 cm), natomiast szklane głowy – z Wielkiej Brytanii (waga pojedynczych okazów dochodzi tam do 25 kg). Kamienie o jakości gemmologicznej pochodzą w szczególności z Brazylii, Chile, Wenezueli, Kuby, Kanady, USA oraz Włoch i Wielkiej Brytanii.

WŁAŚCIWOŚCI

Układ krystalograficzny: trygonalny
Wykształcenie: kryształy romboedryczne, krótkosłupkowe, grubobeczułkowate, tabliczkowe, płytkowe, a niekiedy też igiełkowe lub włosowe; często występuje w skupieniach: zbitych i skrytokrystalicznych (**żelaziak czerwony**), grubokrystalicznych, cienkopłytkowych i drobnołuseczkowych (**błyszcz żelaza**), drobnoziarnistych, cienkotabliczkowych, łuskowych, a także luźnych (**mika żelazna**), skorupowych i naciekowych (**krwawnik**), groniastych, kulistych i nerkowatych (**szklane głowy**), rozetowych (**róże hematytowe**) oraz proszkowych, ziemistych i pylastych (**śmietana hematytowa**); naciekowe (stalaktytowe), groniaste i nerkowate skupienia hematytu zazwyczaj wykazują budowę włóknistą, koncentryczną lub/i promienistą
Twardość: 6–6,5
Gęstość: 4,95–5,26 (5,20)
Barwa: stalowoczarna lub czarna (błyszcz żelaza), brunatnoczerwona, wiśniowoczerwona bądź krwistoczerwona (krwawnik).
Pleochroizm: słaby (brunatnoczerwony, żółtoczerwony)
Rysa: wiśniowoczerwona, brunatnoczerwona
Połysk: metaliczny, czasami matowy
Przezroczystość: nieprzezroczysty, niekiedy przeświecający
Współczynniki załamania światła: 2,94–3,22
Dwójłomność: 0,28
Dyspersja: brak
Podatność: kruchy
Łupliwość: brak, często wykazuje podzielność zgodną z płaszczyznami zbliźniaczeń
Przełam: nierówny, drzazgowaty, muszlowy
Luminescencja: brak
Inne cechy: niektóre kryształy wykazują iryzację, a także efekt zbliżony do kociego oka

W Polsce jest znany z okolic Nowej Słupi i Kielc oraz z wielu miejsc w Tatrach. Występuje także na Dolnym Śląsku, głównie w Karkonoszach, Rudawach Janowickich, Masywie Śnieżnika, Górach Złotych i Kotlinie Kłodzkiej. Jest też spotykany w złożach soli na Kujawach oraz w okolicach Krakowa.

ZNACZENIE I ZASTOSOWANIE

Ma duże znaczenie kolekcjonerskie. Często wykorzystywany jako kamień ozdobny i jubilerski. Używany jest do wyrobu drobnej galanterii ozdobnej, rzeźb (figurek) oraz biżuterii artystycznej i żałobnej. Najczęściej bywa szlifowany w formie kaboszonów, paciorków oraz tabliczek. Szczególnie często hematyt służy do wyrobu spinek, naszyjników, wisiorków, broszek, pierścieni, sygnetów i kamei oraz różańców. Stanowi główną rudę żelaza (zawiera ok. 70% Fe).

RODOCHROZYT

DIALOGIT, DIAGOLIT, SPAT MANGANOWY, *Rhodochrosite*
Minerał z gromady węglanów
Węglan manganu, $MnCO_3$

Nazwa, która pochodzi od gr. *rhodon* (*rhodos*) – róża (różowy) i *chroma* (*khroma*) – barwa, nawiązuje do charakterystycznej barwy minerału.

POCHODZENIE

Bywa spotykany w żyłach hydrotermalnych oraz rzadziej w pegmatytach. Często występuje w skałach osadowych i metamorficznych. Towarzyszy m.in. galenie, sfalerytowi, pirytowi, kalcytowi oraz syderytowi.

WŁAŚCIWOŚCI

Układ krystalograficzny: trygonalny
Wykształcenie: kryształy o pokroju izometrycznym, a niekiedy także słupkowym, grubotabliczkowym i płytkowym; mają najczęściej postać skalenoedrów bądź romboedrów, niekiedy o kształcie siodełkowatym; zazwyczaj skupienia ziarniste, zbite, skorupowe, nerkowate, groniaste i naciekowe o budowie warstwowej, promienistej lub koncentryczno-promienistej
Twardość: 3,5–4,5
Gęstość: 3,45–3,70
Barwa: różowa, różowoczerwona, jasnoczerwona, czerwona, ciemnoczerwona, malinowoczerwona lub rubinowoczerwona; bywa też szara, brunatna albo brunatnoczerwona
Pleochroizm: słaby (czerwonawy)
Rysa: biała, niekiedy z różowym odcieniem
Połysk: szklisty, rzadziej perłowy
Przezroczystość: przezroczysty do nieprzezroczystego
Współczynniki załamania światła: 1,578–1,840 (1,595–1,818)
Dwójłomność: 0,201–0,223 (0,219)
Dyspersja: brak lub 0,015
Podatność: kruchy
Łupliwość: doskonała wg $(10\bar{1}1)$
Przełam: nierówny, muszlowy
Luminescencja: jasnoróżowa, brunatnoczerwona
Inne cechy: ulega działaniu gorącego kwasu solnego (z zimnym nie reaguje) z wydzielaniem dwutlenku węgla (tzw. burzenie).

WYSTĘPOWANIE

Najpiękniejsze, ciemnoczerwone okazy o długości do 10 cm oraz niewiele mniejsze – krwistoczerwone, są znajdowane w RPA. Wspaniale wykształcone kryształy o długości dochodzącej do 5 cm pochodzą z USA. Ładne okazy o długości do 2–4 cm są spotykane w Peru, Meksyku, Namibii, Gruzji, Rumunii, Niemczech, a także Hiszpanii i Francji. Pięknie wykształcone zbite odmiany rodochrozytu, o budowie koncentrycznej, promienistej i warstwowej, występują przede wszystkim w Argentynie (m.in. róża Inków), a ponadto w Meksyku, Peru i Rumunii.

W Polsce rodochrozyt został stwierdzony w Tarnowskich Górach (Górny Śląsk), w okolicach Wałbrzycha i Nowej Rudy (Sudety) oraz w Tatrach.

ZNACZENIE I ZASTOSOWANIE

Ma znaczenie naukowe oraz wzbudza duże zainteresowanie kolekcjonerów. Przezroczyste kryształy rodochrozytu są okazjonalnie szlifowane (fasetkowo) na potrzeby kolekcjonerów. Masa takich kamieni rzadko przekracza 10–15 kr; jeden z największych oszlifowanych kryształów rodochrozytu o masie blisko 60 kr (czerwony) znajduje się w zbiorach Smithsonian Institution w Waszyngtonie (USA). Zbite, przeświecające lub nieprzezroczyste odmiany rodochrozytu są używane powszechnie do wyrobu rzeźb oraz różnych ozdobnych przedmiotów. Znajdują też zastosowanie w jubilerstwie; nadaje się im szlif kaboszonowy, tablicowy lub kulisty i stosuje do wytwarzania oryginalnej, artystycznej biżuterii (szczególnie wisiorków, naszyjników i bransolet). Lokalnie stanowi ważne źródło otrzymywania manganu (zawiera ok. 43% Mn).

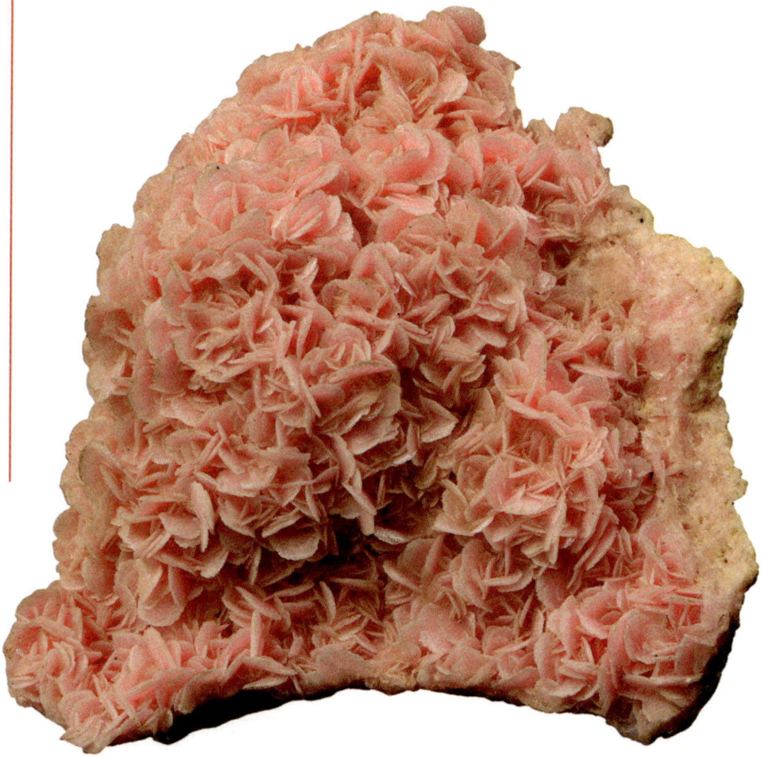

AZURYT

KAMIEŃ AZURYTOWY, LAZUR MIEDZI, *Azurite*
Minerał z gromady węglanów
Zasadowy węglan miedzi, $Cu_3[OH/CO_3]_2$

WŁAŚCIWOŚCI

Układ krystalograficzny: jednoskośny
Wykształcenie: kryształy o pokroju tabliczkowym, krótkosłupkowym lub izometrycznym (przyjmuje postać zbliżoną do romboedrów); przeważnie skupienia ziemiste, ziarniste, zbite, groniaste, kuliste, nerkowate, naciekowye (stalaktyty) o budowie promienistej, koncentrycznej (sferolitycznej) bądź koncentryczno-promienistej; tworzy też naloty, impregnacje, naskorupienia, a także pseudomorfozy
Twardość: 3,5–4
Gęstość: 3,7–3,9 (3,77)
Barwa: niebieska, ciemnoniebieska, lazurowa, szafirowa, jasnoniebieska, a także fioletowoniebieska
Pleochroizm: wyraźny (w odcieniach niebieskich)
Rysa: jasnoniebieska
Połysk: szklisty do diamentowego lub tłusty (kryształy); jedwabisty albo aksamitny (skupienia zbite, promieniste i włókniste) bądź matowym (skupienia ziemiste)
Przezroczystość: przeświecający do nieprzezroczystego (sporadycznie bywa przezroczysty)
Współczynniki załamania światła: 1,730–1,838
Dwójłomność: 0,10–0,11 (0,108)
Dyspersja: brak lub słabo dostrzegalna
Podatność: kruchy
Łupliwość: wyraźna wg (100)
Przełam: muszlowy lub nierówny
Luminescencja: brak
Inne cechy: pod wpływem dwutlenku węgla przechodzi w malachit.

Nazwa, która pochodzi od pers. *lazhward* (arab. *lazurd*), czyli niebieski, łac. *azurius*, błękitny, a także gr. *azul* (franc. *azur*), błękitny, nawiązuje do barwy minerału.

POCHODZENIE

Powstaje w strefie utleniania złóż kruszców miedzi. Najczęściej współwystępuje z malachitem, pseudomalachitem, kuprytem, chalkozynem, chryzokolą, a także kalcytem, limonitem i duftytem.

Niekiedy tworzy zbite mieszaniny mineralne z malachitem (azurmalachit) oraz malachitem i kuprytem (burnit).

WYSTĘPOWANIE

Duże, pięknie wykształcone kryształy azurytu pochodzą głównie z Namibii (długość do kilkunastu centymetrów), Maroka (ponad 20 cm), Francji (do kilkunastu centymetrów), a także: Algierii, Mongolii, USA, Włoch, Rumunii, Mołdawii, Grecji i Niemiec. Znane jego wystąpienia znajdują się także w: Kenii, Demokratycznej Republice Konga, Meksyku, Chile, Australii oraz Rosji.

W Polsce azuryt znany jest głównie z Gór Świętokrzyskich i Dolnego Śląska (Rudawy Janowickie, Góry i Pogórze Kaczawskie, Góry Wałbrzyskie, Masyw Śnieżnika, Góry Złote oraz okolice Słupca, Nowej Rudy, Dusznik Zdroju, Głogowa i Lubina). Bywa też spotykany w Tatrach, Karpatach oraz na Górnym Śląsku.

ZNACZENIE I ZASTOSOWANIE

Azuryt cieszy się dużym zainteresowaniem kolekcjonerów oraz jest wykorzystywany jako bardzo atrakcyjny i ceniony kamień ozdobny. Stosuje się go do wyrobu drobnej galanterii ozdobnej, rzeźb oraz niektórych przedmiotów codziennego użytku. Często bywa stosowany w jubilerstwie do wytwarzania artystycznej biżuterii; przeważnie nadaje się mu szlif kaboszonowy, kulisty (paciorki do produkcji naszyjników i różańców), tabliczkowy lub płytkowy. Okazjonalnie bywa szlifowany fasetkowo (okazy przezroczyste), jednak masa takich kamieni nie przekracza zazwyczaj 1 kr. Cenny materiał ozdobny i jubilerski stanowią zbite odmiany azurytu: **burnit**, **chessylit** i **azurmalachit**. Są one powszechnie używane do wyrobu rzeźb oraz różnych przedmiotów artystycznych i użytkowych oraz biżuterii. Azuryt bywa lokalnie wykorzystywany jako ruda miedzi o podrzędnym znaczeniu (zawiera ok. 55% Cu). Znajduje też zastosowanie w przemyśle chemicznym oraz farbiarskim.

MALACHIT

Malachite
Minerał z gromady węglanów
Zasadowy węglan miedzi, $Cu_2[(OH)_2/CO_3]$

Nazwa pochodzi od gr. *malakhe* (malwa, ślaz) oraz *malakos* (miękki) i nawiązuje zarówno do zielonej barwy, jak i niewielkiej twardości tego minerału.

POCHODZENIE

Występuje w strefie utleniania złóż kruszców miedzi, przeważnie razem z azurytem, kuprytem, kalcytem, a także pseudomalachitem, chryzokolą lub duftytem. Nieraz tworzy zbite mieszaniny

WŁAŚCIWOŚCI

Układ krystalograficzny: jednoskośny
Wykształcenie: niewielkie, często zbliźniaczone kryształy o pokroju słupkowym, igiełkowym lub włoskowym; przeważnie skupienia ziemiste, zbite, nerkowate, groniaste, kuliste, naciekowe (stalaktyty) o budowie włóknistej, promienistej, koncentrycznej bądź koncentryczno-promienistej; niekiedy też naskorupienia, naloty, impregnacje oraz pseudomorfozy po innych minerałach
Twardość: 3,5–4
Gęstość: 3,60–4,45 (4,05)
Barwa: zielona, jasnozielona, ciemnozielona, czarnozielona, szmaragdowozielona, a czasami niebieskozielona
Pleochroizm: wyraźny (od bezbarwnego do ciemnozielonego)
Rysa: jasnozielona
Połysk: szklisty do diamentowego (kryształy), szklisty bądź tłusty (skupienia zbite), jedwabisty do aksamitnego (agregaty włókniste, igiełkowe i promieniste), matowy (skupienia ziemiste)
Przezroczystość: przeświecający do nieprzezroczystego (sporadycznie bywa przezroczysty)
Współczynniki załamania światła: 1,655–1,909 (1,850)
Dwójłomność: 0,250–254
Dyspersja: brak
Podatność: kruchy
Łupliwość: dobra do doskonałej wg (001)
Przełam: nierówny, drzazgowy albo muszlowy
Luminescencja: brak
Inne cechy: burzy pod wpływem rozcieńczonego kwasu solnego.

mineralne z azurytem (**azurmalachit**), a także z chryzokolą i czasami też turkusem oraz pseudomalachitem (**ejlatyt**). Niekiedy współwystępuje także z miedzią rodzimą, chalkozynem, tyrolitem, konichalcytem i oliwenitem.

WYSTĘPOWANIE

Największe bryły malachitu, o masie dochodzącej do 60 t, pochodzą z Uralu (Rosja). Duże bloki o masie do 4,5 t są pozyskiwane w Arizonie (USA). Piękne kryształy tego minerału o długości osiągającej 1–3 cm znane są głównie z Demokratycznej Republiki Konga, Namibii, Zambii, Rosji, Kazachstanu, Mongolii, Australii, USA, Wielkiej Brytanii, Francji, Austrii i Niemiec.

W Polsce malachit jest znany m.in. z wielu miejsc na Dolnym Śląsku (Rudawy Janowickie, Pogórze Kaczawskie, Legnicko-Głogowski Okręg Miedziowy) oraz z Tatr.

ZNACZENIE I ZASTOSOWANIE

Malachit już od czasów starożytnych jest szeroko stosowany jako wysoko ceniony kamień ozdobny, amulet i środek leczniczy. Bywa wykorzystywany jako doskonały, bardzo atrakcyjny materiał dekoracyjny i rzeźbiarski. Stosuje się go powszechnie do wytwarzania wielu artystycznych przedmiotów codziennego użytku (waz, lichtarzy, puzder, popielnic, pucharów, szkatułek, zastaw stołowych i in.), osiągających niekiedy monumentalne rozmiary. Malachit bywa także używany do produkcji płyt okładzinowych; w ten sposób została wykończona m.in. jedna ze stacji moskiewskiego metra oraz Sala Malachitowa w Pałacu Zimowym (Ermitaż) w Sankt Petersburgu w Rosji. Powszechnie jest używany do wyrobu biżuterii artystycznej i ozdób. Często nadaje się mu szlif kaboszonowy, kulisty (paciorki), tablicowy lub płytkowy. Okazjonalnie bywa szlifowany fasetkowo; masa takich kamieni zwykle nie przekracza 3 kr. Malachit jest stosowany do produkcji zielonych farb i barwników, a lokalnie stanowi źródło otrzymywania miedzi (zawiera ok. 57% Cu).

SELENIT

Selenite
Minerał z gromady siarczanów, odmiana gipsu
Uwodniony siarczan wapnia, $CaSO_4 \times 2H_2O$

WŁAŚCIWOŚCI

Układ krystalograficzny: jednoskośny
Wykształcenie: kryształy, zazwyczaj duże, o pokroju tabliczkowym lub płytkowym
Twardość: 1,5–2
Gęstość: 2,23–2,40 (2,32)
Barwa: bezbarwny
Pleochroizm: brak
Rysa: biała
Połysk: szklisty lub szklisto-jedwabisty
Przezroczystość: doskonała, kryształy wyjątkowo czyste
Współczynniki załamania światła: 1,521–1,531
Dwójłomność: 0,009
Dyspersja: 0,033
Podatność: plastyczny i nieco giętki (lecz niesprężysty)
Łupliwość: doskonała wg (010), wyraźna wg (100) i niewyraźna wg (011)
Przełam: nierówny, zadziorowaty, muszlowy
Luminescencja: niekiedy (brunatna, żółta, zielona)

Nazwa pochodzi od gr. *Selene* (księżyc) i *lithos* (kamień) – *selenites*, czyli księżycowy kamień. Nawiązuje do specyficznego połysku minerału, przypominającego księżycową poświatę.

POCHODZENIE

Tworzy się głównie jako produkt ewaporacji (odparowywania) wód słonych jezior i mórz. Powstaje też w wyniku wietrzenia minerałów siarczkowych, działalności ekshalacji wulkanicznych i roztworów hydrotermalnych oraz z wytrącania się z wód kopalnianych (np. w wyrobiskach kopalń miedzi Rudna, Polkowice i Sieroszowice). Zazwyczaj występuje w towarzystwie m.in.: anhydrytu, halitu, kalcytu, dolomitu, aragonitu, minerałów ilastych, celestynu, barytu i siarki rodzimej.

WYSTĘPOWANIE

Tworzy bardzo duże kryształy; w Meksyku, w jednej z kopalń odkryto kryształy selenitu o długości kilkunastu metrów, w Polsce (Dolina Nidy) i we Francji (Montmartre k. Paryża) ich długość dochodzi do 3 m, natomiast w Chile, Kandzie, Włoszech, Niemczech i USA – 1 m. Jednak wymiary najbardziej czystych okazów zwykle nie przekraczają kilkudziesięciu centymetrów. Najpiękniejsze kryształy selenitu występują

w Meksyku, USA, Kanadzie, Chile, Francji, Włoszech, Niemczech (w Wiesloch w Badenii tzw. szkło Marii), Hiszpanii, Republice Czeskiej, Austrii i Szwajcarii.

W Polsce jest znany z okolic Buska w Dolinie Nidy, Sieroszowic, Polkowic, Lubina i Rudnej koło Głogowa, Pomorzan koło Olkusza, Dobrzynia nad Wisłą oraz Chodzieży koło Piły.

ZNACZENIE I ZASTOSOWANIE

Ładnie wykształcone kryształy są poszukiwane i wysoko cenione przez kolekcjonerów. Selenit jest niekiedy stosowany jako materiał rzeźbiarski oraz do wyrobu galanterii ozdobnej, a także różnych artystycznych przedmiotów pamiątkarskich i użytkowych. Okazjonalnie bywa szlifowany fasetkowo w celach kolekcjonerskich. Niegdyś cienkie płytki selenitu (wyłupane z większych kryształów) służyły jako szyby okienne, a przechodzące przez nie światło odznaczało się charakterystycznym, miękkim blaskiem, podobnym do światła Księżyca.

UWAGA

Niekiedy terminem selenit określany jest gips włóknisty.

GIPS WŁÓKNISTY

SPAT SATYNOWY, *Fibrous gypsum*
Minerał z gromady siarczanów, odmiana gipsu
Uwodniony siarczan wapnia, $CaSO_4 \times 2H_2O$

Nazwa nawiązuje do włóknistej budowy tej odmiany gipsu.

WYSTĘPOWANIE

Wyjątkowo piękne okazy białego i różowego gipsu włóknistego występują w Nottinghamshire w Anglii oraz w okolicach Paryża. Wspaniały, różowy gips włóknisty znany jest też z Uralu; szczególnie atrakcyjne okazy, wykazujące efekt kociego oka, pochodzą z okolic Jekaterynburga i Permu (Rosja).

ZNACZENIE I ZASTOSOWANIE

Ma znaczenie kolekcjonerskie, służy do wyrobu drobnej galanterii ozdobnej oraz różnych artystycznych przedmiotów pamiątkarskich i użytkowych, np. świeczników; jest także wykorzystywany jako materiał rzeźbiarski oraz ornamentacyjny. Stosunkowo często, w celu optymalnego ujawnienia optycznego efektu kociego oka, bywa szlifowany w formie kaboszonów, jajek lub kul, przeważnie w celach kolekcjonerskich.

CECHY CHARAKTERYSTYCZNE

Włóknista, przeświecająca odmiana gipsu, występująca w formie warstewek lub żyłek wypełniających szczeliny w skałach osadowych. Gips włóknisty jest przeważnie biały lub szary; bywa też różowy, żółtawy, żółtobrunatny, brunatny, czerwonawy, brunatnoczerwony, a także zielonkawy bądź niebieskawy. Odznacza się jedwabistym połyskiem, a po oszlifowaniu wykazuje czasami charakterystyczną migotliwą, zimną, przypominającą księżycową poświatę (dlatego bywa nazywany selenitem), a także optyczny efekt kociego oka.

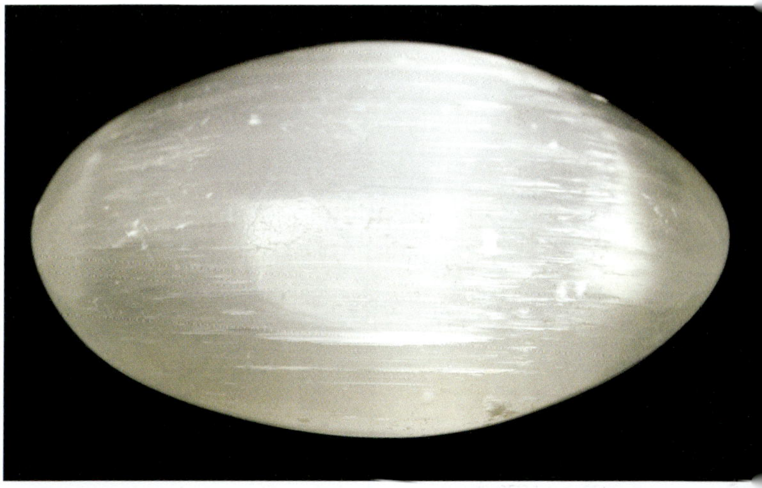

APATYT

Apatite

Minerał z gromady fosforanów. Pod nazwą apatyt kryje się grupa minerałów różniących się m.in. zawartością fluoru (fluoroapatyt), chloru (chloroapatyt) i grup hydroksylowych (hydroksyapatyt). Fosforan wapnia (wykazujący zmienne zawartości fluoru, chloru i grup hydroksylowych) $Ca_5[(F,Cl,OH)/(PO_4)_3]$

Nazwa pochodzi od gr. *apatao* (oszukiwać, zwodzić, łudzić), gdyż często był on mylony z innymi minerałami.

POCHODZENIE

Apatyt należy do minerałów szeroko rozpowszechnionych, występujących we wszystkich typach skał. Najczęściej pojawia się w pegmatytach, utworach pneumatolitycznych, żyłach hydrotermalnych i karbonatytach. Spotykany bywa w pustkach skał wulkanicznych (geodach). Występuje też w skałach meta-

WŁAŚCIWOŚCI

Układ krystalograficzny: heksagonalny
Wykształcenie: kryształy sześcioboczne o pokroju słupkowym, igiełkowym lub tabliczkowym; skupienia ziarniste, zbite, nerkowate, naciekowe, włókniste oraz naskorupienia i konkrecje
Twardość: 5
Gęstość: 3,16–3,22
Barwa: biała, żółta, żółtozielona, złotozielona, zielona, niebieska, niebieskozielona, różowa, purpurowa, czerwona, fioletowa, brunatna, bywa też bezbarwny
Pleochroizm: słaby (żółty, zielony, bezbarwny)
Rysa: biała
Połysk: szklisty lub żywiczny, tłusty na powierzchniach przełamu
Przezroczystość: przezroczysty do nieprzezroczystego
Współczynniki załamania światła: 1,632–1,648
Dwójłomność: 0,002–0,004
Dyspersja: 0,013–0,016
Podatność: kruchy
Łupliwość: wyraźna wg (0001)
Przełam: nierówny, muszlowy
Luminescencja: słaba, o zmiennych barwach (najczęściej żółta, ale też fioletowa, różowa, pomarańczowa, jasnozielona, niebieska i biała)
Inne cechy: wykazuje sporadycznie efekt kociego oka

morficznych i osadowych. Współwystępuje m.in. z: kwarcem, kalcytem, topazem, fluorytem i kasyterytem.

WYSTĘPOWANIE

Największe kryształy apatytu występują w Kanadzie (ok. 70 cm długości), USA (do 25 cm), Algierii (ok. 20–40 cm), Rosji (do 20 cm), Brazylii, Australii (do 10 cm) oraz Boliwii (do 8 cm). Kamienie wykazujące efekt kociego oka pochodzą z Brazylii (żółte, niebieskie, zielone), Indii (zielone), Birmy, Sri Lanki i Rosji (niebieskie). Duże wystąpienia apatytu są znane z Pakistanu, Meksyku, Kenii, Tanzanii, Mozambiku, Namibii, RPA, Madagaskaru, Włoch, Szwajcarii, Austrii, Hiszpanii, Portugalii, Niemiec, Szwecji i Finlandii.

W Polsce został stwierdzony w hornblendytach w Górach Sowich, w wielu pegmatytach i strefach kontaktowych towarzyszących dolnośląskim intruzjom granitoidowym oraz w cieszynitach w rejonie Bielska-Białej, Cieszyna i Żywca. Znany jest też z fosforytów m.in. z okolic Chałupek i Annopola.

ZNACZENIE I ZASTOSOWANIE

Ma znaczenie naukowe oraz kolekcjonerskie. Czyste, przezroczyste i ładnie zabarwione kamienie znajdują zastosowanie w jubilerstwie. Nadaje się im szlif zarówno fasetkowy (brylantowy, schodkowy, mieszany), jak i kaboszonowy (przede wszystkim okazy wykazujące efekt kociego oka). Największy oszlifowany kryształ apatytu (żółtozielony) pochodzi z Kenii i waży ok. 147 kr. Apatyt stanowi źródło otrzymywania fosforu; znajduje liczne zastosowania w przemyśle, głównie chemicznym.

TURKUS

KALAIT, *Turquoise*
Minerał z gromady fosforanów
Uwodniony fosforan miedzi i glinu, $CuAl_6[(OH)_2/PO_4]_4 \times 4H_2O$

WŁAŚCIWOŚCI

Układ krystalograficzny: trójskośny
Wykształcenie: niewielkie, słupkowe kryształy (bardzo rzadko); przeważnie skupienia zbite, skrytokrystaliczne, nerkowate, rzadziej naciekowe (stalaktytowe); często tworzy naloty, naskorupienia, żyłki lub konkrecje
Twardość: 5–6
Gęstość: 2,60–2,90 (najczęściej: 2,76)
Barwa: jasnoniebieska, niebieska, błękitnoniebieska, zielononiebieska lub zielona; często charakteryzuje się pajęczą siecią manganowych lub limonitowych dendrytów (turkus pajęczynowy), niekiedy zawiera też plamiste lub żyłkowe jasne albo ciemne przerosty.
Pleochroizm: słaby (jasnoniebieski, zielonkawy)
Rysa: biała, białoniebieskawa
Połysk: szklisty, woskowy, porcelanowy albo matowy
Przezroczystość: przeświecający do nieprzezroczystego
Współczynniki załamania światła: 1,610–1,648
Dwójłomność: 0,036–0,040
Dyspersja: brak
Podatność: kruchy
Łupliwość: różnie zaznaczająca się dwukierunkowa łupliwość wg (001) i (010)
Przełam: muszlowy, ziarnisty lub gładki
Luminescencja: niekiedy słaba (biaława, zielonożółta, niebieskawa)

Nazwa pochodzi od franc. *Tourquise* (Turcja) oraz *turquis* (turecki), a nawiązuje do obszaru intensywnego handlu turkusem w czasach średniowiecza.

POCHODZENIE

Powstaje w wyniku procesów hipergenicznych (w strefie wietrzenia). Zazwyczaj współwystępuje z goethytem, chalcedonem i kaolinitem, a także chalkosyderytem, malachitem, azurytem i chryzokolą.

WYSTĘPOWANIE

Najsłynniejsze wystąpienia turkusu znajdują się w Iranie, Egipcie, USA, Chinach, Rosji, Uzbekistanie i Kazachstanie. Turkus znany jest też m.in. z: Australii, Armenii, Tadżykistanu, Indii, Turcji, Chile, Meksyku, Brazylii, Peru, Namibii, Etiopii, Sudanu, Tanzanii, Wielkiej Brytanii, Niemiec i Francji. W Polsce niewielkie ilości turkusu występują na Dolnym Śląsku, głównie w okolicach Jordanowa i Pustkowa Wilczkowskiego koło Sobótki, w Grabinie koło Świdnicy, Strzegomiu i Gozdnie koło Złotoryi.

ZNACZENIE I ZASTOSOWANIE

Turkus stanowi poszukiwany, bardzo atrakcyjny kamień kolekcjonerski, a także szczególnie wysoko ceniony kamień ozdobny i jubilerski. Jest używany do wyrobu drobnej galanterii ozdobnej, rzeźb, talizmanów oraz inkrustacji. Szczególnie często bywa stosowany w jubilerstwie; nadaje się mu zazwyczaj szlif kaboszonowy, kulisty (paciorki) bądź tablicowy. Znany jest i używany od czasów starożytnych (Egipt, Iran, Kazachstan, Uzbekistan). Turkusy o najwyższej jakości i wartości pochodzą z Iranu. Szczególnie cenne są okazy błękitnoniebieskie i niebieskie; niżej cenione są kamienie niebieskie o zielonkawym odcieniu, a za najbardziej pospolite uważane są okazy szaroniebieskie, białoniebieskie i zielone. Bardzo wysoko ceniony jest turkus pajęczynowy.

UWAGA

Bardzo często spotykane są imitacje turkusu. Do najbardziej popularnych należy zabarwiony w sposób sztuczny na niebiesko magnezyt bądź howlit.

BRAZILIANIT

BRAZYLIANIT, *Brazilianite*
Minerał z gromady fosforanów
Zasadowy fosforan sodu i glinu, $NaAl_3[(OH)_2/(PO_4)]_2$

Nazwa nawiązuje do Brazylii, gdzie minerał ten został odkryty.

POCHODZENIE

Krystalizuje w kawernach bogatych w fosfor pegmatytów. Współwystępuje m.in. z: lazulitem, apatytem, berylem, turmalinem, muskowitem, kwarcem i skaleniem.

WYSTĘPOWANIE

Największe kryształy o długości dochodzącej do 12 cm bywają znajdowane w stanie Minas Gerais w Brazylii; średnica niektórych druz tego minerału osiąga tam nawet 20 cm. Mniejsze okazy brazilianitu są spotykane w USA (New Hampshire), gdzie zostały znalezione w 1947 r. Minerał ten został też stwierdzony w Niemczech (Hagendorf) i Republice Czeskiej (Dolní Bory k. Brna).

ZANCZENIE I ZASTOSOWANIE

Brazilianit został odkryty w 1944 r. w Conselheiro Peña w stanie Minas Gerais w Brazylii. Początkowo był uważany za chryzoberyl. Jest poszukiwany i wysoko ceniony przez kolekcjonerów, a także znajduje zastosowanie jako kamień ozdobny i przede wszystkim jubilerski. Bywa obrabiany w formie kaboszonów lub nadaje się mu szlif fasetkowy, przeważnie brylantowy, schodkowy, poduszkowy i mieszany. Masa większości oszlifowanych kamieni nie przekracza 5 kr. Największe okazy, o masie 19 kr (szlif brylantowy) i 23 (szlif szmaragdowy) można podziwiać w American Museum of Natural History w Nowym Jorku.

WŁAŚCIWOŚCI

Układ krystalograficzny: jednoskośny
Wykształcenie: kryształy o pokroju izometrycznym lub krótkosłupkowym; skupienia o strukturze promienistej
Twardość: 5,5
Gęstość: 2,98–2,99
Barwa: zielonkawożółta, jasnożółta, jasnozielona; może być bezbarwny
Pleochroizm: bardzo słaby, zależny od zabarwienia kryształu
Rysa: biała
Połysk: szklisty
Przezroczystość: przezroczysty do przeświecającego
Współczynniki załamania światła: 1,603–1,623
Dwójłomność: 0,019–0,021 (0,020)
Dyspersja: 0,014
Podatność: kruchy
Łupliwość: dobra wg (010)
Przełam: muszlowy
Luminescencja: zazwyczaj brak

OLIWINY, *Olivines*

Grupa minerałów zaliczana do gromady krzemianów. Nazwa pochodzi od łac. *olive* (oliwa) i nawiązuje do ich często oliwkowej barwy. Są głównie krzemianami magnezu (forsteryt), żelaza (fajalit) oraz manganu (tefroit). Większość stanowi kryształy mieszane, będące członami ciągłego szeregu izomorficznego tworzonego przez forsteryt i fajalit (oliwiny magnezowo-żelazowe). Należy tu m.in. najczęściej spotykany oliwin właściwy, a także hortonolit. Przezroczyste, pięknie zabarwione odmiany forsterytu, a w szczególności oliwinu właściwego, określane jak chryzolit bądź perydotyt znajdują stosunkowo często zastosowanie w jubilerstwie. Wszystkie oliwiny krystalizują w układzie regularnym; mają zazwyczaj pokrój grubotabliczkowy bądź krótkosłupkowy.

PERYDOT

◈ ◈ ◈

CHRYZOLIT, *Peridot* (*Chrysolite*)

Minerał z gromady krzemianów zaliczany do grupy oliwinów, odmiana oliwinu właściwego

Krzemian magnezu i żelaza, $(Mg,Fe)_2[SiO_4]$

Nazwa perydot stanowi prawdopodobnie wywodzące się z arabskiego francuskie określenie *faridat* (drogi kamień), natomiast chryzolit pochodzi od gr. *chrysos* (złoty) oraz *lithos* (kamień, skała) i nawiązuje do charakterystycznej barwy minerału.

POCHODZENIE

Stanowi częsty składnik różnych ultrazasadowych i zasadowych skał magmowych: perydotytów, dunitów, bazaltów oliwinowych, oliwinitów, a także niektórych gabr i diabazów. Bywa też spotykany w niektórych meteorytach, serpentynitach (jako minerał reliktowy) oraz kominach diamentonośnych. Współwystępuje m.in. z: magnetytem, chromitem, ilmenitem, piroksenem, apatytem i flogopitem.

WŁAŚCIWOŚCI

Układ krystalograficzny: rombowy
Wykształcenie: kryształy o pokroju grubotabliczkowym lub krótkosłupkowym; przeważnie skupienia zbite, ziarniste, a niekiedy, szczególnie w bazaltach, w formie owalnych lub nieregularnych nagromadzeń zwanych bombami oliwinowymi
Twardość: 6,5–7
Gęstość: 3,26–3,43 (chryzolit: 3,33–3,38, najczęściej 3,34)
Barwa: zielona, oliwkowozielona, butelkowozielona, soczystozielona, żółtawozielona, złocistozielona (**chryzolit**), ciemnozielona, brunatnozielona, brunatnooliwkowa, niekiedy brunatna albo brunatnoczarna
Pleochroizm: bardzo słaby (bezbarwny do jasnozielonego, zielony do oliwkowozielonego)
Rysa: biała
Połysk: szklisty albo tłusty (na powierzchniach przełamu)
Przezroczystość: przezroczysty do przeświecającego
Współczynniki załamania światła: 1,635–1,880 (chryzolit: 1,654–1,690)
Dwójłomność: 0,033–0,040 (chryzolit: 0,036)
Dyspersja: 0,020
Podatność: kruchy
Łupliwość: niewyraźna, niekiedy niezauważalna, według (010), (100) i (001)
Przełam: muszlowy
Luminescencja: brak (niekiedy ciemnopomarańczowa)
Inne cechy: niektóre okazy wykazują po oszlifowaniu efekt kociego oka lub asteryzm

WYSTĘPOWANIE

Należy do minerałów szeroko rozpowszechnionych, jednak duże, czyste i ładnie wykształcone kryształy są rzadkością. Okazy najwyższej jakości znane są z Egiptu z wyspy Zebirget (Wyspa Św. Jana) na Morzu Czerwonym, gdzie wydobywa się je już od co najmniej 3500 lat. Występujące tam przezroczyste, soczystozielone kryształy osiągają długość do 5 cm i masę nawet 100 g. Wspaniałe okazy pochodzą też z USA, na Hawajach znajdowane są skupienia chryzolitu o średnicy ponad 20 cm. Piękne kryształy o jakości jubilerskiej znane są też m in. z: Meksyku, Brazylii, Birmy, Pakistanu, Kenii, Etiopii, Rosji, Hiszpanii (Lanzarote), Norwegii, Niemiec i Republiki Czeskiej.

W Polsce bywa spotykany w wielu miejscach na Dolnym Śląsku, głównie wśród kenozoicznych bazaltów, gdzie czasami tworzy owalne lub nieregularne skupienia (bomby oliwinowe). Występuje też w niektórych gabrach, np. w okolicach Nowej Rudy.

ZNACZENIE I ZASTOSOWANIE

Stanowi bardzo atrakcyjny i wysoko ceniony kamień kolekcjonerski oraz jubilerski. Najczęściej jest szlifowany fasetkowo (szlif schodkowy, brylantowy, mieszany). Niekiedy nadaje się mu szlif tablicowy, owalny lub w formie gruszki. Czasami bywa obrabiany w formie kaboszonów, szczególnie dotyczy to kamieni wykazujących efekt optyczny asteryzmu (gwiazdy) bądź kociego oka. Perydot (chryzolit) służy też do wyrobu kulek (paciorków). Naszyjniki wykonuje się też często z surowych, nieoszlifowanych kamieni. Masa okazów oprawnych rzadko przekracza 10 kr, jednak wyjątkowo osiąga nawet ok. 300 kr. Największe oszlifowane perydoty (chryzolity) znajdują się w kolekcji Smitsonian Instytution w Waszyngtonie (USA), gdzie można podziwiać kryształy pochodzące z Egiptu (ok. 310 kr) i Birmy (ok. 287 kr). Wspaniała kolekcja złożona aż z 954 okazów tego minerału znajduje się w zbiorach muzeum Topkapi w Stambule w Turcji.

GRANATY, *Garnets*

Grupa minerałów zaliczana do gromady krzemianów. Nazwa pochodzi od łac. *granum* (ziarno) oraz *malum granatum* (owoc granatu). Są krzemianami różnych pierwiastków, głównie: magnezu, glinu, wapnia, żelaza, manganu, a rzadziej: chromu, wanadu i cyrkonu. Ze względu na skład chemiczny dzielą się na kilka grup: granaty glinowe (pirop, grossular, hessonit, spessartyn, almandyn, rodolit), żelazowe (m.in. andradyt, demantoid i majoryt), chromowe (głównie uwarowit), a także wanadowe oraz cyrkonowe. Część granatów wykazuje też znaczne zawartości sodu, itru i tytanu. Tytan występuje zwykle w andradycie, dzięki czemu wyróżnia się jego trzy odmiany: melanit (do 5% TiO_2), schorlomit (od 5 do 15% TiO_2) oraz ivaaryt (od 15 do 20% TiO_2). Granaty tworzą szeregi izomorficzne, reprezentowane najczęściej przez kryształy mieszane stanowione przez: pirop-almandyn-spessartyn oraz andradyt-grossular-uwarowit. Wszystkie granaty krystalizują w układzie regularnym; mają zazwyczaj postać dwunastościanów rombowych lub dwudziestoczterościanów deltoidowych. Pięknie wykształcone kryształy różnych odmian granatów stanowią poszukiwane i cenione kamienie jubilerskie.

PIROP

CZESKI GRANAT, *Pyrope (Czech garnet)*
Minerał z gromady krzemianów zaliczany do grupy granatów
Krzemian magnezu i glinu, $Mg_3Al_2[SiO_4]_3$

Nazwa pochodzi od gr. *pyr* (ogień) lub *pyropos* (podobny do ognia).

POCHODZENIE

Występuje głównie w skałach metamorficznych oraz w ultrazasadowych skałach magmowych. Duże koncentracje piropu są czasami spotykane w skałach okruchowych. Współwystępuje m.in. z: piroksenem, oliwinem, magnetytem, ilmenitem, dystenem (kyanitem), cyrkonem, rutylem, a czasami też z kwarcem i skaleniami. W kimberlitach pirop współwystępuje z diamentami

WYSTĘPOWANIE

Kamienie o jakości jubilerskiej występują głównie w Republice Czeskiej i RPA (średnica kilku centymetrów) oraz Rosji. Szczególne znaczenie mają krwistoczerwone piropy pochodzące z utworów aluwialnych Wyżyny Środkowoczeskiej (Republika

WŁAŚCIWOŚCI

Układ krystalograficzny: regularny
Wykształcenie: izometryczne kryształy o postaci dwunastościanu rombowego i rzadziej dwudziestoczterościanu deltoidowego; najczęściej występuje w formie zaokrąglonych kryształów przypominających kulki
Twardość: 7–7,5
Gęstość: 3,52–3,87
Barwa: intensywnie czerwona (od różowej, pomarańczowoczerwonej do fioletowoczerwonej, a nawet czerwonoczarnej), purpurowoczerwona (**rhodolit**)
Pleochroizm: brak
Rysa: biała
Połysk: szklisty, niekiedy tłusty
Przezroczystość: przezroczysty do przeświecającego
Współczynniki załamania światła: 1,720–1,756 (1,745)
Dwójłomność: brak
Dyspersja: 0,022
Podatność: kruchy
Łupliwość: brak, sporadycznie niewyraźna oddzielność według (110)
Przełam: muszlowy
Luminescencja: brak
Inne cechy: niektóre okazy sporadycznie ujawniają tzw. efekt aleksandrytu

Czeska), powszechnie znane jako czeski granat. Ich średnica zwykle nie przekracza kilku milimetrów. Znajduje się je na obszarze o powierzchni ok. 70 km^2. Duże, okrągłe ziarna o rozmiarach wiśni pochodzą z Podsedlic i Třebenic w Republice Czeskiej.

W Polsce pirop występuje przede wszystkim w Bystrzycy Górnej w Górach Sowich. Znajdowane są tam krwistoczerwone okazy o średnicy przekraczającej 1 cm. Spotykany też jest w okolicach Lądka-Zdroju (Masyw Śnieżnika) i w rejonie Sobótki. Okazjonalnie bywa znajdowany w Tatrach. Często występuje w piaskach plażowych nad Bałtykiem.

ZNACZENIE I ZASTOSOWANIE

Pirop ma znaczenie naukowe oraz bywa wykorzystywany jako minerał wskaźnikowy przy poszukiwaniu złóż diamentów. Stanowi ceniony kamień kolekcjonerski i jubilerski. Obrabia się go w formie kaboszonów lub szlifuje fasetkowo (szlif brylantowy, mieszany, schodkowy). Masa takich kamieni rzadko przekracza jednak 2 kr. Największy oszlifowany okaz, pochodzący z Republiki Czeskiej, waży 13,2 kr (kolekcja Ulrike von Löwitzow). Z gorszej jakości surowca wyrabia się paciorki do naszyjników. Wyjątkowo piękna i cenna biżuteria z czeskich granatów wytwarzana jest w Czechach już od ponad 500 lat. Kamienie te są oprawiane w złoto, a ostatnio coraz częściej również w srebro. Bardzo interesujące są kryształy piropu wykazujące różne barwy w zależności od rodzaju oświetlenia (tzw. efekt aleksandrytu). Jedna z takich odmian, tworząca kryształy mieszane ze spessartynem (pochodząca z Norwegii), w świetle dziennym jest fioletowa, a przy oświetleniu sztucznym – czerwona, natomiast inna odmiana, rhodolit, tworząca kryształy mieszane z almandynem – w świetle dziennym jest niebieskozielona, natomiast w sztucznym – purpurowoczerwona lub szkarłatna. Pirop jest stosowany jako materiał ścierny oraz do wyrobu narzędzi skrawających, szlifierskich i wierteł.

GROSSULAR

Grossular
Minerał z gromady krzemianów zaliczany do grupy granatów
Krzemian wapnia i glinu, $Ca_3Al_2[SiO_4]_3$

Nazwa pochodzi od łac. *Ribes grossularia* (agrest), gdyż barwą i kształtem przypomina ten owoc.

WŁAŚCIWOŚCI

Układ krystalograficzny: regularny
Wykształcenie: duże, prawidłowo wykształcone kryształy, przyjmujące postać dwunastościanu rombowego lub dwudziestoczterościanu deltoidowego; skupienia zbite, ziarniste oraz naskorupienia
Twardość: 7–7,5
Gęstość: 3,40–3,68
Barwa: żółtozielona, szarozielona lub szarożółta; spotykany jest też grossular bezbarwny (**leukogranat**), biały, żółty, szmaragdowy (**tsavoryt**), jaskrawozielony, zielony (**żad transvaalski**), różowy (**rosolit**), pomarańczowy, pomarańczowoczerwony (**hessonit**), żółtoczerwony, czerwony, brunatnoczerwony (**romanzovit**), brunatny, niebieskawy bądź czarny
Pleochroizm: brak
Rysa: biała
Połysk: szklisty
Przezroczystość: przezroczysty do nieprzezroczystego
Współczynniki załamania światła: 1,730–1,760
Dwójłomność: brak
Dyspersja: 0,027
Podatność: kruchy
Łupliwość: brak; sporadycznie bardzo niewyraźna oddzielność wg (110)
Przełam: muszlowy
Luminescencja: niekiedy, bardzo słaba (żółta lub złotożółta)

POCHODZENIE

Grossular jest minerałem skał metamorficznych, ukształtowanych w warunkach przeobrażeń regionalnych, kontaktowych i metasomatycznych. Występuje też w skałach okruchowych. Współwystępuje m.in. z: kalcytem, diopsydem, wezuwianem, epidotem, wollastonitem, tremolitem, skapolitem, magnetytem i andradytem.

WYSTĘPOWANIE

Najwyżej cenione kamienie pochodzą z Tanzanii i Kenii (szmaragdowozielone tsavoryty o średnicy nawet 5 cm oraz różowe rosolity), Sri Lanki i Pakistanu (okazy zielone), Kanady (średnica do 5 cm) i Meksyku (zarówno grossulary zielone, jak i różowe rosolity) oraz Finlandii (czerwonobrunatne romanzovity). Poszukiwane są też okazy pochodzące z USA (zielone i pomarańczowe) i Afryki Południowej (zbite, zielone lub zielononiebieskie tzw. nefryty transvaalskie i różowe rosolity) oraz Włoch (okazy zielone i bezbarwne leukogranaty) i Norwegii (leukogranaty). Średnica nieprzezroczystych lub przeświecających hessonitów z Žulovej i Vápennej w Republice Czeskiej osiąga nawet 8 cm.

W Polsce grossular jest spotykany w Kotlinie Kłodzkiej, Masywie Śnieżnika, Rudawach Janowickich, Pogórzu Izerskim i Górach Izerskich, a także w okolicach Bielawy, Strzelina i Sobótki (leukogranat).

ZNACZENIE I ZASTOSOWANIE

Grossular cieszy się dużym uznaniem kolekcjonerów oraz bardzo często bywa stosowany w jubilerstwie. Wykorzystywane są zarówno jego odmiany zbite i nieprzezroczyste, jak i przezroczyste, pięknie zabarwione kryształy. Obrabia się go w formie kaboszonów i paciorków, jak też fasetkowo (szlif brylantowy, mieszany, a niekiedy też kwadratowy). Stosowany bywa do wyrobu biżuterii, a odmiany zbite służą do wytwarzania drobnej galanterii ozdobnej oraz rzeźb. Szczególnie duże znaczenie kolekcjonerskie i jubilerskie mają tsavoryty, rosolity i hessonity (tworzace kryształy mieszane z almandynem).

SPESSARTYN

Spessartine
Minerał z gromady krzemianów zaliczany do grupy granatów
Krzemian manganu i glinu, $Mn_3Al_2[SiO_4]_3$

Nazwa pochodzi od miasta Spessart w Bawarii w Niemczech, gdzie minerał ten został po raz pierwszy odkryty.

POCHODZENIE

Spessartyn występuje głównie w skałach magmowych (zazwyczaj w pegmatytach i granitach) oraz utworach zmienionych kontaktowo i w osadach aluwialnych. Współwystępuje najczęściej z kwarcem, skaleniem, łyszczykami (przeważnie muskowitem), a także cyrkonem, fluorytem, turmalinem i kalcytem.

WYSTĘPOWANIE

Pięknie wykształcone, duże kryształy tego minerału są znane z USA (średnica do 7 cm), Tanzanii (do 5 cm) oraz Pakistanu (do 2 cm). Ładne okazy o średnicy ponad 1 cm znane są też z Madagaskaru, Norwegii, Grecji i Włoch (fioletowe kryształy o średnicy do 6 mm). Najwyżej cenione kamienie o wartości jubilerskiej pochodzą z Namibii, Madagaskaru, Indii, Sri Lanki, Tanzanii, Nigerii, Australii, Birmy, Brazylii i USA.

W Polsce spessartyn został stwierdzony na Dolnym Śląsku, w rejonie Ząbkowic Śląskich i Sobótki oraz koło Karpacza w Karkonoszach.

ZNACZENIE I ZASTOSOWANIE

Spessartyn stanowi rzadki, bardzo poszukiwany kamień kolekcjonerski. Niektóre, wyjątkowo czyste odmiany spessartynu, o jasnopomarańczowej lub pomarańczowej barwie są stosowane do wyrobu biżuterii. Obrabia się je w formie kaboszonów lub nadaje się szlif fasetkowy (brylantowy, schodkowy). Masa oszlifowanych kamieni zazwyczaj nie przekracza 5 kr. Największy oszlifowany okaz o masie 109 kr (pochodzący z Brazylii) znajduje się w Smithsonian Institution w Waszyngtonie; ma on barwę pomarańczową.

WŁAŚCIWOŚCI

Układ krystalograficzny: regularny
Wykształcenie: kryształy izometryczne o postaci zarówno dwudziestoczterościanu deltoidowego, jak i – dwunastościanu rombowego
Twardość: 7–7,5
Gęstość: 3,8–4,25
Barwa: pomarańczowożółta, pomarańczowoczerwona, pomarańczoworóżowa lub pomarańczowa; również żółta, różowa, żółtobrunatna, czerwonobrunatna, a nawet niemal czarna
Pleochroizm: brak
Rysa: biała
Połysk: szklisty
Przezroczystość: przezroczysty do nieprzezroczystego
Współczynniki załamania światła: 1,795–1,815 (1,800)
Dwójłomność: brak
Dyspersja: 0,027
Podatność: kruchy
Łupliwość: brak, sporadycznie bardzo niewyraźna oddzielność wg (110)
Przełam: muszlowy
Luminescencja: brak

ALMANDYN

Alamandine
Minerał z gromady krzemianów zaliczany do grupy granatów
Krzemian żelaza i glinu, $Fe_3Al_2[SiO_4]_3$

Nazwa pochodzi od starożytnego miasta Alabanda w Azji Mniejszej (położonego na obszarze obecnej, południowo-zachodniej Turcji), gdzie minerał ten został odkryty i był pozyskiwany.

POCHODZENIE

Almandyn najczęściej stanowi składnik skał metamorficznych, a znacznie rzadziej jest spotykany w skałach magmowych. Powszechnie występuje w skałach okruchowych. Współwystępuje m.in. z łyszczykami (biotyt, muskowit), kwarcem, skaleniami, hornblendą, staurolitem, dystenem (kyanitem) i sillimanitem.

WYSTĘPOWANIE

Almandyn należy do najszerzej rozpowszechnionych granatów. Szczególnie poszukiwane są doskonale wykształcone duże okazy. Najwyżej ceniony materiał o jakości gemmologicznej pochodzi ze Sri Lanki oraz Indii. Wysoko cenione są też kamienie z USA, Brazylii, Tanzanii, Madagaskaru, Rosji i Mongolii oraz Norwegii, Austrii i Włoch.

W Polsce almandyn bywa często spotykany w skałach krystalicznych Dolnego Śląska, m.in. w Górach i na Pogórzu Izerskim (średnica do 2 cm), Górach Sowich, Masywie Śnieżnika, Górach Złotych, Górach Opawskich (średnica do 3 cm) oraz w rejonie Strzelina. Bywa ponadto spotykany w łupkach krystalicznych Tatr oraz w piaskach plażowych nad Bałtykiem.

ZNACZENIE I ZASTOSOWANIE

Ma znaczenie naukowe. Cieszy się dużym uznaniem kolekcjonerów. Niektóre odmiany almandynu są wykorzystywane jako kamienie jubilerskie do wyrobu biżuterii oraz ozdób. Do najbardziej poszukiwanych należą kamienie pomarańczowoczerwone oraz fioletowoczerwone. Obrabiane są w formie kaboszonów lub fasetkowo (szlif schodkowy lub mieszany, rzadziej brylantowy). Oszlifowane fasetkowo kryształy dobrej jakości odznaczają się diamentowym połyskiem. Czerwone almandyny bywają określane niekiedy tradycyjną nazwą – karbunkuł. Obrobione w formie kaboszonów kamienie zawierające włókniste wrostki amfiboli i piroksenów mają połysk jedwabisty; najwyżej cenione z nich wykazują asteryzm w formie czteroramiennej gwiazdy; pochodzą z USA, Indii, Sri Lanki oraz Brazylii. Największy oszlifowany gwiaździsty almandyn pochodzący z Idaho (USA) ma masę 175 kr i znajduje się w kolekcji Smithsonian Institution w Waszyngtonie. Almandyn bywa powszechnie stosowany jako materiał ścierny i szlifierski.

WŁAŚCIWOŚCI

Układ krystalograficzny: regularny
Wykształcenie: kryształy izometryczne o postaci dwunastościanu rombowego i znacznie rzadziej – dwudziestoczterościanu deltoidowego
Twardość: 7–7,5
Gęstość: 3,95–4,32
Barwa: czerwonobrunatna, fioletowoczerwona, fioletowa, czerwona lub brunatna, rzadziej ciemnoczerwona, pomarańczowoczerwona albo niemal czarna
Pleochroizm: brak
Rysa: biała
Połysk: szklisty i niekiedy żywiczny
Przezroczystość: przezroczysty do nieprzezroczystego
Współczynniki załamania światła: 1,778–1,820 (1,810)
Dwójłomność: brak
Dyspersja: 0,024–0,027
Podatność: kruchy
Łupliwość: brak, niekiedy niewyraźna oddzielność wg (110)
Przełam: muszlowy
Luminescencja: brak
Inne cechy: niektóre kryształy wykazują zjawisko asteryzmu w postaci czteroramiennej gwiazdy

ANDRADYT

Andradite
Minerał z gromady krzemianów zaliczany do grupy granatów
Krzemian wapnia i żelaza, $Ca_3Fe_2[SiO_4]_3$

WŁAŚCIWOŚCI

Układ krystalograficzny: regularny
Wykształcenie: kryształy o postaci dwunastościanu rombowego lub dwudziestoczterościanu deltoidowego; skupienia zbite, ziarniste i naskorupienia
Twardość: 6,5–7
Gęstość: 3,70–4,10 (3,86)
Barwa: bardzo zmienna, może być: żółty, zielony, czerwonawy, brązowy, czarny, a także bezbarwny. Niektóre odmiany barwne noszą odrębne nazwy (mineralogiczne, gemmologiczne i regionalne): **demantoid** (zielony, ciemnozielony lub szmaragdowozielony), **topazolit** (żółty, cytrynowożółty lub żółtozielony), **melanit** (czarny lub brunatny, do 5% TiO_2), **schorlomit** (czarny lub ciemnobrunatny, 5–15% TiO_2), **livaaryt** (czarny, bardzo zasobny w tytan, 15–20% TiO_2), **vulpinit** (szarobiały, tworzy zbite skupienia) i **kolofonit** (zielonobrunatny, żółtobrunatny)
Pleochroizm: brak
Rysa: biała
Połysk: silny szklisty, a niekiedy też diamentowy (demantoid)
Przezroczystość: przezroczysty do nieprzezroczystego
Współczynniki załamania światła: 1,84–1,94 (1,887–1,888)
Dwójłomność: brak
Dyspersja: 0,057
Podatność: kruchy
Łupliwość: brak, sporadycznie bardzo niewyraźna oddzielność wg (110)
Przełam: muszlowy
Luminescencja: brak

Nazwa pochodzi od nazwiska brazylijskiego męża stanu, a także przyrodnika i geologa J.B. de Andrada e Silva (1763–1838), który opisał go po raz pierwszy.

POCHODZENIE

Andradyt występuje we wszystkich głównych typach skał. Najczęściej jest spotykany w różnych utworach metamorficznych. Niektóre jego odmiany (np. melanit) wchodzą w skład alkalicznych skał magmowych. Znany jest również z osadów klastycznych. Współwystępuje m.in. z: kalcytem, wezuwianem, diopsydem, grossularem, epidotem i klinochlorem.

WYSTĘPOWANIE

Doskonale wykształcone, wielkie okazy andradytu znane są z Wyspy Księcia Walii położonej u wybrzeży Alaski. Ich średnica dochodzi tam aż do 7 cm. Niewiele mniejsze kryształy brunatnozłocistego topazolitu, o średnicy do 5 cm, są znajdowane w stanie Arizona w USA. Żółty topazolit znany jest ze Szwajcarii i Włoch. Piękne kryształy andradytu o wielkości częstokroć przekraczającej 1 cm, pochodzą z Rosji, Włoch, Grecji, Meksyku, Demokratycznej Republiki Konga oraz Azerbejdżanu i Kazachstanu.

W Polsce andradyt stwierdzono w Rudawach Janowickich, Kotlinie Kłodzkiej, Masywie Śnieżnika, Górach i na Pogórzu Izerskim oraz w okolicach góry Ślęży.

ZNACZENIE I ZASTOSOWANIE

Różne odmiany andradytu cieszą się szczególnym uznaniem kolekcjonerów. Należą do poszukiwanych kamieni jubilerskich i ozdobnych. Biżuteria z andradytu jest wyrabiana już od czasów starożytnych. Demantoid jest powszechnie szlifowany fasetkowo (szlif brylantowy), z melanitu i schorlomitu wyrabia się biżuterię żałobną, natomiast vulpinit bywa stosowany do wyrobu rzeźb i drobnej galanterii ozdobnej. Największy oszlifowany kryształ andradytu, pochodzący z Rosji, znajduje się w Smithsonian Institution w Waszyngtonie. Jego masa wynosi 10,4 kr.

CYRKON

Zircon
Minerał z grupy krzemianów
Krzemian cyrkonu, $Zr[SiO_4]$

Nazwa pochodzi od perskiego *zargun* (*zar* – złoto, *gun* – barwa), czyli złocisty, a nawiązuje do złocistej barwy niektórych odmian tego minerału.

POCHODZENIE

Stanowi rozpowszechniony składnik wielu skał magmowych (kwaśnych i obojętnych), a także metamorficznych i osadowych. Współwystępuje z: biotytem, kwarcem, skaleniem, amfibolem, granatami, tytanitem, a także monacytem i ksenotymem.

WYSTĘPOWANIE

Wspaniale wykształcone, duże kryształy cyrkonu są znane m.in. z: Kanady (masa do 7 kg), USA (długość do 20 cm), Rosji (długość ok. 20 cm i masa do 3,5 kg), Grenlandii (do 5 cm) i Norwegii (czasami ponad 5 cm). Kamienie o jakości gemmologicznej pochodzą głównie ze Sri Lanki, Birmy, Indii, Tajlandii, Kambodży, Rosji, Australii, a także USA, Kanady, Madagaskaru, RPA, Tanzanii i Francji.

WŁAŚCIWOŚCI

Układ krystalograficzny: tetragonalny
Wykształcenie: kryształy o pokroju izometrycznym, słupkowym, a także igiełkowym; przeważnie przyjmuje postać tetragonalnego, krótkiego słupa zwieńczonego podwójną piramidą (o przekroju kwadratu) lub bipiramidy przypominającej ośmiościan; niekiedy bywa zbliźniaczony (kolankowo); skupienia ziarniste, zbite, ziemiste, promieniste
Twardość: 6,5–7,5
Gęstość: 4,67–4,71
Barwa: złociostobrunatny, jasnożółty, słomkowożółty (**jargon**), jaskrawożółty (**melichrysos**), różowy, czerwony, czerwonopomarańczowy (**hiacynt**), zielony (**beccaryt**), fioletowy, niebieski (**starlit**), niebieskozielony, brunatny lub czarny; bywa też bezbarwny (**sparklit**)
Pleochroizm: wyraźny, bardzo zróżnicowany, zależny od zabarwienia kryształu
Rysa: biała
Połysk: silny szklisty, diamentowy, tłusty (na powierzchniach przełamu)
Przezroczystość: przezroczysty do przeświecającego
Współczynniki załamania światła: 1,929–1,984
Dwójłomność: 0,036–0,065
Dyspersja: 0,039
Podatność: bardzo kruchy
Łupliwość: niewyraźna wg (110)
Przełam: muszlowy
Luminescencja: słaba lub bardzo słaba (pomarańczowa, żółta, czerwona lub różowa); ściśle powiązaną z zabarwieniem minerału
Inne cechy: niekiedy wykazuje efekt kociego oka; bywa też radioaktywny, choć rzadko dotyczy to kamieni jubilerskich

W Polsce występuje głównie na Dolnym Śląsku m.in. w pegmatytach w okol. Szklarskiej Poręby (wielkość kryształów do 2,5 mm) oraz koło Jeleniej Góry (długość okazów 2 mm), a także w aluwiach rzeki Kwisy koło Leśnej (ziarna o wielkości 3 mm) i rzeki Izery na Hali Izerskiej koło Świeradowa Zdroju (zwykle okazy o średnicy ok. 1 mm, a wyjątkowo nawet – 13 mm). Został ponadto stwierdzony w Górach Sowich i w Sudetach Wschodnich oraz w okolicach Strzegomia, Jawora i Żarowa. Znaczne ilości cyrkonu występują wśród plażowych piasków bałtyckich.

ZNACZENIE I ZASTOSOWANIE

Cyrkon ma znaczenie naukowe oraz należy do poszukiwanych i bardzo wysoko cenionych kamieni kolekcjonerskich i jubilerskich. Obrabia się go zazwyczaj fasetkowo (szlif brylantowy, poduszkowy, mieszany, cyrkonowy lub bagiet) i rzadziej kaboszonowo (okazy wykazujące efekt kociego oka). Największy oszlifowany okaz (zielononiebieski pochodzący ze Sri Lanki) o masie 208 kr znajduje się w kolekcji American Museum of Natural History w Nowym Jorku. Pięknie obrobione kamienie pochodzące ze Sri Lanki (brązowy, 118,1 kr), z Tajlandii (niebieski, 103,2 kr) oraz Birmy (czerwonobrunatny, 75,8 kr) można podziwiać w zbiorach Smithsonian Institution w Waszyngtonie. Niebieskie cyrkony można też oglądać w Królewskim Muzeum Ontario w Toronto; masa największego z nich wynosi 61,69 kr. Masa znajdujących się w obiegu handlowym kamieni oprawnych zazwyczaj nie przekracza 10 kr. Bezbarwny cyrkon dzięki dużej dyspersji przypomina po oszlifowaniu diament i jako taki bywa niekiedy sprzedawany. Cyrkon znajduje liczne zastosowanie w przemyśle.

UWAGA

Cyrkonu nie należy mylić z cyrkonią, która stanowi produkt sztuczny, syntetyczny (naśladujący diament), nie mający swojego odpowiednika w przyrodzie.

HIACYNT

JACYNT, *Hyacinth (Jacinth)*
Minerał z gromady krzemianów, odmiana cyrkonu

Nazwa nawiązuje do barwy kwiatu hiacyntu bądź wywodzi się z dawnej nazwy kamień jutrzenkowy (kamień zorzy porannej), którą niegdyś określano kamienie złocistoczerwone.

WYSTĘPOWANIE

Spotykany jest głównie na Sri Lance, Madagaskarze, w Tajlandii, Kambodży, Birmie, Indiach, Rosji, RPA, Tanzanii, Australii, Brazylii i USA. W Europie jest znany przede wszystkim z Francji oraz rzadziej – Niemiec.

W Polsce bywa znajdowany głównie w aluwiach rzeki Izery (i jej dopływów) w rejonie Hali Izerskiej w Górach Izerskich. Największe znalezione tam kryształy hiacyntu miały średnicę 1,4 cm.

ZNACZENIE I ZASTOSOWANIE

Hiacynt jest bardzo rzadkim, cenionym kamieniem kolekcjonerskim oraz jubilerskim. Jest wydobywany i wykorzystywany jako kamień szlachetny od czasów starożytnych. Służy głównie do wyrobu biżuterii oraz ozdób. Zwykle nadaje się mu szlif fasetkowy (brylantowy, schodkowy, a niekiedy także mieszany), a znacznie rzadziej kaboszonowy. Ciężar obrobionych kryształów waha się najczęściej od 1 do 4 kr i wyjątkowo osiąga 10 kr. Jeden z największych, oszlifowanych okazów hiacyntu o masie 75,8 kr (czerwonobrunatny z Birmy), znajduje się w kolekcji Smithsonian Institution w Waszyngtonie w USA. Hiacynty pochodzące z południowo-wschodniej Azji bywają termicznie zmieniane w niebieskie starlity.

CECHY CHARAKTERYSTYCZNE

Hiacynt odznacza się czerwonopomarańczową, czerwoną, żółtoczerwoną lub czerwonobrunatną barwą oraz silnym, szklistym lub diamentowym połyskiem. Jest minerałem przezroczystym. Wystawiony na długie działanie światła słonecznego ciemnieje i matowieje.

UWAGA

Nazwa hiacynt jest stosowana niekiedy do określania pomarańczowych, żółtoczerwonych, czerwonopomarańczowych, różowych, różowoczerwonych, czerwonych, czerwonobrunatnych odmian różnych minerałów, np. szafiru (odmiana padparadża), hessonitu (hiacynt cejloński), topazu (hiacynt orientalny), grossularu, spinelu (spinel hiacyntowy), eudialitu (hiacynt grenlandzki) i in.

ZOISYT

Zoisite
Minerał z gromady krzemianów zaliczany do grupy epidotu
Zasadowy krzemian wapnia i glinu, $Ca_2Al_3[OH/(SiO_4)_3]$

Nazwa pochodzi od nazwiska austriackiego przyrodnika i kolekcjonera minerałów, Siegmunda Zoisa von Edelstina (1747–1819), który finansował ekspedycje mineralogiczne.

POCHODZENIE

Bywa spotykany w skałach metamorficznych, a także w pegmatytach i żyłach hydrotermalnych. Występuje w skarnach i zmienionych metasomatycznie skałach magmowych. Współwystępuje z epidotem, kwarcem, wezuwianem, grossularem, a także amfibolem.

WYSTĘPOWANIE

Duże, pięknie wykształcone kryształy są spotykane w Austrii, Szwajcarii, USA, Kenii, Tanzanii i Rosji. Występuje również w Zambii, Namibii, Meksyku, Norwegii, Finlandii, Szwajcarii, Niemczech, Wielkiej Brytanii, Republice Czeskiej, Włoszech i Grenlandii,

W Polsce jest spotykany na Dolnym Śląsku w Braszowicach, Jordanowie i Nasławicach oraz w okolicach Sobótki, Nowej Rudy, Sokolca, Głuchołaz i Sławniowic.

ZNACZENIE I ZASTOSOWANIE

Ma znaczenie naukowe oraz jest interesujący dla kolekcjonerów. Znajduje też zastosowanie jako rzadki i ceniony kamień jubilerski (tanzanit) oraz ozdobny (thulit i anyolit). Bywa obrabiany w formie kaboszonów lub tabliczek (thulit i anyolit) oraz fasetkowo (tanzanit). Thulit i anyolit są wykorzystywane do wyrobu drobnej galanterii ozdobnej oraz artystycznej biżuterii, rzeźb i gemm. Niektóre pochodzące z Tanzanii okazy zoisytu wykazują efekt kociego oka (szlif kaboszonowy).

WŁAŚCIWOŚCI

Układ krystalograficzny: rombowy
Wykształcenie: kryształy słupkowe z wyraźnym podłużnym prążkowaniem; skupienia zbite, ziarniste, pręcikow, promieniste
Twardość: 6–6,5
Gęstość: 3,25–3,36
Barwa: szara, biała, brunatna, żółtawa, zielona (**anyolit**), czerwona, różowa (**thulit**) oraz niebieskopurpurowa, niebieska, fioletowa i fioletowoniebieska (**tanzanit**); bywa też bezbarwny
Pleochroizm: niekiedy silny (brunatny, czerwonofioletowy, ciemnoniebieski, jasnozielony)
Rysa: biała
Połyski: szklisty
Przezroczystość: przezroczysty do przeświecającego
Współczynniki załamania światła: 1,685–1,725
Dwójłomność: 0,004–0,009
Dyspersja: 0,030
Podatność: kruchy
Łupliwość: doskonała wg (100)
Przełam: nierówny lub muszlowy
Luminescencja: niekiedy (jasnobrunatna)
Inne cechy: niekiedy efekt kociego oka

ANYOLIT

Aniolite

Minerał z gromady krzemianów, odmiana zoisytu

Nazwa pochodzi od masajskiego *anyoli* (zielony) i nawiązuje do barwy minerału.

WYSTĘPOWANIE

Okolice Longido w północnej Tanzanii, gdzie został odkryty w 1954 r.

ZNACZENIE I ZASTOSOWANIE

Ma znaczenie kolekcjonerskie oraz jubilerskie, jako bardzo rzadki, atrakcyjny kamień ozdobny. Służy do wyrobu drobnej galanterii ozdobnej, biżuterii artystycznej, ornamentów oraz rzeźb. Okazjonalnie bywa szlifowany w formie kaboszonów, tabliczek bądź płytek.

CECHY CHRAKTERYSTYCZNE

Zbita, nieprzezroczysta, zielona odmiana zoisytu zawierająca domieszki chromu. Anyolit tworzy się w wyniku procesów metasomatycznych obejmujących skały magmowe. Często współwystępuje z czarnymi wrostkami hornblendy oraz dużymi, dobrze wykształconymi, chociaż zwykle nieprzezroczystymi rubinami.

TANZANIT

Tanzanite
Minerał z gromady krzemianów, odmiana zoisytu

CECHY CHARAKTERYSTYCZNE

Nazwa przezroczystej, niebieskiej, ciemnoniebieskiej, niebieskopurpurowej, fioletowej oraz fioletowoniebieskiej odmiany zoisytu, zawierającej domieszki wanadu, a niekiedy także strontu i chromu. Spotykane są też inne, mniej atrakcyjnie zabarwione odmiany: brunatne, żółte, cieliste, różowe, zielone, a nawet bezbarwne. Tanzanit odznacza się brakiem fluorescencji oraz wykazuje silny pelochroizm w odcieniach niebieskich, purpurowoczerwonych i brązowych. Niektóre oszlifowane kaboszonowo okazy tanzanitu ujawniają efekt kociego oka.

Nazwa (wprowadzona przez firmę jubilerską Tiffany z Nowego Jorku) pochodzi od Tanzanii, gdzie minerał ten został odkryty w 1967 r. przez hinduskiego poszukiwacza drogich kamieni Manuela de Souza i skąd są znane jedyne na świecie jego wystąpienia.

WYSTĘPOWANIE

Występuje w Tanzanii na obszarze Gerevi Hills (Miralani Hills) w rejonie Arusha i Moshi w żyłach pegmatytowo-hydrotermalnych przecinających gnejsy.

ZNACZENIE I ZASTOSOWANIE

Jest bardzo rzadkim i wyjątkowo atrakcyjnym kamieniem kolekcjonerskim i jubilerskim. Pierwsi jego odkrywcy mylnie uznali go za szafir (stąd jego nieprawidłowa nazwa szafir Mera). Tanzanit był ulubionym kamieniem słynnej gwiazdy filmowej Elisabeth Taylor (przypominał kolor jej oczu). Przezroczyste kryształy są szlifowane fasetkowo (szlif schodkowy, mieszany, fantazyjny). Waga tak obrobionych kamieni waha się zazwyczaj od 1 do 5 kr, a wyjątkowo przekracza 50 kr. Największy znany, oszlifowany okaz tanzanitu ma masę 122,7 kr (znajduje się w Smithsonian Institution w Waszyngtonie), natomiast kryształy nieoszlifowane osiągają ciężar nawet ponad 200 kr. Największy z nich ważył 3,4 kg (16 839 kr) i miał wymiary 22 x 8 x 7 cm.

THULIT

ROSALIN, UNIONIT, *Thulite*
Minerał z gromady krzemianów, odmiana zoisytu

Nazwa pochodzi od dawnej nazwy północnej części Norwegii – Thule, gdzie występuje ten minerał.

WYSTĘPOWANIE

Jest wydobywany głównie w Norwegii. Znany jest również z USA, Grenlandii, Rosji, Namibii, Włoch, a także Australii.

W Polsce został stwierdzony w pegmatytach w Wirach oraz wśród serpentynitów w czynnym kamieniołomie w Nasławicach w okolicy Sobótki na Dolnym Śląsku.

ZNACZENIE I ZASTOSOWANIE

Thulit jest cenionym kamieniem kolekcjonerskim oraz znajduje zastosowanie do wyrobu galanterii ozdobnej oraz biżuterii artystycznej i rzeźb. Niekiedy nadaje się mu szlif kaboszonowy, kulisty lub tabliczkowy. Stanowi kamień narodowy Norwegów.

CECHY CHARAKTERYSTYCZNE

Różowa lub różowoczerwona, zasobna w mangan, zbita odmiana zoisytu. Odznacza się słabym do wyraźnego pleochroizmem (brunatnym, różowawym, żółtawym) oraz jasnobrunatną luminescencją. Występuje wśród zmienionych głębinowych skał magmowych oraz w kontaktowo przeobrażonych skałach wapiennych.

BERYL

Beryl
Minerał z gromady krzemianów
Krzemian glinu i berylu, $Al_2Be_3[Si_6O_{18}]$

Nazwa pochodzi od gr. *beryllos* (łac. *beryllus*), oznaczającego drogocenne kamienie o niebiesko-zielonej barwie wody morskiej.

POCHODZENIE

Bywa spotykany w pegmatytach, utworach hydrotermalno--pneumatolitycznych, a także w skałach metamorficznych oraz okruchowych. Występuje najczęściej z kwarcem, a niekiedy też z chryzoberylem, fenakitem, ortoklazem, turmalinem i topazem.

WYSTĘPOWANIE

Znany jest głównie z USA, Rosji, Madagaskaru, Brazylii, Kolumbii, Namibii, Zimbabwe, Botswany, Mozambiku, RPA, Sri Lanki, Pakistanu, Afganistanu, Kazachstanu i Australii. W Europie spotykany jest we Włoszech, Szwecji, Norwegii, Francji, Republice Czeskiej i Niemczech. Niekiedy kryształy berylu osiągają bardzo duże rozmiary; na Madagaskarze natrafiono na okaz o długości 18 m, średnicy 3,5 m oraz wadze 4 t. Potężne kryształy tego minerału znaleziono też w Południowej Dakocie (długość 9 m, waga 6,1 t), w stanie Maine (długość 10 m, średnica 2 m) w USA. Kryształ berylu o masie aż 200 t stwierdzono w Brazylii.

W Polsce występuje w wielu miejscach na Dolnym Śląsku: w Górach Sowich, Górach Izerskich i Karkonoszach, a także został stwierdzony w okolicach Sobótki, Żarowa, Strzegomia oraz Strzelina. Największe okazy berylu znaleziono w Piławie (długość 18 cm), Różanej (do 15 cm) oraz Siedlimowicach (do 10 cm).

WŁAŚCIWOŚCI

Układ krystalograficzny: heksagonalny
Wykształcenie: sześcioboczne, często prążkowane kryształy o pokroju słupkowym i rzadziej tabliczkowym lub izomorficznym; skupienia ziarniste, zbite, pręcikowo-promieniste (słońca berylowe)
Twardość: 7,5–8
Gęstość: 2,62–2,90
Barwa: bezbarwny (**goshenit**), biała, szara (beryl zwyczajny), zielona, szmargdowozielona (**szmaragd**), jasnoniebieska, niebieskozielona (**akwamaryn**), różowoczerwona, różowa (**morganit**), złocistożółta (**beryl złoty**), jasnożółtozielona, żółta (**heliodor**), czerwona (**bixbit**) oraz niebieska (**bazzyt**)
Pleochroizm: wyraźny (w odcieniach: żółtawozielonych i niebieskozielonych)
Rysa: biała
Połysk: szklisty
Przezroczystość: przezroczysty do przeświecającego
Współczynniki załamania światła: 1,569–1,590
Dwójłomność: 0,004–0,009
Dyspersja: 0,014
Podatność: kruchy
Łupliwość: niewyraźna wg (0001)
Przełam: muszlowy lub nierówny
Luminescencja: zmienna, przeważnie w odcieniach zielonych i żółtych
Inne cechy: asteryzm (beryl gwiaździsty), efekt kociego oka (berylowe kocie oko)

ZNACZENIE I ZASTOSOWANIE

Poszukiwany, wysoko ceniony kamień szlachetny i kolekcjonerski; często bywa stosowany do wyrobu drogiej biżuterii. Nadaje się mu szlif fasetkowy, a rzadziej kaboszonowy (beryl gwiaździsty oraz wykazujący efekt kociego oka). Do szczególnie cennych należą pochodzące z Brazylii i Mozambiku ciemnobrunatne lub czarne beryle gwiaździste, wykazujące asteryzm o kształcie sześcio-promiennej gwiazdy. Wielkość wyrobów waha się zazwyczaj od 1 do 20 kr, ale znane są kamienie, których masa dochodzi nawet do 600 kr. Wyjątkowo, na potrzeby ekspozycji muzealnych, szlifuje się okazy (głównie akwamaryn i heliodor) o masie tysięcy karatów. Beryl stanowi ważne źródło pierwiastka berylu; znajduje zastosowanie w medycynie oraz w wielu gałęziach przemysłu.

SZMARAGD

Emerald
Minerał z gromady krzemianów, odmiana berylu

CECHY CHARAKTERYSTYCZNE

Jest minerałem przezroczystym lub przeświecającym o intensywnie zielonej, szmaragdowozielonej, niebieskozielonej, a także jasno- do ciemnozielonej barwie. Szmaragd należy do najcenniejszych drogich kamieni. Często zawiera różnego rodzaju inkluzje gazowe, ciekłe oraz mineralne. Ich charakter może zdradzać miejsce pochodzenia danego okazu. Niekiedy wykazuje efekt kociego oka, a sporadycznie asteryzm. Do szczególnie rzadkich odmian należy **szmaragd trapiche**, odznaczający się budową sektorową: w poprzecznym przekroju słupa występuje ciemne jądro z odchodzącymi od niego promieniście sześcioma ramionami, przypominającymi ostrza urządzenia do cięcia i wyciskania soku z trzciny cukrowej (hiszp. *trapiche*). Szmaragdy są spotykane najczęściej w łupkach mikowych, zmetamorfizowanych wapieniach i żyłach hydrotermalnych, a rzadziej w pegmatytach. Współwystępują m.in. z kalcytem, apatytem, kwarcem, albitem, biotytem, a także z rubinem i turmalinem.

Nazwa pochodzi od gr. *Smaragdos*, a także łac. *smaragdus* (zielony) i nawiązuje do charakterystycznej barwy minerału.

WYSTĘPOWANIE

Najcenniejsze i zarazem najwyższej jakości szmaragdy pochodzą z Kolumbii (głównie Muzo i Chivor). Największy, wydobyty tam kryształ o walorach jubilerskich ma masę ok. 7025 kr. W rejonie tym spotykane są jeszcze większe okazy, są one jednak nieco spękane (największy z nich ma

masę ok. 16 020 kr). Wspaniałe szmaragdy, o długości przekraczającej czasami 10 cm, są pozyskiwane w Brazylii. Największy znaleziony tam kryształ ma masę ok. 6399 kr. Bardzo duże okazy są też spotykane na Uralu w Rosji (rekordowy miał masę ok. 11 000 kr), a także w USA (1438 kr), Zambii (długość do 20 cm) oraz w Zimbabwe i na Madagaskarze (długość ponad 10 cm). Intensywnie zielone szmaragdy trapiche są znane z Kolumbii, a mniej atrakcyjnie, o barwie szarozielonej do szarej, z Zambii, Brazylii i Madagaskaru; największe okazy osiągają około 1,2–1,5 cm średnicy.

W Polsce szmaragdy (nie nadające się do celów jubilerskich) są sporadycznie znajdowane na Dolnym Śląsku w okolicach Strzelina i Strzegomia.

ZNACZENIE I ZASTOSOWANIE

Szmaragdy należą do bardzo poszukiwanych i wyjątkowo wysoko cenionych szlachetnych kamieni kolekcjonerskich i jubilerskich. Minerał ten jest znany powszechnie od czasów starożytnych. W Egipcie był już wydobywany w 1650 r. p.n.e. w kopalni Dżabal Zabarah w Nubii. Szmaragdom nadaje się zwykle szlif fasetkowy, głównie schodkowy (tzw. szlif szmaragdowy), a wyjątkowo brylantowy. Niekiedy obrabia się je w formie kaboszonów, paciorków lub bębniaków. Masa oszlifowanych kamieni zazwyczaj nie przekracza 4–5 kr. Wyjątkowo spotykane są oszlifowane kamienie o masie przekraczającej 100 kr. Prawdopodobnie największym wyrobem wykonanym z jednego kryształu szmaragdu jest waza o wysokości 10 cm i masie ok. 2681 kr, która znajduje się w Kunsthistorisches Museum w Wiedniu.

UWAGA

Część naturalnych szmaragdów jest często ulepszana (różnymi sposobami) w celu ukrycia naturalnych skaz, w tym rys i pęknięć. Obecnie szmaragdy są również produkowane syntetycznie. Charakter zawartych w nich inkluzji umożliwia ich odróżnienie od kamieni naturalnych.

HELIODOR

Heliodor
Minerał z gromady krzemianów, odmiana berylu

CECHY CHARAKTERYSTYCZNE

Żółta (z zielonym lub miodowożółtym odcieniem), żółtozielona (**davidsonit**), złocistobrunatna, cytynowożółta, złocistożółta (**beryl złoty**), przezroczysta odmiana berylu. Heliodor został odkryty w 1910 r. w okolicach Otavi i Rössing w Namibii. Bywa spotykany w druzach w obrębie pegmatytów granitowych oraz w utworach pneumatolityczno-hydrotermalnych. Współwystępuje najczęściej z kwarcem, skaleniami i łyszczykami.

Nazwa pochodzi od gr. *helios* (słońce, Bóg Słońca) oraz *doron* (dar, dar Słońca).

WYSTĘPOWANIE

Pięknie wykształcone, duże okazy heliodoru pochodzą z Brazylii (długość do 70 cm), Ukrainy (ok. 35 cm), Madagaskaru (27 cm), Zimbabwe (do 7 cm) i Indii (ponad 5 cm). Bardzo rzadki beryl złoty występuje w Brazylii, Sri Lance, Namibii i Rosji. Okazy wykazujące asteryzm pochodzą z Brazylii. Odznaczają się one ciemnobrunatną barwą i złocistym asteryzmem.

W Polsce został stwierdzony w Górach Sowich i okolicach Strzegomia.

ZNACZENIE I ZASTOSOWANIE

Jest bardzo wysoko cenionym kamieniem kolekcjonerskim i jubilerskim. Nadaje się mu szlif fasetkowy (najczęściej schodkowy, tablicowy, bagiet lub markiza), a wyjątkowo kaboszonowy (okazy wykazujące efekt kociego oka lub asteryzm). Jeden z największych obrobionych kamieni, o masie 133,5 kr, znajduje się w Smithsonian Institution w Waszyngtonie. Muzeum to jest też w posiadaniu wspaniałego okazu (43,5 kr) wykazującego efekt kociego oka. W British Museum w Londynie można podziwiać żółty oszlifowany heliodor o masie 82,3 kr, natomiast w Royal Ontario Museum w Toronto – żółty szlifowany schodkowo heliodor o masie 78,8 kr. Jednak masa kamieni oprawnych będących w handlu, rzadko przekracza 5 kr. Do najpiękniejszych i zarazem najcenniejszych należą kryształy o zabarwieniu oliwkowym, żółtopomarańczowym i złocistym, szczególnie jeśli wykazują optyczny efekt kociego oka. Do bardzo poszukiwanych należy beryl złoty – jest to przezroczysta, złocistożółta lub cytrynowożółta odmiana heliodoru. Niekiedy wykazuje efekt asteryzmu.

GOSHENIT

GOSZENIT, *Goshenite*
Minerał z gromady krzemianów, odmiana berylu

Nazwa pochodzi od miejscowości Goshen w hrabstwie Hampshire (Massachusetts, USA), gdzie został po raz pierwszy stwierdzony.

WYSTĘPOWANIE

Goshenit jest znany z USA, Kanady, Brazylii, Madagaskaru i Rosji oraz z Włoch.

ZNACZENIE I ZASTOSOWANIE

Jest kamieniem poszukiwanym przez kolekcjonerów oraz powszechnie stosowanym w jubilerstwie do wyrobu niezbyt drogiej, tradycyjnej biżuterii. Nadaje się mu zazwyczaj szlif fasetkowy (najczęściej schodkowy, brylantowy lub mieszany). Największy oszlifowany okaz (idealnie czysty i bezbarwny) o masie 61,9 kr znajduje się w kolekcji Smithsonian Institution w Waszyngtonie (USA). Goshenit był niegdyś stosowany do wyrobu soczewek okularów.

CECHY CHRAKTERYSTYCZNE

Przezroczysta, bardzo czysta, bezbarwna odmiana berylu. Najczęściej bywa spotykana w druzach wśród pegmatytów granitowych, a niekiedy także w łupkach łyszczykowych i gnejsach. Współwystępuje m.in. z: kwarcem, skaleniami, łyszczykami oraz fenakitem, rutylem i chryzoberylem.

MORGANIT

Morganite
Minerał z gromady krzemianów, odmiana berylu

CECHY CHARAKTERYSTYCZNE

Różowa, a niekiedy też ciemnoróżowa, goździkoworóżowa, brzoskwinioworóżowa, łososioworóżowa, różowoczerwona (**worobiewit**), różowobrązowa lub fioletowa, przezroczysta odmiana berylu. Wykazuje dychroizm (bezbarwny, odcienie różowego). Niekiedy ujawnia optyczny efekt kociego oka. Morganit został odkryty w 1911 r. w okręgu San Diego w Kalifornii (USA). Jest spotykany głównie w pegmatytach granitowych oraz utworach okruchowych. Bywa też znajdowany w łupkach biotytowych oraz w utworach hydrotermalnych. Często współwystępuje z turmalinem, kwarcem, albitem i muskowitem.

Nazwa pochodzi od nazwiska amerykańskiego filantropa, bankiera i kolekcjonera minerałów, Johna Pierponta Morgana Starszego (1837–1913).

WYSTĘPOWANIE

Najpiękniejsze i najbardziej wartościowe kryształy pochodzą z Madagaskaru, Brazylii, USA, a ostatnio także z Pakistanu. Morganit bywa też spotykany w Mozambiku, Zimbabwe, Namibii, Kenii, Rosji, Kazachstanie, Afganistanie, Chinach, a także we Włoszech. Kryształy o długości ponad 10 cm są znajdowane w USA, Brazylii oraz na Madagaskarze. Rekordowe okazy osiągają masę 5 kg, lecz są zazwyczaj silnie spękane.

ZNACZENIE I ZASTOSOWANIE

Morganit należy do bardzo poszukiwanych i wysoko cenionych szlachetnych kamieni kolekcjonerskich i jubilerskich. Bywa szlifowany fasetkowo (szlif głównie schodkowy, a także brylantowy i krzyżowy) i rzadziej kaboszonowo (okazy wykazujące efekt kociego oka). Największy obrobiony kryształ o masie 598,75 kr, pochodzący z Madagaskaru, znajduje się w Ermitażu w Sankt Petersburgu (Rosja). Natomiast w British Museum of Natural History w Londynie można podziwiać ogromny, pochodzący z Kalifornii (USA) różowoczerwony kryształ surowego morganitu o masie ok. 5 kg, a w Royal Museum w Toronto w Kanadzie różowe morganitowe kocie oko o masie 118,6 kr. Masa przeciętnych oprawnych kamieni zwykle nie przekracza 5 kr.

AKWAMARYN

Aquamarine
Minerał z gromady krzemianów, odmiana berylu

Nazwa pochodzi od łac. *aqua marina* (woda morska) i nawiązuje do charakterystycznej barwy tego minerału.

CECHY CHRAKTERYSTYCZNE

Jasnoniebieska lub zielononiebieska, rzadziej ciemnoniebieska, przezroczysta odmiana berylu. Niekiedy wykazuje efekt kociego oka, a wyjątkowo rzadko asteryzm w kształcie sześciopromiennej gwiazdy. Akwamaryn jest dychroiczny (bezbarwny, odcienie niebieskiego). Bywa spotykany głównie w pegmatytach granitowych, a także w utworach hydrotermalnych oraz w skałach okruchowych. Współwystępuje m.in. z kwarcem i skaleniem (mikroklin), a także morganitem, flogopitami, lepidolitem, kunzytem i turmalinem.

WYSTĘPOWANIE

Najsłynniejsze na świecie wystąpienia akwamarynu znajdują się w Brazylii oraz na Madagaskarze. Piękne okazy znajdowane są też w Rosji, Nigerii, Namibii, Zimbabwe, Tanzanii, Kenii, Zambii, Mozambiku, USA, Afganistanie, Pakistanie, Indiach, Birmie, Chinach i Australii. W Europie minerał ten występuje głównie we Włoszech, Irlandii Północnej, Norwegii oraz na Ukrainie. Największy okaz akwamarynu, o długości 4,85 m i masie 110,5 kg, został znaleziony w 1910 r. w stanie Minas Gerais (Brazylia). Jest on prezentowany w British Museum w Londynie. Na niewiele mniejszy okaz, o masie 82 kg, napotkano w 1796 r. na Zabajkalu w Rosji. Z Uralu pochodzi kryształ akwamarynu o długości 125 cm.

W Polsce słupki akwamarynu o długości do 3 cm stwierdzono w Karkonoszach (Ptasie Gniazda).

ZNACZENIE I ZASTOSOWANIE

Akwamaryn jest bardzo wysoko cenionym i poszukiwanym szlachetnym kamieniem kolekcjonerskim oraz jubilerskim. Nadaje się mu szlif fasetkowy (brylantowy, schodkowy) i rzadziej kaboszonowy (okazy z efektem asteryzmu i kociego oka). Jeden z największych oszlifowanych kryształów akwamarynu pochodzi z Brazylii, ma masę 2594 kr i wymiary: 146 x 47 x 38 mm. W American Museum of Natural History w Nowym Jorku eksponowany jest okaz oszlifowany w kształcie jajka, ważący 4438 kr. Akwamaryn często był stosowany do ozdoby klejnotów koronnych. W koronie królów brytyjskich znajduje się akwamaryn o wadze 988 kr. Berło Stanisława Augusta Poniatowskiego wykonane około 1792 r. zrobione jest z trzech oszlifowanych lasek akwamarynu połączonych złotymi oprawami; można je podziwiać na Zamku Królewskim w Warszawie.

TOPAZ

Topaz
Minerał z gromady krzemianów
Zasadowy fluorokrzemian glinu, $Al_2[(F,OH)_2/SiO_4]$

Nazwa pochodzi od wyspy Topasos (obecnie Zeberget) na Morzu Czerwonym, skąd w odległych czasach dostarczano kryształy tego minerału; być może nazwa wywodzi się z sanskr. *topas* (ogień).

POCHODZENIE

Występuje w kwaśnych skałach magmowych, zwłaszcza w granitach i pegmatytach. Często bywa spotykany w skałach metamorficznych (głównie w grejzenach, łupkach mikowych i gnejsach), a także w utworach okruchowych. Współwystępuje m.in. z: turmalinem, kasyterytem, fluorytem, wolframitem, kwarcem, skaleniami i muskowitem.

WYSTĘPOWANIE

Największe, doskonale wykształcone kryształy topazu są znajdowane w Brazylii (Minas Gerais). Ich rozmiary dochodzą częstokroć do kilkudziesięciu centymetrów, a waga do 150–300 kg. Największy znaleziony tam okaz topazu mierzy 2 x 1,8 m i waży 5 t. Bardzo duże kryształy topazu pochodzą też z Mozambiku

WŁAŚCIWOŚCI

Układ krystalograficzny: rombowy
Wykształcenie: kryształy krótkosłupkowe lub niemal izometryczne, beczułkowate, przyjmujące postać wynikającą z kombinacji słupów, bipiramid i dwuścianów podstawowych (znanych jest ok. 150 różnych jego postaci); także skupienia zbite, ziarniste, pręcikowe, słupkowe (**pyknit**)
Twardość: 8
Gęstość: 3,49–3,57
Barwa: może być bezbarwny, a także szary, żółty, złocisty, pomarańczowy, różowy, czerwony, purpurowoczerwony, jasnoniebieski, jasnozielony oraz brunatny
Pleochroizm: zmienny (żółtawy, jasnoniebieski, różowawy, bezbarwny, ciemnoczerwony)
Rysa: biała
Połysk: szklisty
Przezroczystość: przezroczysty do przeświecającego
Współczynniki załamania światła: 1,606–1,638
Dwójłomność: 0,008–0,011
Dyspersja: 0,014
Podatność: kruchy,
Łupliwość: wyraźna do doskonałej wg (001)
Przełam: muszlowy, nierówny
Luminescencja: słaba (pomarańczowożółta, brązowawa)
Inne cechy: okazy jasnoniebieskie lub żółtopomarańczowe wykazują niekiedy efekt kociego oka

(ponad 1 m długości i masa ok. 2,5 t) oraz Norwegii (żółty kryształ o wadze 80 kg). Piękne okazy są znajdowane w Meksyku, Nigerii, Namibii, Zimbabwe, Pakistanie, Birmie, Indiach, Rosji, Republice Czeskiej (pyknit) oraz na Ukrainie, Sri Lance i Madagaskarze.

W Polsce topazy zostały stwierdzone na Dolnym Śląsku: na Pogórzu Izerskim (o wielkości przekraczającej niekiedy 2 cm), w Górach Izerskich oraz w obrębie masywów granitowych: Strzegomia-Sobótki, Strzelina oraz Karkonoszy. Topaz bywa znajdowany w osadach aluwialnych wielu rzek dolnośląskich.

ZNACZENIE I ZASTOSOWANIE

Topaz jest bardzo atrakcyjnym kamieniem kolekcjonerskim oraz cennym kamieniem jubilerskim. Najbardziej wartościowe są kryształy różowe, a także żółte, złocistożółte i pomarańczowe; nieco niżej cenione bywają okazy zielone, czerwone, jasnoniebieskie i bezbarwne. Topaz szlifuje się niemal wyłącznie fasetkowo (szlify: brylantowy, schodkowy, poduszkowy, gruszka lub mieszany). Masa obrobionych w ten sposób kamieni może osiągać kilka, a nawet kilkanaście tysięcy karatów. Znajdujący się w Smithsonian Institution w Waszyngtonie oszlifowany, żółty okaz topazu ma masę 7725 kr. Największy na świecie oszlifowany kryształ topazu (bezbarwny) o nazwie Księżniczka Brazylijska można podziwiać w American Museum of Natural w Nowym Jorku, jego waga wynosi 22 000 kr. Słynny, oszlifowany topaz noszący nazwę Braganza, o masie 1680 kr, zdobi portugalską koronę królewską. Jednak masa przeciętnych, powszechnie dostępnych kamieni rzadko przekracza 10 kr, a wyjątkowo wynosi 25–30 kr. Topaz bywa stosowany w przemyśle materiałów ściernych oraz ogniotrwałych.

UWAGA

Intensywnie niebieska barwa topazów oferowanych w wyrobach jubilerskich jest otrzymywana sztucznie w wyniku naświetlania/wygrzewania.

KORDIERYT

CORDIERYT, DICHROIT, DYCHROIT, *Cordierite*
Minerał z gromady krzemianów
Glinokrzemian magnezu i glinu, $Mg_2Al_3[AlSi_5O_{18}]$

Nazwa pochodzi od nazwiska francuskiego inżyniera górniczego, mineraloga i geologa Pierre'a Louisa Antoine'a Cordiera (1777–1861), który pierwszy szczegółowo opisał ten minerał.

POCHODZENIE

Stanowi głównie minerał skał metamorficznych. Bywa też spotykany w niektórych skałach magmowych (np. w granitach i pegmatytach), żyłach hydrotermalnych, a także w formie otoczaków w osadach aluwialnych. Współwystępuje m.in. z: andaluzytem, sillimanitem, granatem, turmalinem, kwarcem, skaleniami, apatytem, cyrkonem, hematytem, pirotynem, spinelem, korundem i chlorytem.

WYSTĘPOWANIE

Najpiękniejsze kamienie pochodzą z: Indii, Sri Lanki, Birmy, Madagaskaru, a także Brazylii, Kanady, USA, Norwegii; ich długość osiąga czasami nawet 20 cm, a wyjątkowo przekracza 1 m.

W Polsce jest znany głównie z Dolnego Śląska z obszarów: Gór i Pogórza Izerskiego, Karkonoszy, Radaw Janowickich, Gór Bardzkich, Gór Złotych, Gór Sowich (o długości ok. 8 cm w pegmatycie w Zagórzu Śląskim) i Gór Opawskich (długość do ok. 6 cm w aluwiach Białej Głuchołaskiej). Obecność kordierytu została też stwierdzona koło Krzeszowic w rejonie Krakowa.

ZNACZNENIE I ZASTOSOWANIE

Kordieryt jest cenionym kamieniem kolekcjonerskim i jubilerskim. Jest używany do wyrobu bardzo atrakcyjnej biżuterii oraz rzeźb. Zwykle nadaje się mu szlif fasetkowy (prostokątny, schodkowy, brylantowy, mieszany), a rzadziej koboszonowy (kamienie półprzezroczyste oraz wykazujące efekt optyczny kociego oka lub asteryzm). Czasami bywa też obrabiany w formie paciorków i bębniaków. Okazy o wartości jubilerskiej pochodzą zazwyczaj ze złóż aluwialnych. Kordieryt był znany w Europie już w średniowieczu; wydobywali go wikingowie na obszarze dzisiejszej Norwegii i Finlandii. Dzięki swym własnościom pleochroicznym był używany przez żeglarzy do ustalania pozycji słońca przy zachmurzonym niebie (tzw. kompas wikingów).

WŁAŚCIWOŚCI

Układ krystalograficzny: rombowy
Wykształcenie: kryształy o pokroju słupkowym (zwykle krótkosłupkowym), często zbliźniaczone; przeważnie ma postać pseudoheksagonalnych, sześcio- lub dwunastobocznych słupów; skupienia ziarniste i zbite
Twardość: 7–7,5
Gęstość: 2,52–2,78 (2,58–2,66)
Barwa: niebieska, niebieskozielona, szaroniebieska, ciemnoniebieska, ciemnogranatowa, fiołkowa lub szafirowoniebieska (**iolit**); bywa też: żółtawa, zielonkawa, brunatna, czerwona, a także niemal czarna lub jest bezbarwny; niekiedy zawiera drobne, łuseczkowate wrostki hematytu, które nadają kryształom czerwony odcień (**iolit krwisty**)
Pleochroizm: bardzo silny (trichroizm o barwach: żółtej, niebieskiej i fioletowej); kryształy kordierytu są zazwyczaj szlifowane i oprawiane w ten sposób, iż obserwuje się w nich tylko dwie (spośród trzech) barwy pleochroiczne (niebieską i fioletową), czemu minerał ten zawdzięcza swą synonimiczną, nieco mylącą nazwę – dichroit, pochodzącą od gr. *dichros* (*dikhros*), czyli dwubarwny
Rysa: biała
Połysk: szklisty lub tłusty (na powierzchniach przełamu)
Przezroczystość: przezroczysty do przeświecającego
Współczynniki załamania światła: 1,522–1,578
Dwójłomność: 0,005–0,018
Dyspersja: 0,017
Podatność: kruchy
Łupliwość: wyraźna wg (010) i niewyraźna wg (100) i (001)
Przełam: muszlowy, nierówny
Luminescencja: brak
Inne cechy: tęczowa iryzacja, awenturyzacja, efekt kociego oka i asteryzm (w postaci sześciopromiennej gwiazdy)

IOLIT

IJOLIT, *Iolite*
Minerał z gromady krzemianów, odmiana kordierytu

Nazwa pochodzi od gr. *ion* (fiołek) i nawiązuje do charakterystycznej barwy tego minerału.

WYSTĘPOWANIE

Szlachetne odmiany iolitu pochodzą głównie ze złóż aluwialnych: Sri Lanki, Madagaskaru, Birmy i Indii. Kryształy o walorach jubilerskich występują też w Namibii, Tanzanii, Kanadzie, USA, Norwegii, Finlandii i Niemczech. Ze Sri Lanki i Tanzanii są znane czerwone kryształy zwane iolitem krwistym, zawierają one łuseczkowe, bardzo drobne wrostki hematytu, a czasami także goethytu.

ZNACZENIE I ZASTOSOWANIE

Iolit należy do poszukiwanych oraz bardzo atrakcyjnych kamieni kolekcjonerskich i jubilerskich stosowanych do wyrobu wysoko cenionej, klasycznej, a także artystycznej biżuterii. Zazwyczaj stosuje się szlif fasetkowy (głównie: prostokątny, schodkowy, brylantowy oraz mieszany), a rzadziej kaboszonowy. Czasami bywa też obrabiany w formie paciorków, bębniaków, a także używany do wyrobu rzeźb.

CECHY CHARAKTERYSTYCZNE

Fiołkowa, fioletowoniebieska lub szafirowoniebieska odmiany kordierytu. Najwyżej cenione, przezroczyste kryształy przypominają wyglądem szafiry (w handlu czasami nazywany, ze względu na mniej intensywne zabarwienie niż szafiry – **szafirem wodnym**). Iolit wykazuje bardzo silny pleochroizm (o barwach: żółtej, niebieskiej i fioletowej), co czyni go minerałem wyjątkowo atrakcyjnym. Niektóre kryształy wykazują efekt kociego oka lub asteryzm w postaci sześcioramiennej gwiazdy.

TURMALINY, *Tourmalines*

Grupa minerałów zaliczana do gromady krzemianów. Nazwa pochodzi od syngaleskiego *turmali* (*toramalli*), określającego zdolność przyciągania przez ten kamień (po jego podgrzaniu) popiołu z ognia; nazwą *turmali* określano też wielobarwne kamienie przywożone do Europy z Cejlonu (Sri Lanki). Turmaliny są głównie borokrzemianami sodu, wapnia, glinu, litu, magnezu, żelaza i manganu. Stanowią grupę minerałów izomorficznych reprezentowanych przez: elbait, dravit, schörl, uvit i buergeryt, a także tsilaisyt i liddicoatyt. Trzy pierwsze z nich tworzą dwa podstawowe szeregi izomorficzne (roztwory stałe): schörl – dravit oraz schörl – elbait. Wszystkie turmaliny krystalizują w układzie trygonalnym; wykształcają kryształy o pokroju słupkowym, pręcikowym lub igiełkowym. Stanowią poszukiwane i wysoko cenione kamienie kolekcjonerskie i jubilerskie. Odznaczają się wyjątkową różnorodnością barw.

ELBAIT

Elbaite

Minerał z gromady krzemianów zaliczany do grupy turmalinów

Zasadowy borokrzemian sodu, litu i glinu, $Na(Li,Al_3)Al_6[(OH)_4/(BO_3)_3/Si_6O_{18}]$

Nazwa pochodzi od wyspy Elby na Morzu Śródziemnym (Toskania, Włochy), gdzie minerał ten występuje.

POCHODZENIE

Jest spotykany w pegmatytach granitowych, a także aplitach, granitach, łupkach metamorficznych, utworach hydrotermalnych oraz w osadach aluwialnych. Często towarzyszy mu lepidolit oraz kwarc, skalenie i epidot.

WŁAŚCIWOŚCI

Układ krystalograficzny: trygonalny
Wykształcenie: kryształy słupkowe, pręcikowe i igiełkowe, często wykazujące charakterystyczne zbrużdżenia równoległe do wydłużenia słupków; skupienia zbite, pręcikowe, promieniste (słońce turmalinowe)
Twardość: 7–7,5
Gęstość: 2,84–3,13 (3,03–3,10)
Barwa: różowa, czerwona (**rubelit**), zielona (**verdelit**), niebieskia (**indygolit**), liliowoczerwona, fioletowoczerwona (**syberyt**), a także żółta i biała; może być bezbarwny (**achroit**) lub też wielobarwny (**turmalin arbuzowy, murzyńskie główki, tureckie główki**)
Pleochroizm: wyraźny, zależny od barwy minerału
Rysa: biała
Połysk: szklisty
Przezroczystość: przezroczysty do przeświecającego
Współczynniki załamania światła: 1,615–1,655
Dwójłomność: 0,014–0,035
Dyspersja: 0,017
Podatność: kruchy
Łupliwość: niewyraźna wg $(10\bar{1}1)$
Przełam: nierówny, muszlowy
Luminescencja: niekiedy (żółta, zielona, niebieska, ciemnofioletowa)
Inne cechy: niektóre odmiany wykazują po oszlifowaniu efekt kociego oka

WYSTĘPOWANIE

Najpiękniejsze, prawidłowo wykształcone kryształy elbaitu pochodzą głównie z: Brazylii, USA, Madagaskaru, Mozambiku, Tanzanii, Zambii, Rosji, Afganistanu, Birmy, Sri Lanki i Włoch. Największy kryształ tego minerału, znaleziony w 1978 r. w Brazylii, miał długość ok. 1 m; z tego rejonu pochodzi też piękny, ciemnoczerwony kryształ o jakości gemmologicznej, o wymiarach 25 x 11 cm, zwany Kwiatem Brazylii. W Polsce elbait został stwierdzony w pokolicach Piławy na Dolnym Śląsku.

ZNACZENIE I ZASTOSOWANIE

Stanowi bardzo wysoko ceniony kamień kolekcjonerski oraz jubilerski. Pięknie zabarwione, przezroczyste okazy są chętnie stosowane do wyrobu biżuterii. Szczególnie poszukiwane są kryształy ciemnozielone i niebieskie, a także wielobarwne oraz wykazujące optyczny efekt kociego oka, którym nadaje się szlif kaboszonowy. Najczęściej szlifuje się je fasetkowo (szlif brylantowy, schodkowy, mieszany), niekiedy obrabia w formie kaboszonów (okazy wykazujące efekt kociego oka) oraz nadaje kształt paciorków służących do wyrobu naszyjników i bransolet. Masa oszlifowanych kamieni na ogół nie przekracza 10 kr (w zbiorach Smithsonian Institution w Waszyngtonie znajduje się oszlifowany kryształ elbaitu o masie 172,7 kr). Do rarytasów kolekcjonerskich należą kryształy wielobarwne, które okazjonalnie bywają wykorzystywane do wyrobu oryginalnej, artystycznej biżuterii. Szczególnie poszukiwane są turmaliny arbuzowe, które w przekroju mają czerwone jądro otoczone zieloną obwódką. Bardzo rzadką odmianę elbaitu stanowią tzw. tureckie główki, odznaczające się czerwonymi zakończeniami zazwyczaj zielonych lub bezbarwnych, słupkowo wykształconych kryształów. Murzyńskie główki odznaczają się natomiast ciemnymi lub czarnymi zakończeniami.

PIROKSENY, *Pyroxenes*

Duża grupa minerałów zaliczana do krzemianów. Nazwa pochodzi od gr. *pyr* (ogień) i *xenos* (obcy). Są krzemianami (nieraz glinokrzemianami) różnych pierwiastków, głównie: wapnia, sodu, litu, magnezu, żelaza, glinu, a także manganu i tytanu. Krystalizują w układzie rombowym (głównie: enstatyt, bronzyt i hipersten) oraz jednoskośnym (m.in. diopsyd, salit, hedenbergit, johannsenit oraz jadeit, kosmochlor, egiryn, omfacyt, spodumen, a także augit). Pirokseny często tworzą pomiędzy sobą kryształy mieszane (stąd tak duże ich zróżnicowanie). Przeważnie wykazują pokrój słupkowy lub igiełkowy. Mają znaczenie naukowe i kolekcjonerskie; wiele z nich jest wykorzystywanych jako kamienie ozdobne oraz jubilerskie (w szczególności: spodumen, jadeit, diopsyd i enstatyt).

DIOPSYD

Diopside
Minerał z gromady krzemianów zaliczany do grupy piroksenów
Krzemian wapnia i magnezu, $CaMg[Si_2O_6]$

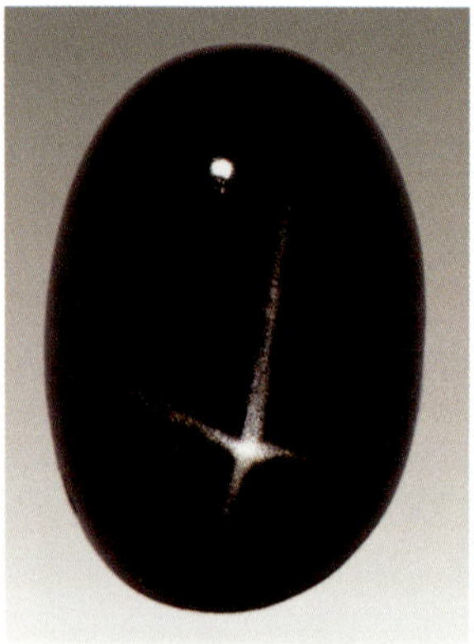

Nazwa pochodzi od gr. *dis* (podwójnie, podwójny) i *opsis* (widzenie, wygląd, opinia) i nawiązuje do dwóch postaci form słupkowych tego minerału.

POCHODZENIE

Diopsyd bywa najczęściej spotykany w skałach metamorficznych, rzadziej magmowych. Został też stwierdzony w niektórych meteorytach. Stanowi składnik wielu skał okruchowych. Współwystępuje m.in. z: wezuwianem, granatami (grossularem, hessonitem, andradytem), wollastonitem, a także forsterytem, tremolitem, aktynolitem, wezuwianem, zoisytem, epidotem, albitem, prehnitem, chlorytem, biotytem, berylem, magnetytem, kwarcem i kalcytem.

WYSTĘPOWANIE

Piękne kryształy, a zarazem wysokiej jakości kamienie jubilerskie pochodzą głównie z Brazylii, Rosji, Pakistanu,

WŁAŚCIWOŚCI

Układ krystalograficzny: jednoskośny
Wykształcenie: kryształy o pokroju słupkowym (zwykle krótkosłupkowym) lub grubotabliczkowym, często zbliźniaczone; skupienia ziarniste, zbite, skorupowe, pręcikowe lub igiełkowe; a także agregaty włókniste, promieniste, blaszkowe bądź łuskowe
Twardość: 5,5–6
Gęstość: 3,22–3,38 (3,29)
Barwa: zielona, szarozielona, ciemnozielona, zielonoczarna lub czarna; rzadziej bywa: jaskrawozielona, szmaragdowozielona (**diopsyd chromowy**), żółta, jasnozielona, zielonożółta (**malacolit**), niebieskozielona, niebieska, fioletowa, niebieskofioletowa (**violan**), żółtobrunatna, brunatna, biała; może też być bezbarwny
Pleochroizm: słaby (ciemnozielony, żółtozielony, jasnozielony)
Rysa: biała, jasnoszara, jasnoszarozielona
Połysk: szklisty, tłusty albo żywiczny
Przezroczystość: przezroczysty do nieprzezroczystego
Współczynniki załamania światła: 1,664–1,721
Dwójłomność: 0,024–0,031
Dyspersja: brak
Podatność: kruchy
Łupliwość: dobra do doskonałej wg (110)
Przełam: muszlowy lub nierówny
Luminescencja: niekiedy; jasnozielona, kremowa, jasnoczerwona, pomarańczowa
Inne cechy: niektóre odmiany wykazują efekt kociego oka lub asteryzm w postaci cztero- i rzadziej sześciopromiennej gwiazdy (diopsyd gwiaździsty)

Tanzanii. Wartościowy materiał gemmologiczny pochodzi też z Birmy, Sri Lanki, Madagaskaru, RPA oraz Włoch. Szczególnie wysoko cenione są zielone i szmaragdowozielone okazy diopsydu chromowego, niebieskofioletowe violanu, a także okazy wykazujące asteryzm (diopsyd gwiaździsty) – ten optyczny efekt wykazują niemal wyłącznie czarne, zielonoczarne oraz brunatnoczarne kryształy pochodzące z Indii. Kryształy wykazujące efekt kociego oka pochodzą głównie z Birmy, Australii, Pakistanu i Austrii.

W Polsce jest znany przede wszystkim z Dolnego Śląska, gdzie został stwierdzony w: Górach Izerskich, Rudawach Janowickich, Górach Sowich, Górach Złotych, Górach Bardzkich, Masywie Śnieżnika, Sudetach Wschodnich oraz w wielu miejscach na Przedgórzu Sudeckim (m.in. okolice góry Ślęży i Strzelina). Występuje też na Śląsku Cieszyńskim, koło Krzeszowic w okolicach Krakowa oraz w Pieninach.

ZNACZENIE I ZASTOSOWANIE

Ma znaczenie naukowe oraz stanowi bardzo atrakcyjny i ceniony kamień kolekcjonerski, ozdobny i jubilerski. Kryształom przezroczystym nadaje się zwykle szlif fasetkowy (brylantowy, schodkowy, mieszany); masa tak obrobionych kamieni nie przekracza zazwyczaj 10 kr (znane są jednak okazy o masie ponad 100 kr). Okazy wykazujące efekt kociego oka lub asteryzm są szlifowane kaboszonowo. Jeden z największych diopsydów gwiaździstych (gwiazda czteroramienna widoczna na czarnym tle), o masie ok. 133 kr, znajduje się w kolekcji Smithsonian Institution w Waszyngtonie (USA). Okazy diopsydów gwiaździstych stanowią rzadką i wyjątkowo cenną odmianę diopsydu. Należą do najbardziej poszukiwanych kamieni kolekcjonerskich; stanowią mineralogiczny rarytas. Ciekawą, fioletowoniebieską, zbitą odmianą diopsdu jest pochodzący głównie z Piemontu we Włoszech – violan, używany do wyrobu przedmiotów artystycznych.

DIOPSYD CHROMOWY

Chrome diopside
Minerał z gromady krzemianów zaliczany do grupy piroksenów, odmiana diopsydu

Nazwa nawiązuje do składu chemicznego tego minerału.

WYSTĘPOWANIE

Najpiekniejsze kryształy diopsydu chromowego pochodzą z Birmy, Pakistanu, Sri Lanki, Indii, Madagaskaru, Brazylii, Meksyku, Kenii, RPA, Rosji, USA, Kuby, Japonii, Nowej Zelandii, Finlandii i Rumunii. Najcenniejsze okazy diopsydu chromowego wykazujące efekt kociego oka występują w Birmie i Pakistanie. Największe kryształy są znajdowane na Syberii w Rosji, gdzie osiągają wielkość do 10 cm. W Europie duże kryształy, o długości przekraczającej 4–5 cm, znane są z Finlandii.

ZNACZENIE I ZASTOSOWANIE

Odmiany przezroczyste, a także przeświecające należą do bardzo wysoko cenionych kamieni kolekcjonerskich, ozdobnych i jubilerskich. Kryształy przezroczyste są szlifowane fasetkowo, natomiast kamienie gorszej jakości oraz wykazujące zjawisko kociego oka, obrabia się w formie kaboszonów lub paciorków. Diopsyd chromowy jest używany do wyrobu ozdób, miniaturowych rzeźb oraz tradycyjnej i artystycznej biżuterii.

CECHY CHARAKTERYSTYCZNE

Jaskrawozielona lub szmaragdowozielona odmiana diopsydu zasobna w chrom. Występuje głównie w ultrazasadowych i rzadziej zasadowych skałach magmowych, a także w niektórych skałach metamorficznych i osadowych. Wykazuje żółty do żółtozielonego pleochroizm.

JADEIT

ŻADEIT, ŻAD JADEITOWY, *Jadeite (Jade)*
Minerał z gromady krzemianów zaliczany do grupy piroksenów
Krzemian sodu i glinu, $NaAl[Si_2O_6]$

Nazwa pochodzi od chińskiego *ynu-nan-yu* (mniej szlachetny żad, tzw. kamień ju), a także od hiszp. *piedra de hijada* (kamień lędźwiowy; *piedra de los riñones* – kamień nerkowy), gdyż hiszpańscy konkwistadorzy, kolonizujący w XVI w. Amerykę Środkową, wierzyli, iż kamień ten stanowi skuteczny środek leczący choroby bioder i nerek.

WŁAŚCIWOŚCI

Układ krystalograficzny: jednoskośny
Wykształcenie: kryształy słupkowe, igiełkowe lub włosowe, często zbliźniaczone; przeważnie skupienia zbite, skrytokrystaliczne, ziarniste, a także pręcikowe, włókniste (niekiedy o budowie promienistej lub spilśnionej)
Twardość: 6,5–7
Gęstość: 3,25–3,43 (3,34)
Barwa: biała, szara, żółta, żółtozłota, żółtozielona, zielona (**jadeit diopsydowy**), lawendowa, szmaragdowozielona (**żad imperialny**), ciemnozielona (**chloromelanit, jadeit egirynowy**), czarnozielona, czarna, a także różowa, czerwona, czerwonopomarańczowa, czerwonobrunatna, niebieska i fioletowa; barwa zbitych skupień jadeitu często jest nierównomiernie rozmieszczona, bywa m.in. cętkowany, plamisty, smugowy bądź mszysty (**żad mszysty**)
Pleochroizm: brak
Rysa: biała
Połysk: szklisty lub tłusty z perłowym odcieniem
Przezroczystość: przeświecający do nieprzezroczystego
Współczynniki załamania światła: 1,640–1,673
Dwójłomność: 0,012–0,020
Dyspersja: brak
Podatność: zwięzły, spoisty, stosunkowo giętki i sprężysty, mechanicznie wytrzymały
Łupliwość: dobra do doskonałej wg (110) oraz wyraźna wg (100)
Przełam: nierówny, drzazgowaty, haczykowaty, ziarnisty, a niekiedy ziemisty
Luminescencja: przeważnie brak; niekiedy słaba (szaroniebieska, biała)
Inne cechy: niektóre włókniste skupienia wykazują po oszlifowaniu efekt kociego oka

POCHODZENIE

Należy do typowych minerałów metamorficznych. Czasami powstaje przy współudziale procesów metasomatycznych. Współwystępuje zazwyczaj z diopsydem, egirynem, glaukofanem, albitem, a także granatem (almandynem).

WYSTĘPOWANIE

Najwyższej jakości kamienie o znaczeniu gemmologicznym pochodzą z Birmy i Gwatemali. Odznaczają się dużym stopniem przezroczystości oraz szmaragdowozieloną lub lawendową barwą (żad imperialny). Wysoko ceniony materiał gemmologiczny pochodzi też z Chin, Tybetu, USA, Japonii i Rosji. W Birmie i Chinach (gdzie występują największe na świecie złoża jadeitu) wydobywa się monolityczne bloki o masie osiągającej nawet 160 t.

W Polsce jadeit (jadeit diopsydowy) został stwierdzony w Tąpadłach u podnóża góry Ślęży koło Sobótki, na Dolnym Śląsku.

ZNACZENIE I ZASTOSOWANIE

Jadeit ma znaczenie naukowe oraz stanowi poszukiwany, atrakcyjny i wysoko ceniony kamień kolekcjonerski, dekoracyjny, ozdobny, a także jubilerski. Wyrabia się z niego galanterię ozdobną, rzeźby, statuetki, amulety, różne elementy dekoracyjne i przedmioty użytkowe oraz artystyczną biżuterię. Jadeit szlifuje się przeważnie kaboszonowo lub nadaje się mu kształt kulek (paciorki do wyrobu naszyjników) albo płytek. Wielkość oszlifowanych kamieni nie przekracza zazwyczaj 10 kr. Wspaniałe wyroby wykonane z jadeitu znajdują się m.in. w zbiorach Ermitażu w Sankt Petersburgu w Rosji oraz w Amerykańskim Muzeum Historii Naturalnej w Nowym Jorku.

SPODUMEN

Spodumene
Minerał z gromady krzemianów zaliczany do grupy piroksenów
Krzemian litu i glinu, $LiAl[Si_2O_6]$

Nazwa pochodzi od gr. *spodos* (popiół; *spodios* – szary) i nawiązuje do często szarej, przypominającej popiół barwy tego minerału; gr. *spodumenos* (spopielony), *spodoustha* (obrócić się w popiół), nawiązuje z kolei do wyglądu pozostałości po prażeniu spodumenu w płomieniu dmuchawki.

POCHODZENIE

Stanowi częsty składnik pegmatytów litowych oraz skał okruchowych. Współwystępuje z: berylem, turmalinem, amblygonitem, kwarcem, skaleniami, lepidolitem, topazem i rutylem.

WYSTĘPOWANIE

Ogromne okazy spodumenu są znajdowane w Południowej Dakocie w USA. Największe, pochodzące stamtąd pojedyncze kryształy spodumenu (hiddenit) mierzyły do 16 m długości i ważyły do 90 t. Wspaniałe okazy znane są też z: Afganistanu (kunzyty o długości do 45 cm i masie do 6 kg), Brazylii (kunzyty o długości ponad 50 cm i masie do 7,4 kg) i Finlandii (kunzyt o długości do 7 cm). Piękne kryształy kunzytu i hiddenitu spotykane są także w Kalifornii w USA i na Madagaskarze, natomiast hiddenitu i tryfanu w Brazylii i Grenlandii.

W Polsce spodumen został stwierdzony w okolicach Szklarskiej Poręby (Karkonosze) oraz koło Sobótki u podnóża góry Ślęży (Przedgórze Sudeckie).

ZNACZENIE I ZASTOSOWANIE

Jest minerałem bardzo atrakcyjnym, poszukiwanym przez kolekcjonerów oraz wysoko cenionym kamieniem jubilerskim, stosowanym do wyrobu biżuterii. Nadaje się mu zazwyczaj szlif fasetkowy i rzadziej kaboszonowy. Do wyjątkowo cennych należą spodumenowe koboszony wykazujące efekt kociego oka, pochodzące przeważnie ze Sri Lanki, a niekiedy także z USA. Masa obrobionych kryształów spodumenu zazwyczaj nie przekracza 7 kr i rzadziej dochodzi do 25 kr, a wyjątkowo osiąga nawet ponad 1000 kr. Spodumen jest minerałem delikatnym, należy obchodzić się z nim bardzo ostrożnie. Wskutek upadku łatwo ulega rozbiciu wzdłuż powierzchni doskonałej łupliwości. Jest ponadto nieodporny na podwyższoną temperaturę oraz wrażliwy na światło, pod wpływem którego blednie. Stanowi ważne źródło otrzymywania litu; znajduje zastosowanie w medycynie oraz wielu gałęziach przemysłu.

WŁAŚCIWOŚCI

Układ krystalograficzny: jednoskośny
Wykształcenie: kryształy o pokroju słupkowym, tabliczkowym lub kolumnowym, osiągające niekiedy gigantyczne rozmiary (o długości kilkunastu metrów i wadze kilkudziesięciu ton). Czasami wykazuje charakterystyczne, podłużne (względem wydłużenia słupów) zbrużdżenia; skupienia zbite, ziarniste, a także pręcikowe, grubowłókniste, promieniste
Twardość: 6,5–7
Gęstość: 3,03–3,22 (3,16)
Barwa: biała, żółtobiała, żółta, zielonkawożółta, złocistobrunatna (**tryfan**), żółtozielona, szmaragdowozielona, zielona, ciemnozielona (**hiddenit**), niebieskopurpurowa, fioletowa, fioletowoczerwona, fioletoworóżowa, niebieskoróżowa, różowa (**kunzyt**), a także szara, szaroniebieska i niebieska (**nuristanit**); bywa też bezbarwny lub wielobarwny
Pleochroizm: widoczny, ściśle zależny od barwy kryształu
Rysa: biała, szara
Połysk: szklisty (silny)
Przezroczystość: przezroczysty do przeświecającego
Współczynniki załamania światła: 1,648–1,679
Dwójłomność: 0,014–0,027
Dyspersja: 0,017
Podatność: kruchy
Łupliwość: doskonała wg (110) i wyraźna wg (100) i (010)
Przełam: nierówny, muszlowy, niekiedy drzazgowy
Luminescencja: żółta, żółtoczerwona, pomarańczowa lub kremowa
Inne cechy: efekt kociego oka

KUNZYT

KUNCYT, KUNZIT, *Kunzite*
Minerał z gromady krzemianów zaliczany do grupy piroksenów, odmiana spodumenu

Nazwa pochodzi od nazwiska amerykańskiego mineraloga i gemmologa George'a Frederika Kunza (1856–1932), który odkrył tę odmianę spodumenu w 1902 r.

WYSTĘPOWANIE

Wspaniałe, całkowicie przezroczyste kryształy kunzytu pochodzą ze stanu Minas Gerais w Brazylii; ich długość przekracza tam niekiedy 50 cm, a masa dochodzi do 7,4 kg. Piękne okazy znane są też z prowincji Nuristan w Afganistanie (długość do 45 cm, a masa do 6 kg), Kalifornii w USA (okazy do 2 kg,) oraz Madagaskaru. Kunzyt występuje także w Birmie, Chinach, Rosji oraz Finlandii (kryształy o długości do 7 cm). Długość największych kryształów kunzytu dochodzi do 12 m, nie mają one jednak znaczenia gemmologicznego.

ZNACZENIE I ZASTOSOWANIE

Kunzyt należy do bardzo atrakcyjnych i poszukiwanych kamieni kolekcjonerskich. Często jest stosowany w jubilerstwie do wyrobu biżuterii. Przeważnie nadaje się mu szlif fasetkowy (głównie brylantowy lub schodkowy) lub rzadziej kaboszonowy (kamienie z efektem kociego oka, pochodzące głównie ze Sri Lanki). Masa obrobionych kryształów kunzytu zwykle nie przekracza 7 kr; rzadziej dochodzi do 25 kr, a wyjątkowo osiąga kilkaset karatów. W zbiorach Smithsonian Institution w Waszyngtonie (USA) znajdują się oszlifowane okazy pochodzące z Minas Gerais w Brazylii o masach: 880, 663, 336 i 297 kr oraz z Kalifornii w USA o masie 188 kr. W kolekcji Uniwersytetu Harvarda (USA) eksponowany jest ogromny kryształ pochodzący z Pala w Kalifornii o wadze 2200 kr.

CECHY CHARAKTERYSTYCZNE

Wysoko ceniona, jubilerska odmiana spodumenu o barwie różowej, fioletowej, fioletoworóżowej, fioletowoczerwonej, liliowej, lilioworóżowej, niebieskoróżowej lub niebieskopurpurowej, kreowanej przez domieszki manganu. Wykazuje wyraźny pleochroizm (fioletowy, jasnoczerwony, bezbarwny) oraz silną luminescencję w odcieniach pomarańczowych i żółtawych.

HIDDENIT

Hiddenite

Minerał z gromady krzemianów zaliczany do grupy piroksenów, odmiana spodumenu

CECHY CHARAKTERYSTYCZNE

Ceniona, jubilerska odmiana spodumenu o barwie szmaragdowozielonej, żółtozielonej, zielonej lub ciemnozielonej, kreowanej przez domieszki chromu. Wykazuje słaby pleochroizm (niebieskozielony, szmaragdowozielony i żółtozielony) oraz bardzo słabą luminescencję (w odcieniach czerwonożółtawych).

Nazwa pochodzi od nazwiska amerykańskiego poszukiwacza i pracownika towarzystwa kopalnianego, Williama E. Hiddena (1853–1918), który odkrył tę odmianę spodumenu w 1879 r. na terenie Północnej Karoliny w USA.

WYSTĘPOWANIE

Wyjątkowo duże kryształy hiddenitu są znajdowane w Południowej Dakocie (ich długość dochodzi do kilkunastu metrów, a waga do kilkudziesięciu ton). Tak wielkie okazy nie mają jednak jakości gemmologicznej. Pięknie wykształcone okazy hiddenitu występują w Północnej Karolinie, a także w Kalifornii (USA). Ładne kryształy spotykane są też w Brazylii, Kanadzie, Afganistanie, Birmie, Pakistanie, Rosji, Wielkiej Brytanii oraz na Madagaskarze, Grenlandii i we Włoszech.

ZNACZENIE I ZASTOSOWANIE

Hiddenit należy do atrakcyjnych i poszukiwanych kamieni kolekcjonerskich. Często bywa stosowany w jubilerstwie do wyrobu biżuterii. Przeważnie nadaje się mu szlif fasetkowy (głównie schodkowy lub tablicowy). Masa obrobionych kryształów zwykle nie przekracza 2 kr. W Muzeum Historii Naturalnej w Wiedniu znajduje się m.in. piękny szmaragdowozielony, oszlifowany kryształ hiddenitu o wymiarach 30 x 6 x 5 mm (ok. 14 kr).

SUGILIT

Sugilite
Minerał należący do gromady krzemianów
Krzemian potasu, sodu i litu, a także żelaza, manganu i glinu
$KNa_2(Fe^{2+}, Mn^{2+}, AL, Fe^{3+})_2Li_3[Si_{12}O_{30}]$

Nazwa pochodzi od nazwiska odkrywcy minerału, japońskiego petrologa Ken-ichi Sugi (1901–1948).

POCHODZENIE

Występuje w syenitach egirynowych, w których został odkryty na wyspie Iwagi Ochi w Japonii, a także w skałach metamorficznych. Współwystępuje m.in. z albitem, egirynem, pektolitem, tytanitem i andradytem.

WYSTĘPOWANIE

Należy do minerałów wyjątkowo rzadkich. Znany jest z wyspy Iwagi Ochi w Japonii, gdzie tworzy drobnoziarniste masy o barwie żółtobrązowej przechodzącej w zielonkawą. Największe wystąpienia sugilitu znajdują się w rejonie Kuruman na pustyni Kalahari w Prowincji Przylądkowej Północnej (RPA). Znany jest też z Namibii, Indii, Australii, Kanady oraz z Ameryki Południowej (głównie Argentyny).

ZNACZENIE I ZASTOSOWANIE

Stanowi rarytas kolekcjonerski. Ciekawie zabarwione odmiany są stosowane do wyrobu drobnej galanterii ozdobnej, rzeźb oraz biżuterii. Okazy nieprzezroczyste lub przeświecające są obrabiane w formie kaboszonów, płytek lub paciorków. Kamieniom przezroczystym i półprzezroczystym nadaje się niekiedy szlif fasetkowy. Największy, niemal przezroczysty kamień o masie 23,5 kr znajduje się w zbiorach Smithsonian Institution w Waszyngtonie. Sugilit jest minerałem słabo znanym. Po raz pierwszy został pokazany na wystawie kamieni szlachetnych dopiero w 1979 r. Niemal wszystkie okazy o znaczeniu gemmologicznym pochodzą z RPA. Są one często określane nazwą **royal azel**. Odznaczają się intensywną fioletowoczerwoną, purpurową lub purpurowoczerwoną barwą.

WŁAŚCIWOŚCI

Układ krystalograficzny: heksagonalny
Wykształcenie: kryształy, bardzo rzadkie, wykazują pokrój słupkowy lub grubotabliczkowy; najczęściej skupienia zbite i drobnoziarniste, a rzadziej igiełkowe i promieniste
Twardość: 6–6,5
Gęstość: 2,70–2,75 (2,74)
Barwa: niebieskofioletowa, czerwonofioletowa, fioletowa, ciemnofioletowa, purpurowa lub purpurowoczerwona; rzadziej: żółtobrązowa, szarobrązowa, zielonkawa, bywa też bezbarwny
Pleochroizm: brak
Rysa: biała
Połysk: szklisty
Przezroczystość: przeświecający (bardzo rzadko przezroczysty) do nieprzezroczystego
Współczynniki załamania światła: 1,607–1,610
Dwójłomność: 0,001–0,006 (0,003)
Dyspersja: brak
Podatność: kruchy
Łupliwość: niewyraźna wg (0001)
Przełam: nierówny, muszlowy
Luminescencja: nie wykazuje

PEKTOLIT

Pectolite
Minerał z gromady krzemianów
Zasadowy krzemian wapnia i sodu, $Ca_2Na[(OH)/Si_3O_8]$

Nazwa pochodzi od gr. *pektos* (złożony, stwardniały, upakowany, zestalony) i *lithos* (kamień, skała).

POCHODZENIE

Pektolit najczęściej bywa spotykany w utworach hydrotermalnych, w zasadowych i alkalicznych skałach magmowych, a także pegmatytach. Występuje też wśród skał powstałych w warunkach metamorfizmu kontaktowego. Zwykle towarzyszą mu zeolity, kalcyt, chalcedon, apatyt, hematyt, a niekiedy też prehnit, datolit, diopsyd i grossular.

WYSTĘPOWANIE

Piękne, białe i niemal bezbarwne kryształy tego minerału są znane z New Jersey (USA). Niekiedy osiągają one wielkość kilku centymetrów. Równie wspaniale wykształcone, słupkowe kryształy pektolitu o barwie niebieskozielonej lub białej pochodzą z Quebec (Kanada). Wyjątkowo atrakcyjne okazy zbitego i przeświecającego pektolitu o barwie niebieskiej i ciemnoniebieskiej (larimar) spotykane są w Dominikanie. Ładne, niebieskozielone pektolity są też znajdowane na Alasce, w okręgu Lake w Kalifornii, a różowe w Arkansas (USA). Pektolit włóknisty występuje w USA, w Szwecji (przypomina azbest) oraz w Republice Czeskiej.

W Polsce został stwierdzony koło Bielska-Białej (Beskidy), gdzie tworzy formy promienisto-włókniste o średnicy osiągającej kilkanaście centymetrów. Znany jest też z Dolnego Śląska (Karkonosze, okolice Sobótki oraz Strzegomia).

ZNACZENIE I ZASTOSOWANIE

Pektolit ma znaczenie naukowe oraz stanowi bardzo atrakcyjny kamień, wysoko ceniony przez kolekcjonerów. Bywa niezbyt często stosowany jako kamień jubilerski. Jest najczęściej szlifowany w formie kaboszonów. Wyroby takie wykazują piękny lustrzany połysk, a niekiedy też efekt kociego oka. Najwyżej cenione są ciemnoniebieskie okazy pochodzące z Dominikany (larimar). Niekiedy przeświecające lub półprzejrzyste niebieskozielone kryształy pektolitu są szlifowane fasetkowo. Wielkość takich kamieni zwykle nie przekracza 3 kr.

WŁAŚCIWOŚCI

Układ krystalograficzny: trójskośny
Wykształcenie: kryształy o pokroju słupkowym, pręcikowym, igiełkowym albo włoskowym; często przyjmują one postać pseudojednoskośną; przeważnie skupienia zbite, nerkowate, groniaste, włókniste o budowie promienistej, radialnej, a także sferolitycznej (koncentrycznej)
Twardość: 5
Gęstość: 2,74–2,90 (2,81)
Barwa: biała, szara lub białożółta; rzadziej bywa: zielony, zielononiebieski, niebieski, ciemnoniebieski (**larimar**), jasnoróżowy, różowy bądź jest niemal bezbarwny
Pleochroizm: brak
Rysa: biała
Połysk: szklisty, jedwabisty i niekiedy perłowy
Przezroczystość: półprzezroczysty do nieprzezroczystego
Współczynniki załamania światła: 1,595–1,660 (1,610–1,645)
Dwójłomność: 0,029–0,038
Dyspersja: niska
Podatność: bardzo kruchy
Łupliwość: doskonała wg (100) i (001) (w agregatach niedostrzegalna)
Przełam: nierówny, drzazgowy
Luminescencja: niekiedy (żółta do pomarańczowej)
Inne cechy: efekt kociego oka widoczny po oszlifowaniu

LARIMAR

KARAIBSKI KAMIEŃ, KAMIEŃ DELFINA, *Larimar*
Minerał z gromady krzemianów, odmiana pektolitu

Nazwa pochodzi od imienia Larissa, córki Miguela Mendeza, jednego z pierwszych eksploatatorów złoża larimaru, oraz hiszpańskiego *mar* (morze).

WYSTĘPOWANIE

Masyw Bahoruco w prowincji Barahona w Dominikanie.

ZNACZENIE I ZASTOSOWANIE

Należy do najbardziej charakterystycznych, wręcz symbolicznych kamieni Dominikany. Jest tam powszechnie stosowany do wyrobu ozdób, pamiątek, rzeźb, amuletów oraz artystycznej biżuterii. Na rynek międzynarodowy został po raz pierwszy wprowadzony w 1986 r. Ten unikatowy kamień cieszy się coraz większą popularnością i uznaniem zarówno kolekcjonerów, jak i jubilerów. Nadaje się mu szlif kaboszonowy bądź też tabliczkowy.

CECHY CHARAKTERYSTYCZNE

Gemmologiczno-handlowa nazwa zbitej, nieco przeświecającej, niebieskiej (w szczególności ciemnoniebieskiej) odmiany pektolitu. Larimar wykazuje czasami niebieskie, sferyczne, bielejące ku brzegom plamy oraz dendrytyczne wrostki tlenków żelaza (przypominające piórka). Współwystępuje z kalcytem, natrolitem, chalcedonem, hematytem i chalkozynem.

RODONIT

Rhodonite
Minerał z gromady krzemianów
Krzemian wapnia i manganu, $CaMn_4[Si_5O_{15}]$

Nazwa pochodzi od gr. *rhodon* (*rhodos*), czyli róża, różowy, nawiązując do charakterystycznej barwy tego minerału.

POCHODZENIE

Spotykany jest przede wszystkim w skałach metamorficznych, głównie w metasomatytach, skarnach oraz bogatych w mangan wapieniach krystalicznych i marmurach. Znany jest też z utworów hydrotermalnych. Współwystępuje m.in. z: magnetytem, spessartynem, hausmannitem, franklinitem i innymi tlenkami manganu.

WYSTĘPOWANIE

Najbardziej znane wystąpienia rodonitu znajdują się na Uralu Środkowym w Rosji (wydobywa się tam bloki tego minerału o wadze osiągającej nawet 40 t), a także na Ukrainie. Szczególnie poszukiwane i cenione są dobrze wykształcone, duże kryształy rodonitu, pochodzące z Australii (długość do 10 cm), USA (7–8 cm) oraz Szwecji, Brazylii, Peru, RPA, Tanzanii, Algierii i Madagaskaru (3–4 cm), a także włókniste skupienia z Włoch.

W Polsce minerał zbliżony składem do rodonitu stwierdzono w wapieniach manganowych pomiędzy Doliną Chochołowską i Lejową w Tatrach.

ZNACZENIE I ZASTOSOWANIE

Rodonit jest powszechnie stosowany do wyrobu różnych ozdobnych przedmiotów, m.in.: statuetek, puzder, szkatułek, lichtarzy, waz, wazonów, czar, pucharów, popielniczek, lamp, wachlarzy, przyborów do pisania, przycisków do papieru, gemm oraz ramek do fotografii. Jest doskonałym materiałem rzeźbiarskim. Najbardziej są znane wyroby wytwarzane ze zbitej odmiany rodonitu pochodzącej z Uralu w Rosji. Właśnie z niej w 1867 r. wykonano potężną czarę o wysokości 88 cm

WŁAŚCIWOŚCI

Układ krystalograficzny: trójskośny
Wykształcenie: kryształy o pokroju tabliczkowym lub słupkowym; znacznie częściej tworzy skupienia zbite albo ziarniste, natomiast sporadycznie włókniste
Twardość: 5,5–6,5
Gęstość: 3,47–3,76
Barwa: różowa, czerwonoróżowa, czerwonobrunatna, malinowa, czerwona, brunatna, purpurowoczerwona, a nawet czarna. Barwa brunatna, a w szczególności czarna pochodzi głównie od domieszek tlenków manganu, które w zbitych odmianach rodonitu tworzą często nieregularne, ciemne żyłki, smugi oraz plamki
Pleochroizm: słaby (żółtawy, czerwonożółty, czerwonoróżowy)
Rysa: biała
Połysk: szklisty, perłowy (na powierzchniach doskonałej łupliwości)
Przezroczystość: przezroczysty do nieprzezroczystego
Współczynniki załamania światła: 1,711–1,751
Dwójłomność: 0,011–0,014
Dyspersja: brak
Podatność: kruchy
Łupliwość: doskonała wg (110) i ($1\bar{1}0$) i wyraźna wg (001)
Przełam: nierównym lub muszlowy
Luminescencja: niekiedy (ciemnoczerwona lub różowa)

i szerokości 185 cm, którą można obecnie podziwiać w Ermitażu w Sankt Petersburgu (Rosja). Słynna jest również ogromna waza (wykonana, podobnie jak i czara, w jednym, zwartym bloku rodonitu), ważąca ok. 200 kg, znajdująca się w Muzeum im. A. E. Fersmana w Moskwie. Jednak największym wyrobem jest wykonany w 1905 r. sarkofag małżonki rosyjskiego cara Aleksandra II, ważący 7 t. Rodonit okazjonalnie bywa używany w budownictwie do wyrobu kolumn oraz jako szlachetny materiał dekoracyjny i okładzinowy (m.in. stacja Majakowskaja w moskiewskim metrze oraz Sala Kongresowa na Kremlu w Moskwie). Rodonit jest atrakcyjnym kamieniem kolekcjonerskim, często bywa też używany jako kamień jubilerski; odmianom zbitym nadaje się zazwyczaj szlif kaboszonowy, kulisty (paciorki), tabliczkowy bądź płytkowy; wykorzystywane są też do wyrobu biżuterii artystycznej (brosze, kolczyki, wisiorki, naszyjniki, bransolety). Przezroczyste kryształy okazjonalnie szlifuje się fasetkowo. Masa tak obrobionych kamieni waha się najczęściej od 1 do 3 kr. Rodonit stanowi lokalnie rudę manganu (zawiera do 42% Mn).

PIROFYLLIT

PYROFYLLIT, *Pyrophyllite*
Minerał z gromady krzemianów
Zasadowy krzemian glinu, $Al_2[(OH)_2/Si_4O_{10}]$

Nazwa pochodzi od gr. *pyr* (ogień) oraz *phyllon* (liść, płatek), ponieważ w ogniu minerał rozpada się na cienkie blaszki, przypominające liście.

POCHODZENIE

Stanowi produkt niskotemperaturowych przeobrażeń hydrotermalnych oraz metamorfizmu regionalnego.

WYSTĘPOWANIE

Piękne rozetowe lub promieniste skupienia pirofyllitu o średnicy od jednego do kilku centymetrów, znane są głównie z USA i Szwajcarii. Odmiany zbite (agalmatolit) pochodzą w przewadze z Chin i RPA.

W Polsce pirofyllit stwierdzono na Dolnym Śląsku koło Strzelina i w okolicach Kowar.

ZNACZENIE I ZASTOSOWANIE

Ma znaczenie naukowe oraz należy do poszukiwanych i rzadkich kamieni kolekcjonerskich. Odmiany zbite są używane do wyrobu różnych przedmiotów artystycznych i ozdobnych. Znajduje zastosowanie w wielu gałęziach przemysłu.

WŁAŚCIWOŚCI

Układ krystalograficzny: jednoskośny
Wykształcenie: kryształy, najczęściej niewielkie, wykazują pokrój blaszkowy (rzadziej listewkowy), niekiedy o sześciobocznym zarysie; skupienia blaszkowe, łuskowe, lamelkowe, włókniste, sferolityczne, promieniste, rozetowe lub zbite (**agalmatolit**)
Twardość: 1–1,5
Gęstość: 2,66–2,90
Barwa: biała, szarobiała, żółtawa, zielonkawa, czerwonobrunatna, brunatna, jasnoniebieska
Pleochroizm: przeważnie brak
Rysa: biała
Połysk: perłowy lub szklisty
Przezroczystość: przeświecający do nieprzezroczystego
Współczynniki załamania światła: 1,552–1,601
Dwójłomność: 0,048–0,050
Dyspersja: słaba
Podatność: miękki, strugalny, giętki lecz niesprężysty
Łupliwość: jednokierunkowa, doskonała wg (001)
Przełam: nierówny
Luminescencja: brunatnobiała, biała, żółta, pomarańczowa
Inne cechy: tłusty w dotyku

AGALMATOLIT

PAGODYT, *Agalmatolite*
Minerał z gromady krzemianów, odmiana pirofyllitu

Nazwa pochodzi od gr. *agalma* (obraz, posąg) lub *agalmatos* (ozdoba) oraz *lithos* (kamień, skała). Ponieważ często służy do ozdabiania pagod, nazywany jest też pagodytem.

WYSTĘPOWANIE

Największe na świecie złoża agalmatolitu znajdują się w Chinach (Tybet). Występuje też w Indiach, Mongolii, Korei Południowej, Japonii, Rosji, Uzbekistanie, Ukrainie, Finlandii, Wielkiej Brytanii, Niemczech, USA, Brazylii i RPA.

W Polsce niewielkie ilości agamatolitu zostały znalezione w rejonie Kowar w Sudetach.

ZNACZENIE I ZASTOSOWANIE

Agalmatolit stanowi doskonały materiał rzeźbiarski wykorzystywany do wyrobu pamiątek, drobnej galanterii ozdobnej oraz różnorodnych figur. Ma umiarkowane znaczenie kolekcjonerskie.

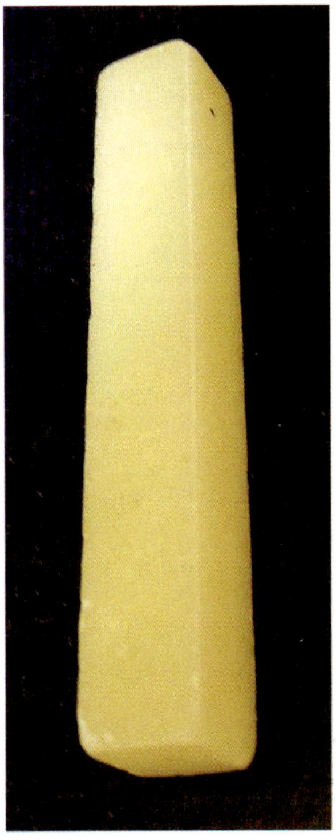

CECHY CHARAKTERYSTYCZNE

Zbita, bardzo drobnoziarnista odmiana pirofyllitu odznaczająca się nieco wyższą od niego twardością, wahającą się od 1 do 2 w skali Mohsa. Agalmatolit jest tłusty w dotyku. Ma różne barwy (białą, żółtawą, szarą, zieloną, oliwkową, czerwonobrunatną, brunatną); odznacza się tłustym i rzadziej perłowym połyskiem. Współwystępuje z talkiem, kwarcem, hematytem, andaluzytem i cyanitem.

STEATYT

KAMIEŃ MYDLANY, ŁOJEK, SŁONINIEC, *Steatite*
Minerał z gromady krzemianów, odmiana talku
Zasadowy krzemian magnezu, $Mg_3[(OH)_2/Si_4O_{10}]$

Nazwa pochodząca od gr. *stear* (łój) oraz łac. *steatis* (tłusty) nawiązuje do tłustego połysku, jaki charakteryzuje ten minerał.

POCHODZENIE

Stanowi produkt procesów metamorficznych i hydrotermalnych. Niekiedy współwystępuje z kwarcem, węglanami, chlorytem i aktynolitem.

WYSTĘPOWANIE

Największe na świecie złoża steatytu znajdują się w Chinach. Minerał ten znany jest także z Indii, Egiptu oraz Peru.

W Polsce jest spotykany w Bystrzycy Górnej w Górach Sowich na Dolnym Śląsku. Tworzy tam żyłki wśród serpentynitów.

ZNACZENIE I ZASTOSOWANIE

Steatyt stanowi doskonały surowiec rzeźbiarski oraz służy do wyrobu różnorodnej galanterii ozdobnej. Wykonane z niego wyroby artystyczne odznaczają się niekiedy znaczną wielkością. Jest szczególnie popularny w Chinach, skąd pochodzą ozdobne figurki, a także artystyczne rzeźby przedstawiające pagody, krajobrazy oraz sceny rodzajowe. Bywa niekiedy używany w krawiectwie do rysowania na materiale (zamiast kredy lub mydła).

WŁAŚCIWOŚCI

Układ krystalograficzny: jednoskośny
Wykształcenie: niewielkie kryształy wykazują pokrój blaszkowaty bądź tabliczkowy; skupienia mikrokrystaliczne, zbite
Twardość: 1–2
Gęstość: 2,58–2,83
Barwa: biała, zielonkawa lub brunatna
Pleochroizm: brak
Rysa: biała lub białozielonkawa
Połysk: tłusty, żywiczny
Przezroczystość: półprzejrzysty do nieprzezroczystego
Współczynniki załamania światła: 1,539–1,600
Dwójłomność: 0,039–0,050
Dyspersja: słaba
Podatność: miękki, strugalny, giętki, nieco sprężysty
Łupliwość: doskonała wg (001)
Przełam: nierówny lub zadziorowaty
Luminescencja: biała, żółtobiała, niebieskobiała, kremowa, ciemnozielona
Inne cechy: tłusty w dotyku

FUCHSYT

MUSKOWIT CHROMOWY, *Fuchsite*

Minerał z gromady krzemianów zaliczany do grupy mik, odmiana muskowitu
Zasadowy glinokrzemian potasu, glinu i chromu $K(Al,Cr)_2[(OH,F)_2/AlSi_3O_{10}]$

WŁAŚCIWOŚCI

Układ krystalograficzny: jednoskośny
Wykształcenie: kryształy o pokroju tabliczkowym lub łuskowym, skupienia zbite, masywne oraz drobnołuseczkowe
Twardość: 2–3
Gęstość: 2,8–2,90
Barwa: szmaragdowozielona, trawiastozielona lub zielononiebieska
Pleochroizm: w odcieniach zielonych, od niemal bezbarwnych po oliwkowe
Rysa: jasnozielona, biała
Połysk: perłowy lub jedwabisty
Przezroczystość: przeświecający
Współczynniki załamania światła: 1,552–1,615
Dwójłomność: 0,036–0,043
Dyspersja: słaba
Podatność: giętki i sprężysty
Łupliwość: doskonała, jednokierunkowa wg (001)
Przełam: nierówny

Nazwa pochodzi od nazwiska niemieckiego geologa i mineraloga Johanna Nepomuka von Fuchsa (1774–1856).

POCHODZENIE

Jest spotykany najczęściej w skałach metamorficznych, powstaje też jako minerał wtórny w obrębie niektórych skał magmowych. Współwystępuje m.in. z kwarcem lub węglanami.

WYSTĘPOWANIE

Występuje głównie w Rosji, Indiach, Kanadzie, USA, Brazylii i Gwatemali oraz w Austrii, Niemczech, Szwajcarii, Słowacji i we Włoszech.

ZNACZENIE I ZASTOSOWANIE

Stanowi rzadki minerał poszukiwany przez kolekcjonerów. Bywa też wykorzystywany jako kamień ozdobny oraz surowiec rzeźbiarski. Najlepszy materiał do tych celów pochodzi z Gwatemali. Sporadycznie bywa szlifowany w formie kaboszonów lub płytek, wyłącznie w celach kolekcjonerskich.

SERPENTYNY, *Serpentines*

Grupa minerałów zaliczana do krzemianów. Nazwa pochodzi od łac. serpens (wąż, żmija) oraz serpentinus (wężowy), z uwagi na jego częste, plamiste zabarwienie, a także żyłkową i niekiedy łuskową budowę. Serpentyny są zasadowymi krzemianami różnych pierwiastków, głównie magnezu, a rzadziej: niklu, żelaza, glinu i manganu. Do najbardziej znanych i rozpowszechnionych należą serpentyny magnezowe reprezentowane głównie przez: antygoryt, lizardyt i chryzotyl. Krystalizują w układzie jednoskośnym lub rombowym. Tworzą zazwyczaj słabo wykształcone drobne kryształy. Przeważnie występują w skupieniach zbitych, skrytokrystalicznych, o budowie, łuskowej (antygoryt), płytkowej, blaszkowej (lizardyt) bądź włóknistej, rurkowej (chryzotyl). Niektóre ich odmiany stanowią poszukiwane i cenione kamienie ozdobne, dekoracyjne i jubilerskie, służące do wyrobu drobnej galanterii ozdobnej, rzeźb, różnych przedmiotów użytkowych, a także artystycznej biżuterii (m.in. serpentyn szlachetny, serpofit, bowenit, tangiwait, williamsyt, marmolit, baltimoreit, pseudofit, satellit).

ANTYGORYT

Antigorite

Minerał z gromady krzemianów, zaliczany do grupy serpentynów

Zasadowy krzemian magnezu, $Mg_6[(OH)_8/Si_4O_{10}]$

Nazwa pochodzi od klasycznego wystąpienia tego minerału w dolinie Antigorio w Piemoncie we Włoszech.

POCHODZENIE

Powstaje głównie w wyniku przeobrażeń hydrotermalnych oraz hipergenicznych (wietrzeniowych), ultrazasadowych i zasadowych skał magmowych Jest spotykany w skałach metamorficznych, głównie w serpentynitach. Współwystępuje m.in. z: chryzotylem, aktynolitem, talkiem, dolomitem, magnetytem, chromitem i tytanitem.

WYSTĘPOWANIE

Najcenniejszy surowiec gemmologiczny pochodzi z Nowej Zelandii (bowenit, tangiwait), Chin i Afganistanu (bowenit), USA (bowenit, williamsyt, marmolit) oraz Australii, Wenezueli, Peru, Brazylii, Kanady, RPA, Włoch, Wielkiej Brytanii, Finlandii, Norwegii i Bułgarii.

WŁAŚCIWOŚCI

Układ krystalograficzny: jednoskośny
Wykształcenie: kryształy o pokroju płytkowym, łuskowym lub tabliczkowym; przeważnie skupienia ziarniste, mikrokrystaliczne, masywne, płytkowe, łuskowe; czasami agregaty listewkowe, włókniste, płytkowe, siatkowe, promieniste bądź rozetowe
Twardość: 2,5–3,5
Gęstość: 2,55–2,64 (2,61)
Barwa: zielona, ciemnozielona, oliwkowozielona (**williamsyt**), brązowozielona, a niekiedy też biała, szara, żółta, żółtozielona, niebieskobiała, niebieskozielona (**bowenit**), brązowa lub brązowoczerwona
Pleochroizm: brak (w odmianach bogatszych w żelazo bladozielonkawy)
Rysa: biała, białozielona
Połysk: woskowy, tłusty, niekiedy szklisty
Przezroczystość: przeświecający do nieprzezroczystego
Współczynniki załamania światła: 1,558–1,574
Dwójłomność: 0,004–0,007
Dyspersja: brak
Podatność: kruchy (pojedyncze płytki bywają giętkie i sprężyste)
Łupliwość: bardzo dobra do doskonałej wg (001)
Przełam: nierówny, muszlowy bądź drzazgowy
Luminescencja: wyraźna, biała (williamsyt – słaba, zielonkawa).
Inne cechy: zazwyczaj zawiera mniejsze lub większe ilości żelaza wpływające na intensywność zielonego zabarwienia

W Polsce jest znany głównie z Dolnego Śląska, z okolic Sobótki, Ząbkowic Śląskich, Grochowej i Braszowic, występuje też na Pogórzu Izerskim, w Rudawach Janowickich, Górach Kaczawskich, Górach Sowich i Górach Złotych. Został także stwierdzony w okolicach Krzeszowic k. Krakowa.

ZNACZENIE I ZASTOSOWANIE

Ma znaczenie naukowe oraz stanowi poszukiwany, ceniony kamień kolekcjonerski, ozdobny i jubilerski. Jest wartościowym materiałem zdobniczym, dekoracyjnym oraz rzeźbiarskim. Stosuje się go do wyrobu figur, ozdób, drobnych przedmiotów pamiątkarskich (m.in. puzder, popielniczek, tacek, szkatułek, figur szachowych i szachownic, rękojeści noży i sztyletów), a także płytek okładzinowych i inkrustacji. Niekiedy jest stosowany jako kamień jubilerski do wyrobu artystycznej biżuterii (głównie bowenit i williamsyt). Zazwyczaj nadaje się mu szlif kaboszonowy, kulisty (paciorki), tabliczkowy lub płytkowy, a okazjonalnie fasetkowy (np. williamsyt).

UWAGA

Antygoryt często bywa używany jako imitacja jadeitu.

SERPENTYN SZLACHETNY

Precious serpentine
Minerał z gromady krzemianów, zaliczany do grupy serpentynów

Nazwa podkreśla unikatowość tej odmiany serpentynu.

WYSTĘPOWANIE

Najbardziej znane wystąpienia znajdują się w: USA, Kanadzie, Rosji, Chinach, Afganistanie, Australii (Tasmania), RPA, Zimbabwe, na Nowej Zelandii oraz w Wielkiej Brytanii, Niemczech, Austrii i we Włoszech.

W Polsce bywa spotykany wśród serpentynitów na Dolnym Śląsku, głównie w Szklarach koło Ząbkowic Śląskich (m.in. serpofit), Nasławicach i Jordanowie na Przedgórzu Sudetów.

ZNACZENIE I ZASTOSOWANIE

Serpentyn szlachetny stanowi atrakcyjny kamień interesujący kolekcjonerów. Często bywa wykorzystywany do wyrobu drobnej galanterii ozdobnej, rzeźb oraz wielu przedmiotów użytkowych (pucharów, pater, waz, lichtarzy, tacek, puzder, szkatułek, popielnic, figur szachowych, szachownic i in.). Niekiedy jest stosowany w jubilerstwie; bywa obrabiany w formie kaboszonów, paciorków, tabliczek lub płytek i wykorzystywany do wyrobu taniej, artystycznej biżuterii.

CECHY CHARAKTERYSTYCZNE

Gemmologiczna, zwyczajowa nazwa przeświecającej, zbitej odmiany **lizardytu** lub **antygorytu**, o jednolitej, ładnej zielonej barwie. Może mieć też zabarwienie: jasno i ciemnoniebieskie, oliwkowozielone, żółtozielone, a także czerwonawe. Niemal całkowicie jednorodna zielona jego odmiana jest znana jako **serpofit**. Strefy i gniazda serpentynu szlachetnego spotykane są wśród większości masywów serpentynitowych na ziemi.

CHRYZOKOLA

Chrysocolla
Minerał z gromady krzemianów
Uwodniony, zasadowy krzemian miedzi, $(Cu, Al)_2H_2[(OH)_4/Si_2O_5] \times 4H_2O$

Nazwa pochodzi od gr. *khrysos* (złoto) i *kolla* (spoiwo, klej), gdyż w przeszłości kamień był używany jako spoiwo przy łączeniu złota.

POCHODZENIE

Występuje w strefie utleniania kruszców miedzi. Współwystępuje z malachitem, kuprytem, azurytem, limonitem i turkusem.

WYSTĘPOWANIE

Występuje głównie w Rosji, Kazachstanie, Izraelu, USA, Kanadzie, Demokratycznej Republice Konga, RPA, Maroku, Zimbabwe, Chile, Meksyku, Peru, na Ukrainie, we Włoszech, Wielkiej Brytanii, Republice Czeskiej, Słowacji, Rumunii, Francji oraz Niemczech.

W Polsce chryzokola została stwierdzona koło Chęcin w Górach Świętokrzyskich oraz na Dolnym Śląsku, na Pogórzu Izerskim, Pogórzu Kaczawskim, w Rudawach Janowickich, Górach Wałbrzyskich. Masywie Śnieżnika, a także w rejonie Lubina, Polkowic, Rudnej i Sieroszowic.

ZNACZENIE I ZASTOSOWANIE

Jest kamieniem bardzo atrakcyjnym, poszukiwanym przez kolekcjonerów. Bywa wykorzystywany jako kamień ozdobny i dekoracyjny do wyrobu rzeźb oraz drobnej galanterii ozdobnej. Niektóre odmiany (np. ejlatyt) stanowią poszukiwany surowiec gemmologiczny; służą do wyrobu artystycznej biżuterii; przeważnie są szlifowane w formie kaboszonów, kulek, tabliczek lub płytek. Największe nerkowato wykształcone okazy chryzokoli osiągają masę kilku, a wyjątkowo nawet kilkudziesięciu kilogramów. Chryzokola ma znaczenie naukowe oraz lokalnie stanowi rudę miedzi o podrzędnym znaczeniu.

WŁAŚCIWOŚCI

Układ krystalograficzny: rombowy
Wykształcenie: wyłącznie skupienia skrytokrystaliczne lub amorficzne: nerkowate, sferolityczne, groniaste, kuliste, naciekowe (stalaktyty), a także naskorupienia i naloty
Twardość: 2–4
Gęstość: 1,93–2,3
Barwa: niebieska, zielona, niebieskozielona, niekiedy turkusowa, granatowa, a także brązowa lub czarna
Pleochroizm: słaby (pomarańczowobrunatny, żółtobrunatny)
Rysa: białozielona, bladoniebieskawa
Połysk: szklisty, woskowy, porcelanowy, perłowy, tłusty, matowy
Przezroczystość: półprzeświecający do nieprzezroczystego
Współczynniki załamania światła: 1,635–1,635
Dwójłomność: 0,023–0,080
Dyspersja: brak
Podatność: kruchy, czasami krajalny
Łupliwość: brak
Przełam: muszlowy, nierówny
Luminescencja: brak
Inne cechy: często tworzy mieszaniny z turkusem lub malachitem (**ejlatyt**)

KWARC

KWARZEC, *Quartz*
Minerał z gromady krzemianów
Dwutlenek krzemu, SiO_2

Nazwa pochodzi od starogermańskiego *kwarr* (*quarz*), czyli zgrzyt (tak określali minerał niemieccy górnicy) lub/i od słowiańskiego *kwardy* (twardy), *kwarda* (kwarzec). Być może pochodzi też od starego saksońskiego określenia *Querklüfterz* (żyła białej skały płonnej przecinająca kruszce), a także od nazwy querz, stosowanej przez XIV-wiecznych czeskich górników na określenie skały płonnej, niezawierającej kruszców.

POCHODZENIE

Stanowi produkt procesów magmowych, hydrotermalnych oraz metamorficznych. Jest głównym składnikiem kwaśnych i w mniejszych ilościach obojętnych skał magmowych. Stanowi ważny składnik pegmatytów, aplitów, żył kruszcowych i kwarcowych. Zawiera go duża część skał

WŁAŚCIWOŚCI

Układ krystalograficzny: trygonalny (kwarc β – niskotemperaturowy, najczęściej spotykany) oraz heksagonalny (kwarc α – wysokotemperaturowy)

Wykształcenie: kryształy słupkowe w postaci heksagonalnego słupa (wykazującego poprzeczne prążkowanie), zakończonego ścianami romboedrów (a także trapezoedrów i podwójnych piramid); niekiedy występuje też w formie bipiramid; kryształy często są zbliźniaczone; skupienia ziarniste, skrytokrystaliczne (**chalcedon**) i zbite, a także naskorupienia i żyły (**kwarc żyłowy**)

Twardość: 7

Gęstość: 2,65

Barwa: bezbarwny (**kryształ górski**), tworzy wiele barwnych odmian określonych zazwyczaj odrębnymi nazwami (m.in. **kwarc mleczny, kwarc dymny, morion, ametyst, cytryn, prazjolit, kwarc różowy, kwarc zielony, kwarc tęczowy, kwarc niebieski**).

Pleochroizm: zwykle brak, w odmianach barwnych bardzo słaby (w barwach danej odmiany)

Rysa: biała

Połysk: szklisty (na ścianach kryształów), tłusty (na powierzchniach przełamu)

Przezroczystość: przezroczysty do nieprzezroczystego

Współczynniki załamania światła: 1,553–1,544

Dwójłomność: 0,009

Dyspersja: 0,013

Podatność: kruchy

Łupliwość: trudno dostrzegalna wg $(10\bar{1}1)$ lub jej brak

Przełam: muszlowy

Luminescencja: zwykle nie występuje, niekiedy, gdy zawiera inkluzje mineralne, bardzo słaba (żółta, kremowa, pomarańczowa, czerwona, fioletowa, zielona)

Inne cechy: często zawiera inkluzje gazowe, ciekłe oraz stałe, te ostatnie, reprezentowane przez różne minerały, powodują swoiste zabarwienie kwarcu lub wywołują ciekawe efekty optyczne, m.in.: asteryzm, iryzację, opalescencję i awenturyzację (migotliwość). Znanych jest około 40 minerałów tworzących wrostki w kwarcu (są to m.in.: rutyl, cosalit, helwin, goethyt, hematyt, piryt, złoto rodzime, piroruzyt, dumortieryt, turmalin, kaolinit, chryzotyl, a także miki, chloryty i amfibole). Odmiany kwarcu zawierające wrostki mineralne często są określane odrębnymi nazwami (np. **kwarc rutylowy, kwarc sagenitowy, włosy Wenus, włosy Tetydy, kwarc żelazisty, kwarc dumortierytowy, awenturyn, kwarcowe tygrysie oko, kwarcowe sokole oko, kwarcowe kocie oko, kwarcowe bawole oko, krew wołu** i in.). Kryształy kwarcu odznaczają się czasami szczególnym wykształceniem (np. **diament marmaroski, kwarc szkieletowy, kwarc berłowy**), występują w formie charakterystycznych skupień (m.in. **kwarc gwiaździsty**) oraz wykazują własności piezoelektryczne (piezokwarc), a także piroelektryczne.

metamorficznych. Niekiedy tworzy niemal monomineralne skały (kwarcyty, kwarc żyłowy). Współwystępuje m.in. ze: skaleniami, muskowitem, biotytem, kalcytem, granatami, turmalinami, berylem, aksynitem, topazem, epidotem, zoisytem, fluorytem, kalcytem, chlorytami, zeolitami i wieloma minerałami kruszcowymi.

WYSTĘPOWANIE

Jest rozpowszechniony na całym świecie. Pięknie wykształcone, szczególnie duże kryształy są spotykane m.in. w USA, Kanadzie, Brazylii, Urugwaju, Boliwii, Kazachstanie, Rosji, Mongolii, Szwajcarii, Austrii oraz na Ukrainie i Madagaskarze.

W Polsce występuje przede wszystkim na Dolnym Śląsku, głównie w rejonach Strzegomia i Strzelina (Przedgórze Sudeckie) oraz w Karkonoszach i Górach Izerskich.

ZNACZENIE I ZASTOSOWANIE

Kryształ górski oraz różne barwne odmiany kwarcu są szeroko stosowane jako kamienie ozdobne i jubilerskie oraz surowiec rzeźbiarski. Służą do wyrobu galanterii ozdobnej, figurek, artystycznych przedmiotów pamiątkarskich i użytkowych oraz biżuterii. Różne odmiany kwarcu stanowią poszukiwane, bardzo atrakcyjne i wysoko cenione kamienie kolekcjonerskie. Kwarc znajduje zastosowanie w różnych gałęziach przemysłu.

KRYSZTAŁ GÓRSKI

KRYSZTAŁ SKALNY, *Rock crystal*
Minerał z gromady krzemianów, odmiana kwarcu

Nazwa pochodzi od gr. *kryos* (lód), *krystallos* (kryształ, lód), gdyż wierzono, że minerał ten stanowi szczególną odmianę lodu, która nie topi się nawet po podgrzaniu.

WYSTĘPOWANIE

Najbardziej znane wystąpienia tego minerału znajdują się w: Brazylii, Gujanie Francuskiej, Gwatemali, USA, Kanadzie, Rosji, Kazachstanie, Mongolii, Birmie, Japonii, Szwajcarii, Austrii oraz na Madagaskarze i Ukrainie. Ogromne kryształy zostały znalezione w Mongolii (największy ważył 17 t), Rosji (szczotka kwarcowa o masie 40 t), Madagaskarze (kryształ o masie 2 t), Brazylii (największy napotkany kryształ ważył ok. 5 t) oraz Austrii (kryształy o masie 1000 oraz 618 kg). W 1719 r. w Zingenstock k. Grimsel w Alpach (Szwajcaria) odkryto ogromną pustkę w skałach, porośniętą wyjątkowo czystymi kryształami górskimi (Kryształowa Komnata), z której wydobyto ponad 100 t kryształów; największy z nich ważył ponad 800 kg. Długość kryształów górskich przekracza czasami 1 m, a wyjątkowo nawet 3 m.

W Polsce wspaniale wykształcone i wyjątkowo czyste kryształy górskie występują w Jegłowej koło Strzelina (Pogórze Sudeckie). Największy znaleziony tam kryształ miał 20 cm długości, 5 cm szerokości i masę 260 g, natomiast największa szczotka krystaliczna pochodząca z tego regionu o wymiarach 120 cm x 60 cm x 30 cm, znajduje się w zbiorach Muzeum Mineralogicznego Uniwersytetu Wrocławskiego we Wrocławiu. Pięknie wykształcone i bardzo czyste kryształy górskie (o długości do 10 cm) są spotykane koło Głuchołaz (Sudety Wschodnie), na Izerskich Garbach (Góry Izerskie), koło Legnicy i Strzelina. Kryształy górskie różnej wielkości znane są też z Karkonoszy, Masywu Śnieżnika oraz okolic Sobótki i Strzegomia. Bywają też spotykane w Tatrach, Karpatach i Górach Świętokrzyskich.

CECHY CHARAKTERYSTYCZNE

Przezroczysta, bezbarwna odmiana kwarcu. Tworzy zazwyczaj słupkowe, ostro zakończone kryształy. Niekiedy występuje w innej postaci, m.in. przypominającej wyglądem diamenty (np. **diament marmaroski**) lub berło (**kwarc berłowy**). Czasami zawiera wrostki różnych minerałów, np.: rutylu, goethytu, piroluzytu, dumortierytu, pirytu, hematytu, helwinu, cosalitu, turmalinu, kaolinitu, chlorytu, miki bądź złota rodzimego. Bywa wtedy zazwyczaj określany odrębnymi nazwami (np. **kwarc rutylowy, kwarc sagenitowy, włosy Wenus, kwarc turmalinowy, włosy Tetydy, kwarcowe tygrysie oko, kwarcowe sokole oko, kwarcowe bawole oko, kwarcowe kocie oko** i in.). Jeśli zawiera inkluzje (pęcherzyki) fluidalne i gazowe, staje się biały i przechodzi w **kwarc mleczny**. Niektóre kryształy wykazują tęczową iryzację (**kwarc tęczowy**). Najczęściej stanowi składnik skał magmowych oraz różnych utworów hydrotermalnych; bywa też spotykany w skałach metamorficznych i osadowych. Szczególnie ładnie wykształcone i duże kryształy górskie są spotykane w pustkach wśród pegmatytów i żył hydrotermalnych (np. żył kwarcowych lub kruszcowych). Nie wykazuje pleochroizmu ani luminescencji.

ZNACZENIE I ZASTOSOWANIE

Kryształ górski należy do minerałów bardzo atrakcyjnych i wysoko cenionych przez kolekcjonerów. Jest stosowany jako kamień ozdobny i jubilerski. Wyrabia się z niego ozdobną galanterię, różne przedmioty pamiątkarskie i użytkowe (wazy, puchary, świeczniki, popielnice itp.), medaliony i figurki, a także artystyczną biżuterię (wisiorki, brosze, naszyjniki, bransolety, pierścionki). Zazwyczaj nadaje się szlif fasetkowy (brylantowy, schodkowy), kulisty (paciorki) i rzadziej kaboszonowy. Często obrabia się też w formie bębniaków lub oprawia w stanie naturalnym. W Smithsonian Institution w Waszyngtonie znajduje się oszlifowany kryształ górski o masie 7000 kr oraz kula z kryształu pochodzącego z Birmy, o średnicy 33 cm. Do największych wyrobów z kryształu górskiego należy też perfekcyjnie wykonana ludzka czaszka o masie 5200 g, znaleziona w 1927 r. w ruinach miasta Majów – Lubbantum; jest ona przechowywana w Muzeum Człowieka (Museum of Mankind) w Londynie.

KWARC MLECZNY

Milky quartz
Minerał z gromady krzemianów, odmiana kwarcu

Nazwa pochodzi od białej barwy tego minerału.

WYSTĘPOWANIE

Kryształy kwarcu mlecznego są znane w szczególności z: Rosji i USA, a także Brazylii, Madagaskaru, Namibii oraz krajów alpejskich; największe zostały stwierdzone na Syberii w Rosji, gdzie ich masa dochodzi nawet do 13 t.

W Polsce kwarc mleczny jest szczególnie rozpowszechniony na Dolnym Śląsku, gdzie zazwyczaj współwystępuje z kryształem górskim. Duże kryształy kwarcu mlecznego, o długości dochodzącej do ok. 30–40 cm, bywają znajdowane w kopalni Stanisław na Izerskich Garbach w Górach Izerskich. Ładne okazy występują także w Karkonoszach, Masywie Śnieżnika, Sudetach Wschodnich, na Pogórzu Kaczawskim oraz w okolicach Strzelina, Strzegomia i Sobótki. Drobne kryształu kwarcu mlecznego są również spotykane w: rejonie Krzeszowic koło Krakowa, Beskidach i Tatrach oraz Górach Świętokrzyskich.

ZNACZENIE I ZASTOSOWANIE

Kwarc mleczny ma znaczenie kolekcjonerskie oraz bywa używany do wyrobu galanterii ozdobnej, rzeźb oraz różnych przedmiotów pamiątkarskich i użytkowych. Niekiedy wytwarza się z niego paciorki służące do wyrobu naszyjników. Niektórym odmianom (głównie przeświecającym) nadaje się czasami szlif kaboszonowy. Tego typu wyroby, szczególnie gdy wykazują opalescencję, bywają mylone z mlecznym opalem.

CECHY CHRAKTERYSTYCZNE

Biała, kremowa lub jasnoszara, przeświecająca do nieprzezroczystej, pospolita odmiana kwarcu. Swe zabarwienie zawdzięcza drobnym inkluzjom fluidalnym, a niekiedy też gazowym (pęcherzyki z cieczą lub gazem). Czasami zawiera też wrostki kaolinitu. Tworzy zarówno prawidłowo wykształcone, nieraz znacznej wielkości kryształy, jak też skupienia zbite i ziarniste (mające charakter monomineralnej skały), występujące zazwyczaj w formie żył lub nieregularnych gniazd (np. mleczny kwarc żyłowy). Niektóre okazy wykazują opalescencję. Kryształy kwarcu mlecznego występują najczęściej w pegmatytach i żyłach hydrotermalnych.

KWARC DYMNY

KWARC ZADYMIONY, *Smoky quartz*
Minerał z gromady krzemianów, odmiana kwarcu

Nazwa nawiązuje do brunatnego, podobnego do dymu, zabarwienia tego minerału.

WYSTĘPOWANIE

Szczególnie duże i ładnie wykształcone kryształy tego minerału są spotykane w Szwajcarii (masa do ok. 150 kg), w Brazylii (ponad 300 kg), w USA (największy mierzył 117,5 cm x 42,5 cm i ważył ok. 230 kg), a także w Rosji, Kazachstanie oraz na Madagaskarze i Ukrainie.

W Polsce kwarc dymny bywa dość czesto spotykany w Karkonoszach, Górach Izerskich, Górach Kaczawskich, Masywie Śnieżnika oraz w okolicach Strzegomia, Jawora, Świdnicy, Jordanowa, Strzelina i Nowej Rudy. Na Dolnym Śląsku piękne kryształy zostały znalezione w rejonach: Strzegomia (długość do 60 cm oraz masa do 60 kg), Jawora (największy znaleziony tu okaz miał 64 cm długości, 40 cm szerokości i masę 66 kg) i Jeleniej Góry (długość 1 m, średnica 40 cm).Kwarc dymny został też stwierdzony w Tatrach.

ZNACZENIE I ZASTOSOWANIE

Należy do bardzo cenionych i poszukiwanych kamieni kolekcjonerskich. Służy czasami do wyrobu drobnej galanterii ozdobnej i użytkowej, przedmiotów pamiątkarskich oraz figurek i gemm. Znajduje szerokie zastosowanie w jubilerstwie do wyrobu biżuterii (pierścienie, sygnety, naszyjniki, brosze, wisiorki, bransolety). Nadaje się mu zazwyczaj szlif fasetkowy (brylantowy, schodkowy), a rzadziej kaboszonowy lub kulisty (paciorki). W Smithsonian Institution w Waszyngtonie znajduje się oszlifowany kwarc dymny o masie 4500 kr.

UWAGA

W handlu czasami nazywany jest topazem indyjskim

CECHY CHARAKTERYSTYCZNE

Brunatna, ciemnobrunatna lub brunatnoczarna, przezroczysta (do półprzezroczystej) odmiana kwarcu. Odmiany wykazujące zabarwienie jasnobrunatne nazywane są kwarcem przydymionym. Stanowi składnik pegmatytów i utworów hydrotermalnych, bywa znajdowany w pęcherzach pogazowych melafirów, grejzenach, żyłach kruszcowych, a także w utworach aluwialnych. Przeważnie nie wykazuje luminescencji; niekiedy odznacza się słabo dostrzegalnym pleochroizmem (od brunatnego do czerwonawobrunatnego.

MORION

Morion
Minerał z gromady krzemianów, odmiana kwarcu

CECHY CHRAKTERYSTYCZNE

Czarna bądź czarnobrunatna, nieprzezroczysta (do słabo przeświecającej) odmiana kwarcu. Niekiedy wykazuje optyczny efekt kociego oka bądź iryzację. Stanowi składnik pegmatytów i utworów hydrotermalnych; bywa znajdowany w grejzenach, żyłach kruszcowych oraz utworach aluwialnych. Niemal zawsze współwystępuje z kwarcem dymnym, tworząc z nim stopniowe przejścia. Nie wykazuje luminescencji, niekiedy odznacza się dostrzegalnym pleochroizmem (od brunatnego do czerwonobrunatnego).

Nazwa pochodzi od łac. *mormorion* (ciemny, ponury) i nawiązuje do zabarwienia tego minerału.

WYSTĘPOWANIE

Największy kryształ morionu, o wadze ok. 1,5 t, został znaleziony przed II wojną światową na Wołyniu (Ukraina). Pięknie wykształcone, duże okazy tego minerału są spotykane w Szwajcarii (największy miał długość 70 cm i masę 127 kg) oraz w Brazylii (o masie do kilkudziesięciu, a wyjątkowo nawet kilkuset kilogramów). Pięknie wykształcone kryształy morionu pochodzą też z USA, Madagaskaru, Rosji, Austrii, Włoch, Wielkiej Brytanii, Republiki Czeskiej oraz Polski z okolic Strzegomia, Jawora i Świdnicy oraz z Karkonoszy na Dolnym Śląsku. Ich długość często wynosi tam kilkadziesiąt centymetrów, a masa kilkadziesiąt kilogramów.

ZNACZENIE I ZASTOSOWANIE

Morion należy do poszukiwanych i szczególnie wysoko cenionych kamieni kolekcjonerskich. Jest stosowany do wytwarzania drobnej galanterii ozdobnej i użytkowej, a także figurek. Bywa także używany w jubilerstwie do wyrobu artystycznej biżuterii (sygnety, pierścionki, wisiorki, brosze, naszyjniki, wisiorki itp.); nadaje się mu szlif fasetkowy, kaboszonowy bądź kulisty.

AMETYST

Amethyst
Minerał z gromady krzemianów, odmiana kwarcu

Nazwa pochodzi od gr. *amethystos* (trzeźwy), gdyż używany był jako środek zapobiegający upijaniu się oraz łagodzący jego skutki.

WYSTĘPOWANIE

Najbardziej znane złoża ametystu występują w Brazylii, skąd pochodzą kryształy o długości do 30 cm. Największa znaleziona tam geoda ametystowa mierzyła 10 x 5 x 3 m, a jej całkowita masa wynosiła 7 t. Ametyst znany jest ponadto z Urugwaju, Meksyku, Boliwii, USA, Kanady, Sri Lanki, Indii, Madagaskaru, Rosji, Niemiec, Szwajcarii, Republiki Czerskiej i Słowacji.

W Polsce jest najczęściej spotykany na Dolnym Śląsku w Masywie Śnieżnika, Karkonoszach, Górach Izerskich, w Górach i na Pogórzu Kaczawskim oraz w okolicach Nowej Rudy. Bywa znajdowany w okolicach Krzeszowic koło Krakowa oraz sporadycznie w Tatrach.

ZNACZENIE I ZASTOSTOWANIE

Ametyst ma znaczenie naukowe i kolekcjonerskie. Jest bardzo poszukiwanym kamieniem szlachetnym stosowanym do wyrobu cennej biżuterii. Przezroczystym, intensywnie wybarwionym kryształom nadaje się szlif fasetkowy (m.in. schodkowy, brylantowy, mieszany), a czasami kaboszonowy, natomiast odmiany zbite (ametyst palisadowy i kwarc ametystowy) służą do wyrobu różnego rodzaju galanterii ozdobnej (wazy, kielichy, świeczniki i in.) oraz ozdób i mniej cennej biżuterii, w której wykorzystuje się ametystowe kaboszony, płytki i bębniaki. Ametysty zdobią klejnoty koronne (np. berło Katarzyny Wielkiej; berło królów brytyjskich), a także znany papieski pierścień znajdujący się w skarbcu watykańskim. Największy oszlifowany ametyst o wadze 1362 kr pochodzący z Brazylii, znajduje się w Smithsonian Institution w Waszyngtonie, natomiast oszlifowany okaz o masie 343 kr można podziwiać w Muzeum Brytyjskim w Londynie.

CECHY CHARAKTERYSTYCZNE

Fioletowa i rzadziej fioletowoczerwona, purpurowoniebieska lub różowofioletowa, przezroczysta do przeświecającej odmiana kwarcu, o zabarwieniu związanym z obecnością żelaza. Tworzy kryształy o pokroju krótkosłupkowym, słupkowym i rzadziej igiełkowym oraz skupienia zbite i ziarniste (**kwarc ametystowy**), które często wykazują wewnętrzne wstęgowanie (smugowanie); zbite skupienia często odznaczają się charakterystycznym, zygzakowatym ornamentem (**ametyst palisadowy**). Ametyst tworzy też sporadycznie formy o wykształceniu berłowym (kwarc berłowy). Występuje zazwyczaj w utworach wykazujących związek z działalnością magmową. Najczęściej bywa spotykany w formie szczotek krystalicznych w geodach wypełniających różnej wielkości próżnie pogazowe w lawach wulkanicznych. Stanowi też składnik żył hydrotermalnych oraz żył kwarcowych, a także utworów aluwialnych. Niekiedy odznacza się bardzo słabym pleochroizmem (od fioletowego do szarofioletowego); zazwyczaj nie wykazuje luminescencji (niekiedy bywa ona słaba w odcieniach zielonkawych).

CYTRYN

Citrine
Minerał z gromady krzemianów, odmiana kwarcu

Nazwa pochodzi od gr. *kitros* (cytryna), łac. *citrus* (drzewo cytrusowe) oraz starofranc. *citrin* (żółty) i nawiązuje do barwy tego minerału.

WYSTĘPOWANIE

Szczególnie piękne okazy pochodzą z Brazylii, Madagaskaru i Rosji. Ładne okazy bywają też znajdowane w USA, Francji, Hiszpanii, Kazachstanie, Zimbabwe, Republice Czeskiej, Wielkiej Brytanii oraz we Włoszech. Ametryn znany jest niemal wyłącznie z Boliwii (gdzie nosi nazwę **boliwianit**) i Brazylii. W Polsce został stwierdzony koło Jeleniej Góry oraz Nowej Rudy w Sudetach.

ZNACZENIE I ZASTOSOWANIE

Stanowi kamień poszukiwany i wysoko ceniony przez kolekcjonerów. Wykorzystywany jest też jako kamień ozdobny (ozdoby, figurki), jubilerski (wisiorki, brosze, naszyjniki, pierścienie i in.). Przeważnie bywa szlifowany fasetkowo (szlif brylantowy, schodkowy lub mieszany) lub kaboszonowo (okazy niższej jakości). Niekiedy nadaje się mu formę paciorków służących do wyrobu naszyjników. Największy obrobiony kryształ o masie 2258 kr znajduje się w Smithsonian Institution w Waszyngtonie (USA).

UWAGA

Dużą część cytrynów dostępnych w handlu stanowią ametysty poddane obróbce termicznej. Tak otrzymywane kryształy charakteryzują się zazwyczaj czerwonawym lub czerwonobrunatnym odcieniem.

CECHY CHRAKTERYSTYCZNE

Jasnożółta, złocistożółta, cytrynowożółta, miodowa, pomarańczowożółta bądź brunatnożółta, przezroczysta do przeświecającej, odmiana kwarcu, o zabarwieniu wywołanym przez domieszki związków żelaza (przeważnie mikroskopijne wrostki goethytu). Niekiedy wykształca formy dwubarwne będące w części cytrynem, a w części ametystem (**ametryn**). Tworzy zarówno prawidłowo wykształcone kryształy, jak i skupienia zbite i ziarniste. Najczęściej stanowi składnik pegmatytów i utworów hydrotermalnych; bywa spotykany w utworach aluwialnych. Wykazuje słaby pleochroizm (żółty, jasnożółty).

PRASIOLIT

PRAZJOLIT, *Prasiolite*
Minerał z gromady krzemianów, odmiana kwarcu

Nazwa pochodzi od gr. *prason* (por – roślina), *prasinos* (zielonkawy) i *lithos* (kamień, skała), a także od hiszp. *prasiolita* (zielony kamień).

WYSTĘPOWANIE

Znany jest głównie z Grecji, Włoch, Austrii, Szwajcarii, Republiki Czeskiej, a także Brazylii, Rosji, Algierii, Zimbabwe i USA.

W Polsce został stwierdzony na Dolnym Śląsku w okolicach Kłodzka i Lwówka Śląskiego.

ZNACZENIE I ZASTOSOWANIE

Należy do kamieni bardzo wysoko cenionych i poszukiwanych przez kolekcjonerów. Sporadycznie bywa wykorzystywany jako kamień ozdobny oraz w jubilerstwie. Nadaje się mu zazwyczaj szlif fasetkowy. Niekiedy służy do wyrobu ozdób, amuletów, a wyjątkowo jako dekoracyjny kamień okładzinowy, stosowany m.in. do układania mozaik pokrywających np. blaty stołów.

CECHY CHARAKTERYSTYCZNE

Ciemnozielona, przezroczysta odmiana kwarcu, często tworząca dobrze wykształcone, słupkowe kryształy oraz piękne szczotki krystaliczne. Zielone zabarwienie prazjolit zawdzięcza bardzo drobnym wrostkom zielonych minerałów bogatych w żelazo, przeważnie reprezentowanych przez amfibole (głównie aktynolit), a niekiedy też chloryty. Czasami wykazuje słaby pleochroizm w odcieniach zielonych.

UWAGA

Prazjolit wyjątkowo często bywa otrzymywany sztucznie poprzez obróbkę termiczną (w temp. ok. 500°C) ametystu i rzadziej cytrynu. Kryształy ametystu służące do tych celów pochodzą zwykle z Brazylii i USA.

KWARC RÓŻOWY

RÓŻENIN, *Rose quartz*
Minerał z gromady krzemianów, odmiana kwarcu

Nazwa nawiązuje do różowej barwy tej odmiany kwarcu.

WYSTĘPOWANIE

Prawidłowo wykształcone kryształy kwarcu różowego pochodzą głównie z Brazylii (długość do 8–10 cm) oraz Madagaskaru. Wysokiej jakości kwarc różowy pochodzi też z: USA, Rosji, Kazachstanu, Japonii, Sri Lanki i Indii. Znany jest także z: Namibii, Kenii, Mozambiku, Republiki Czeskiej, Niemiec oraz Finlandii. Wyjątkowo cenione są okazy wykazujące afekt asteryzmu (Brazylia, USA) oraz kociego oka (Brazylia, Indie, Sri Lanka).

W Polsce został stwierdzony w Górach Sowich i Górach Izerskich na Dolnym Śląsku.

ZNACZENIE I ZASTOSOWANIE

Kwarc różowy cieszy się dużym uznaniem kolekcjonerów oraz znajduje szerokie zastosowanie jako kamień ozdobny i jubilerski. Służy do wyrobu drobnych przedmiotów dekoracyjnych i użytkowych (np. gemmy, figurki, popielnice, puzderka itp.) oraz dekoracyjnej biżuterii (m.in.: brosze, naszyjniki, wisiorki, pierścienie). Zwykle nadaje się mu szlif kaboszonowy, kulisty (paciorki), a rzadziej fasetkowy (głównie schodkowy). Do wyrobu biżuterii jest stosowany już od ok. 2000 lat. Niegdyś służył powszechnie do wyrobu pieczęci (intaglio). Wspaniały okaz kwarcu różowego ujawniający asteryzm, oszlifowany w kształcie kuli o masie 625 kr, znajduje się w American Museum of Natural History w Nowym Jorku (USA).

CECHY CHRAKTERYSTYCZNE

Różowa, różowoczerwona lub rzadziej brzoskwiniowa, przezroczysta do przeświecającej, odmiana kwarcu, o zabarwieniu wywołanym śladowymi domieszkami manganu lub tytanu. Niekiedy wykazuje asteryzm (zwykle w formie sześcioramiennej gwiazdy), efekt kociego oka, a także opalescencję. Przeważnie występuje w skupieniach ziarnistych i zbitych; jego prawidłowo wykształcone kryształy należą do rzadkości. Zazwyczaj stanowi składnik pegmatytów, bywa też spotykany w żyłach kwarcowych, geodach, a także w formie otoczaków w żwirach. Odznacza się wyraźnym, różowawym pleochroizmem oraz słabą ciemnofioletową, żółtozieloną lub niebieską luminescencją.

AWENTURYN

AVENTURYN, KWARC AWENTURYNOWY, *Aventurine*
Minerał z gromady krzemianów, odmiana kwarcu

Nazwa pochodzi od wł. *aventura* (mienić się) lub *a ventura* (przypadkowo), w nawiązaniu do przypadkowo otrzymanego w 1700 r. w hucie szkła w Murano pod Wenecją szkła zawierającego opiłki żelaza, wykazującego podobne efekty optyczne do naturalnego awenturynu.

WYSTĘPOWANIE

Znany jest głównie z Brazylii, Indii, Rosji i Tanzanii. Jego wystąpienia znajdują się ponadto w USA, Chile, Chinach, Japonii, Egipcie i Kenii. Spotykany jest też we Włoszech oraz w Austrii, Niemczech, Hiszpanii i Finlandii.

W Polsce jest sporadycznie znajdowany wśród otoczaków w żwirach rzecznych w okolicach Jeleniej Góry oraz w aluwiach rzeki Kaczawy. Stwierdzono go też na Izerskich Garbach w Górach Izerskich.

ZNACZENIE I ZASTOSOWANIE

Ma znaczenie kolekcjonerskie oraz jest wykorzystywany jako kamień ozdobny i jubilerski. Szczególnym uznaniem cieszył się w starożytnych Chinach. Bywa szlifowany w formie kaboszonów lub tabliczek i stosowany do wyrobu biżuterii, a także różnych przedmiotów artystycznych (np. ozdób, figurek).

CECHY CHRAKTERYSTYCZNE

Ma najczęściej barwę zieloną (w różnych odcieniach), a rzadziej czerwonawą, brązową, zielonkawobrązową, niebieskozieloną, niebieskawobiałą lub pomarańczową. Jego zabarwienie powodują drobne wrostki różnych minerałów, zazwyczaj miki chromowej – fuchsytu lub/i chlorytu (barwa zielona), hematytu (barwa czerwona lub czerwonobrunatna), a rzadziej pirytu (barwa brązowa), muskowitu (barwa czerwonobrunatna), getytu (barwa zielonobrązowa) oraz innych minerałów (np. lepidokrokitu, biotytu, serycytu). Awenturyn wykazuje migotliwy efekt świetlny przypominający iskrzenie (zwany awenturyzacją), wywołany odbijaniem i rozpraszaniem światła na drobnych wrostkach (inkluzjach) mineralnych rozproszonych w macierzystym krysztale. Jest minerałem przeświecającym do nieprzezroczystego. Niekiedy wykazuje słabą, czerwonawą luminescencję. Tworzy zazwyczaj skupienia ziarniste lub zbite, tylko wyjątkowo występuje w formie kryształów o pokroju słupkowym. Bywa spotykany we wszystkich głównych typach skał: magmowych, metamorficznych i osadowych.

KWARC ŻELAZISTY

Iron quartz
Minerał z gromady krzemianów, odmiana kwarcu

CECHY CHARAKTERYSTYCZNE

Zasobna w związki żelaza odmiana kwarcu, odznaczająca się czerwoną (kwarc czerwony), czerwonobrunatną, brunatną lub żółtą barwą. Niekiedy bywa wielobarwny. Zazwyczaj jest nieprzezroczysty lub słabo przeświecający; odznacza się białą, żółtawą lub jasnoczerwoną rysą. Najczęściej tworzy skupienia zbite i ziarniste oraz naskorupienia i agregaty promieniste, natomiast rzadko prawidłowo wykształcone kryształy. Bywa spotykany w złożach rud żelaza oraz w strefach uskokowych w towarzystwie hematytu.

Nazwa nawiązuje do składu chemicznego minerału.

WYSTĘPOWANIE

Jest minerałem stosunkowo szeroko rozpowszechnionym. Pięknie wykształcone szczotki kwarcu żelazistego, o wymiarach przekraczających często 10 cm, pochodzą z Wielkiej Brytanii oraz Niemiec. Bardzo atrakcyjne, zbite skupienia wielobarwnego kwarcu żelazistego występują w Republice Czeskiej. W Polsce bywa spotykany w Sudetach w okolicach Jeleniej Góry.

ZNACZENIE I ZASTOSOWANIE

Kwarc żelazisty stanowi poszukiwany i atrakcyjny kamień kolekcjonerski oraz ozdobny (szczególne skupienia zbite). Okazjonalnie bywa wykorzystywany w jubilerstwie.

KWARCOWE SOKOLE OKO

KWARCOWE JASTRZĘBIE OKO, ***Quartz falcon's eye***
Minerał z gromady krzemianów, odmiana kwarcu

Nazwa nawiązuje do podobieństwa tego minerału do ptasiego oka (sokoła, jastrzębia) i składu chemicznego minerału.

WYSTĘPOWANIE

Najpiękniejsze okazy tego minerału spotykane są w RPA. Występuje też w Australii Zachodniej, a także w niewielkich ilościach w Meksyku, Austrii i na Sri Lance.

ZNACZENIE I ZASTOSOWANIE

Stanowi bardzo atrakcyjny, popularny kamień kolekcjonerski i ozdobny. Służy do wyrobu drobnej galanterii ozdobnej, figurek, amuletów oraz przedmiotów codziennego użytku (np. szkatułek, puzderek, popielniczek, wazonów, waz, mis, czarek, tabakierek i in.). Zazwyczaj bywa wykorzystywany w jubilerstwie do wytwarzania popularnej, artystycznej biżuterii. Nadaje się mu szlif kaboszonowy, kulisty (paciorki do produkcji naszyjników i bransolet), tabliczkowy oraz płaski. Często obrabia się go w formie bębniaków.

CECHY CHARAKTERYSTYCZNE

Niebieskoszara, niebieskozielona lub niebieskobrunatna, nieprzezroczysta (rzadziej przeświecająca) odmiana kwarcu wykazująca optyczny efekt kociego oka w postaci wędrującej (w trakcie obrotu kamienia), pasowej migotliwości. Efekt ten powodują włókniste wrostki krokidolitu lub rzadziej crossytu. Kwarcowe sokole oko zazwyczaj współwystępuje z kwarcowym tygrysim okiem.

KWARCOWE TYGRYSIE OKO

Quartz tiger's eye
Minerał z gromady krzemianów, odmiana kwarcu

Nazwa podkreśla podobieństwo tego minerału do oczu tygrysa.

WYSTĘPOWANIE

Najsłynniejsze złoże kwarcowego tygrysiego oka znajduje się w RPA; minerał ten jest tam eksploatowany od 1876 r. Kamień ten jest też znany z Australii, Namibii i USA. Bywa także spotykany w: Meksyku, Birmie, Indiach, Rosji i na Ukrainie.

ZNACZENIE I ZASTOSOWANIE

Stanowi atrakcyjny, bardzo popularny kamień kolekcjonerski i ozdobny. Służy do wyrobu drobnej galanterii ozdobnej, figurek, amuletów oraz przedmiotów codziennego użytku (np. szkatułek, puzderek, popielniczek, wazonów, waz, mis, czarek, tabakierek i in.). Często bywa wykorzystywany w jubilerstwie do wytwarzania popularnej, artystycznej biżuterii. Nadaje się mu szlif kaboszonowy, kulisty (paciorki do produkcji naszyjników i bransolet), tabliczkowy oraz płaski. Niezwykle często jest obrabiany w formie bębniaków.

CECHY CHARAKTERYSTYCZNE

Żółta, złocistożółta, brunatnożółta lub brunatnozłocista odmiana kwarcu, wykazująca optyczny efekt kociego oka w postaci przemieszczającej się (w trakcie obrotu kamienia), pasowej migotliwości. Efekt ten wywołują włókniste wrostki utlenionego krokidolitu, a rzadziej crossytu lub/i tremolitu, które są w różnym stopniu zastępowane przez wodorotlenki i tlenki żelaza (głównie goethyt i hematyt). Kwarcowe tygrysie oko współwystępuje niekiedy z kwarcowym sokolim okiem. Jest minerałem nieprzezroczystym (rzadziej przeświecającym), o jedwabistym bądź szklistym połysku.

KWARCOWE BAWOLE OKO

Quartz buffalo's eye
Minerał z gromady krzemianów, odmiana kwarcu

CECHY CHRAKTERYSTYCZNE

Czerwonobrunatna lub brunatna, nieprzezroczysta (sporadycznie przeświecająca) odmiana kwarcu wykazująca optyczny efekt kociego oka w postaci przemieszczającej się, pasowej migotliwości. Efekt ten powodują włókniste wrostki silnie utlenionego krokidolitu lub rzadziej crossytu bądź tremolitu. W kwarcowym bawolim oku minerały te są w dużym stopniu zastąpione przez tlenki i wodorotlenki żelaza (głównie hematyt i goethyt). Minerał ten współwystępuje zazwyczaj z kwarcowym tygrysim okiem.

Nazwa podkreśla podobieństwo tego minerału do oka bawoła.

WYSTĘPOWANIE

Pochodzi niemal wyłącznie ze złoża w RPA. Bywa sporadycznie spotykane w Australii, Namibii i USA, a niekiedy też w Meksyku, Birmie, Indiach, Rosji i na Ukrainie. W Polsce zostało stwierdzone w okolicy Suszyny koło Kłodzka.

ZNACZENIE I ZASTOSOWANIE

Stanowi popularny kamień kolekcjonerski i ozdobny. Służy do wyrobu drobnej galanterii ozdobnej, figurek, amuletów oraz przedmiotów codziennego użytku. Bywa wykorzystywany w jubilerstwie do wytwarzania popularnej, artystycznej biżuterii. Niekiedy nadaje się mu szlif kaboszonowy, kulisty, tabliczkowy oraz płaski. Bardzo często jest obrabiany w formie bębniaków.

UWAGA

Bardzo często kwarcowe bawole oko otrzymuje się w sposób sztuczny poprzez podgrzanie kwarcowego tygrysiego oka.

KWARCOWE KOCIE OKO

Quartz cat's eye
Minerał z gromady krzemianów, odmiana kwarcu

Nazwa podkreśla podobieństwo tego minerału do oka kota.

WYSTĘPOWANIE

Kwarcowe kocie oko bywa spotykane na Sri Lance, w Birmie, Indiach, Brazylii, Meksyku, USA i w Niemczech.

ZNACZENIE I ZASTOSOWANIE

Stanowi atrakcyjny, rzadko spotykany kamień kolekcjonerski i ozdobny. Służy do wyrobu drobnej galanterii ozdobnej, figurek, amuletów oraz przedmiotów codziennego użytku, a także bywa wykorzystywane w jubilerstwie do wytwarzania popularnej, artystycznej biżuterii. Najczęściej jest obrabiany w formie bębniaków, a niekiedy w formie kaboszonów lub kulek.

CECHY CHRAKTERYSTYCZNE

Zielonoszara, szara lub niebieskozielona (czasami też szarobrunatna, żółtozielona, a nawet biała), nieprzezroczysta (sporadycznie przeświecająca) odmiana kwarcu wykazująca optyczny efekt kociego oka w postaci przemieszczającej się (w trakcie obracania kamienia), pasowej migotliwości lub jasnej smugi przypominającej wyglądem źrenicę kociego oka. Efekt ten powodują włókniste wrostki azbestu amfibolowego lub/i azbestu chryzotylowego, a niekiedy też włókna azbestu krokidolitowego (krokidolitowe kocie oko).

CHALCEDON

Chalcedony
Minerał z gromady krzemianów, skrytokrystaliczna (mikrokrystaliczna) odmiana kwarcu
Dwutlenek krzemu, SiO2

Nazwa pochodzi od starożytnego miasta Chalkedon (Kachledon) położonego nad Bosforem w Azji Mniejszej (obecnie Kadiköy w Turcji); gr. *khalkedon*, łac. *chalcedonius*.

POCHODZENIE

Bywa spotykany w skałach wulkanicznych, metamorficznych oraz w utworach hydrotermalnych i osadowych. Stanowi produkt wietrzenia serpentynitów, a także występuje w osadach gorących źródeł. Powstaje też w wyniku przekrystalizowania opalu. Niekiedy tworzy spoiwo skał okruchowych.

WYSTĘPOWANIE

Największe złoża chalcedonu na świecie znajdują się w Urugwaju i Brazylii. Od niepamiętnych czasów chalcedon wydobywany jest też w Indiach, a także na Półwyspie Arabskim (Arabia Saudyjska, Jemen) i w Iraku. Piękne okazy tego minerału są także spotykane w: Środkowej Azji, Ameryce Północnej, południowej i północnej Afryce, na Madagaskarze, Wyspach Owczych, Nowej Zelandii i Tajwanie oraz w większości krajów europejskich.

WŁAŚCIWOŚCI

Układ krystalograficzny: trygonalny
Wykształcenie: skupienia skrytokrystaliczne, zbite, włókniste, sferolityczne, a także promieniste; przeważnie formy skorupowe, nerkowate, groniaste, kuliste, brodawkowe, grudkowe lub naciekowe (stalaktytowe); często tworzy geody, żyły, a niekiedy konkrecje
Twardość: 6,5–7
Gęstość: 2,55–2,65 (2,60)
Barwa: biała lub szara; bywa też żółta, pomarańczowa, brunatna, zielona, różowa, czerwona, purpurowa, niebieska; niekiedy jest bezbarwny; tworzy bardzo wiele barwnych (czasami wielobarwnych) odmian noszących odrębne nazwy (gemmologiczne lub/i handlowe): **agat**, **onyks**, **sardonyks**, **karneol**, **sard**, **chryzopraz**, **praz**, **heliotrop**, **plazma**, a także **chalcedon mleczny**, **niebieski** i **żółty**; często zawiera drobne wrostki różnych minerałów kreujących jego barwę, np.: mik, chlorytów, minerałów ilastych, hematytu, goethytu, chryzokoli i in.
Pleochroizm: brak
Rysa: biała
Połysk: szklisty, tłusty, woskowy, jedwabisty, matowy
Przezroczystość: przeświecający do nieprzezroczystego (rzadko przezroczysty)
Współczynniki załamania światła: 1,526–1,544
Dwójłomność: 0,004–0,009
Dyspersja: brak
Podatność: kruchy
Łupliwość: brak
Przełam: muszlowy, nierówny, rzadziej ziarnisty
Luminescencja: zmienna, słaba do intensywnej (żółtozielona, żółta, biała, jasnoniebieska)
Inne cechy: stanowi główny składnik wielu skał, np. chalcedonitów, jaspisów, lidytów oraz krzemieni; niekiedy wykazuje iryzację o charakterze opalescencji (**chalcedon opalizujący**)

W Polsce jest znany głównie z Dolnego Śląska (m.in. Góry i Pogórze Kaczawskie, Kotlina Kłodzka, Góry Wałbrzyskie, Sudety Wschodnie, Przedgórze Sudeckie). Bywa też spotykany w Górach Świętokrzyskich i Karpatach (chalcedonity).

ZNACZENIE I ZASTOSOWANIE

Stanowi bardzo popularny, atrakcyjny i ceniony kamień kolekcjonerski oraz ozdobny. Jest używany do wyrobu galanterii ozdobnej, rzeźb, gemm (kamei i intaglio), talizmanów i artystycznych przedmiotów użytkowych (jak: popielniczki, szkatułki, noże do cięcia papieru i in.). Często bywa stosowany jako kamień jubilerski; nadaje się mu zazwyczaj szlif kaboszonowy, kulisty (paciorki do wyrobu naszyjników, różańców itp.) bądź tabliczkowy. Niekiedy jest wykorzystywany jako kamień okładzinowy. Mniej atrakcyjne odmiany chalcedonu są sztucznie barwione. Stanowi też surowiec do wyrobu agatowych moździerzy oraz kul do młynów kulowych. Chalcedon jest znany od najdawniejszych czasów. Wyroby z tego kamienia (głównie różne narzędzia) znane są z wykopalisk archeologicznych datowanych na 8000 lat.

AGAT

Agate
Minerał z gromady krzemianów, odmiana chalcedonu

Nazwa pochodzi od rzeki Achates (obecnie Dirillo) na południu Sycylii we Włoszech, gdzie minerał ten był wydobywany w czasach starożytnych (gr. *agathos* – dobry).

WYSTĘPOWANIE

Największe na świecie złoża agatów, z których pozyskuje się okazy nawet o średnicy kilku metrów, występują na południ Brazylii oraz w Urugwaju. Piękne agaty pochodzą też z Chin, Indii, Australii, Mongolii, Rosji, USA, Meksyku, Botswany, Republiki Czeskiej i Niemiec.

W Polsce agaty występują przede wszystkim na Dolnym Śląsku, szczególnie w Górach i na Pogórzu Kaczawskim, a także w rejonach: Kamiennej Góry, Wałbrzycha, Mieroszowa, Głuszycy, Nowej Rudy i Kłodzka. Spotykane są też w okolicach Krzeszowic k. Krakowa.

ZNACZENIE I ZASTOSOWANIE

Stanowi bardzo atrakcyjny, od bardzo dawna wykorzystywany, popularny kamień ozdobny, mający duże znaczenie kolekcjonerskie. Służy on do wyrobu galanterii ozdobnej, amuletów, pieczęci, statuetek, kamei oraz różnorodnych artystycznych przedmiotów użytkowych (np.: naczyń, mis, kubków, waz, szkatułek, puzder, lichtarzy, świeczników, noży do cięcia papieru, przyborów do pisania, przycisków do papieru, popielniczek, tabakierek i in.). Często bywa wykorzystywany do wyrobu biżuterii, m.in. wisiorków, brosz, kolczyków, klipsów, naszyjników, pierścieni, bransolet i sygnetów. Nadaje się mu szlif kaboszonowy, kulisty (paciorki), tabliczkowy oraz płaski. Agat jest ponadto stosowany do wyrobu materiałów ściernych i polerskich, łożysk, przyrządów dla przemysłu tekstylnego oraz sprzętu laboratoryjnego (elementów wag, walców, moździerzy, tłuczków i kul do młynów agatowych).

CECHY CHARAKTERYSTYCZNE

Wielobarwna, przezroczysta do przeświecającej odmiana chalcedonu odznaczająca się najczęściej koncentryczną lub rzadziej warstwową (wstęgową, pasową) budową. Barwa poszczególnych pasów agatu bywa przeważnie: szara, biała, szaroniebieska, brunatna lub czarna; rzadziej jest: żółta, pomarańczowa, czerwona, czerwonopomarańczowa, niebieska i zielona. Powodują ją zazwyczaj bardzo drobne wrostki różnych minerałów (np. chlorytów, hematytu, goethytu, seladonitu i in.). Ze względu na rodzaj i charakter rozmieszczenia barw, typ budowy pasowej oraz rodzaj rysunku, wyróżnia się kilkadziesiąt ich odmian, m.in. agaty dendrytowe, mszyste, koronkowe, ruinowe, forteczne, krajobrazowe, brekcjowate, oczkowe, orbikularne, brodawkowe, gruzłowe, mono- i policentryczne, poligonalne, koliste, smużyste, wstęgowe, stratyfikowane, urugwajskie, gwiaździste, amebowe oraz żyłowe. Za odmiany agatu uważa się także sardonyks i onyks oraz bardzo rzadki agat ognisty i iryzujący. Agaty spotkane są najczęściej wśród wylewnych skał magmowych oraz rzadziej osadowych, gdzie wypełniają wolne przestrzenie, tworząc migdały, buły, geody oraz formy żyłowe.

ONYKS

ONYKS CHALCEDONOWY, ONYKS ARABSKI, *Onyx*
Minerał z gromady krzemianów, odmiana agatu (chalcedonu)

Nazwa pochodzi od gr. *onyx* (paznokieć, pazur, racica), nawiązując do wyglądu, twardości oraz ostrych krawędzi odłupków tego minerału.

WYSTĘPOWANIE

Naturalne onyksy należą do minerałów rzadkich; znane są przede wszystkim z Brazylii, Urugwaju, a także Indii. W czasach starożytnych były dostarczane głównie z krajów arabskich.

ZNACZENIE I ZASTOSOWANIE

Onyks stanowi poszukiwany kamień kolekcjonerski oraz ozdobny i jubilerski. Służy do wyrobu przedmiotów pamiątkarskich i użytkowych (m.in. szkatułek, puzderek, popielnic, lichtarzy, waz, wazonów, noży docięcia papieru, ozdobnych opraw sztućców i in.), a także bransolet, naszyjników oraz drobnej artystycznej biżuterii. Zwykle nadaje się mu szlif kaboszonowy, kulisty lub płaski. Niegdyś stanowił popularny kamień służący do wytwarzania talizmanów, statuetek oraz gemm: kamei (np. Gemma Augusta, zaliczana do najpiękniejszych rzymskich kamei) i pieczęci (intagio), które były szczególnie popularne w starożytnym Rzymie, a surowiec do ich wyrobu pochodził z Egiptu.

UWAGA

Nazwa onyks jest niekiedy używana (nieprawidłowo) do określania innych wykazujących pasowe zabarwienie minerałów i skał, np. onyks marmurowy, onyks pakistański i inne.

CECHY CHRAKTERYSTYCZNE

Odmiana agatu charakteryzująca się występowaniem naprzemianległych (koncentrycznych lub płasko-równoległych) czarno-białych wstęg (pasm) o różnej szerokości.

SARDONYKS

SARDONIK, *Sardonyx*
Minerał z gromady krzemianów, odmiana agatu (chalcedonu)

CECHY CHARAKTERYSTYCZNE

Przeświecająca odmiana agatu, odznaczająca się występowaniem naprzemianległych białych i brunatnoczerwonych pasów (pasm, wstęg) o różnej szerokości. Pasma te bywają też biało-brązowe, biało-żółtobrązowe, a znacznie rzadziej biało-pomarańczowobrązowe. Sardonyks różni się od onyksu tylko tym, iż naprzemianlegle z pasmami białymi występują w nim pasy brunatnoczerwone, a nie (jak w przypadku onyksu) czarne. Ich zabarwienie pochodzi od wrostków związków żelaza (przede wszystkim limonitu).

Nazwa pochodzi od miasta Sardis (gr. *sardios* – kamień z Sardis) w Azji Mniejszej (obecnie Turcja), gdzie został znaleziony, oraz od gr. *onyx* (paznokieć, pazur, racica). Nawiązuje do wyglądu, twardości, jak też ostrych krawędzi odłupków tego minerału.

WYSTĘPOWANIE

Sardonyks występuje głównie w Brazylii, Urugwaju, Indiach i Rosji . Znany jest także ze Sri Lanki, Egiptu i Turcji.

W Polsce bywa sporadycznie spotykany na Dolnym Śląsku (głównie w Szklarach koło Ząbkowic Śląskich) w towarzystwie sardu i karneolu.

ZNACZENIE I ZASTOSOWANIE

Sardonyks stanowi atrakcyjny kamień kolekcjonerski oraz ozdobny. Znany jest i powszechnie wykorzystywany (do wyrobu ozdób, rzeźb, gemm i artystycznej biżuterii) już od czasów starożytnego Egiptu.

SARD

SARDER, *Sard*
Minerał z gromady krzemianów, odmiana chalcedonu

Nazwa pochodzi od miasta Sardis (gr. *sardios* – kamień z Sardis) w Azji Mniejszej (obecnie Turcja), gdzie kamień ten został znaleziony. Miasto to słynęło z obróbki kamieni i wyrobu artystycznej, bardzo wysoko cenionej biżuterii.

WYSTĘPOWANIE

Sard znany jest głównie z Brazylii, Urugwaju i Indii, Sri Lanki, Rosji, Mongolii oraz Turcji i Egiptu.

W Polsce jest spotykany na Dolnym Śląsku, głównie wśród serpentynitów w Szklarach koło Ząbkowic Śląskich, gdzie towarzyszy karneolowi. Bywa też znajdowany w okolicach Kłodzka i Wałbrzycha.

ZNACZENIE I ZASTOSOWANIE

Stanowi atrakcyjny, znany już od czasów starożytnych, kamień ozdobny, wykorzystywany głównie do wyrobu ozdób, rzeźb, amuletów, talizmanów, biżuterii artystycznej oraz kamei. Niekiedy wytwarza się z niego niewielkie przedmioty pamiątkarskie i użytkowe (np. puzderka, popielniczki, noże do cięcia papieru, oprawy sztućców). Często służy jako doskonały materiał inkrustacyjny. Przeważnie nadaje się mu szlif kaboszonowy, kulisty (paciorki do wyrobu naszyjników i różańców) lub płaski. Sard jest kamieniem poszukiwanym przez kolekcjonerów.

CECHY CHARAKTERYSTYCZNE

Brunatna, półprzezroczysta do przeświecającej odmiana chalcedonu, odznaczająca się jednolitym zabarwieniem (w odcieniach: brunatnoczerwonym, ciemnobrunatnym, żółtobrunatnym lub rzadziej brunatnopomarańczowym) wywołanym przez wrostki związków żelaza, przeważnie limonitu. Sard często tworzy przejścia do czerwonego karneolu.

KARNEOL

KARNIOL, *Carnelian*
Minerał z gromady krzemianów, odmiana chalcedonu

Nazwa pochodzi od łac. *carnis*, *caro*, *carneus* (mięso, ciało, mięsny) i nawiązuje do czerwonej barwy minerału.

WYSTĘPOWANIE

Najsłynniejsze na świecie wystąpienia karneolu znajdują się w Indiach i na Sri Lance. Wspaniałe okazy znajdowane są też w Brazylii, Urugwaju, Kolumbii, Chinach i Egipcie. Wysokiej jakości karneol znany jest ponadto z Arabii Saudyjskiej, Iranu, Mongolii, Rosji, USA, Rumunii i Republiki Czeskiej.

W Polsce karneol jest spotykany na Dolnym Śląsku wśród serpentynitów w Szklarach koło Ząbkowic Śląskich, gdzie towarzyszy mu niekiedy sard. Występuje też w okolicach Kamiennej Góry, Kłodzka i Wałbrzycha.

ZNACZENIE I ZASTOSOWANIE

Karneol jest bardzo atrakcyjnym i poszukiwanym kamieniem kolekcjonerskim i ozdobnym, znanym dobrze już przez starożytnych Egipcjan, którzy umieli go obrabiać oraz oprawiać. Najczęściej służy do wyrobu ozdób, amuletów, brosz, kamei, wisiorków, pierścieni, bransolet oraz naszyjników. Zazwyczaj nadaje się mu szlif kaboszonowy, kulisty (paciorki), tablicowy lub płaski. Sporadycznie bywa obrabiany fasetkowo. Stanowi idealny materiał rzeźbiarski oraz inkrustacyjny. Służy też do wyrobu ściennych mozaik, a także różnych przedmiotów artystycznych i użytkowych (m.in. czarek, popielnic, puzderek, pudełek, kasetek, szkatułek, wazoników, noży do cięcia papieru). Tradycyjnie był używany do wyrobu pieczęci (intaglio). Gemmy wykonane z karneolu są często ujawniane w wyniku badań archeologicznych, np. Gemma Gordiana III (238–244 r. n.e.) odkryta w 1954 r. na międzyrzeckim zamku w Międzyrzeczu lub gemma datowna na II–III w. n.e., zdobiona wklęsłą rzeźbą lwa, odkryta w 2006 r. podczas wykopalisk na Ostrowie Tumskim w Poznaniu.

CECHY CHARAKTERYSTYCZNE

Półprzezroczysta do przeświecającej, odmiana chalcedonu, odznaczająca się jednolitym zabarwieniem (zwykle w odcieniach: czerwonopomarańczowym, pomarańczowym, różowopomarańczowym, żółtopomarańczowym, ciemnoczerwonym i rzadziej – czerwonobrunatnym i pomarańczowobrunatnym), wywołanym głównie przez wrostki hematytu i goethytu. Czerwonobrunatne i pomarańczowobrunatne odmiany karneolu często tworzą stopniowe przejścia w brunatny sard.

UWAGA

Karneol bardzo często bywa uzyskiwany w wyniku sztucznego barwienia chalcedonu pochodzącego np. z Brazylii bądź Urugwaju.

CHRYZOPRAZ

PRAZER, *Chrysoprase*
Minerał z gromady krzemianów, odmiana chalcedonu

CECHY CHRAKTERYSTYCZNE

Zielona, półprzezroczysta do przeświecającej, odmiana chalcedonu. Barwa minerału pochodzi od wrostków związków niklu. Zielona barwa chryzoprazu może wykazywać różne odcienie: jasnozielony, jabłkowozielony, niebieskozielony, szmaragdowozielony lub ciemnozielony. Najwyżej cenione są okazy odznaczające się jak największym stopniem przezroczystości i zarazem jak najbardziej wysyconą i soczystą (głęboką) barwą ciemnojabłkowozieloną bądź ciemnoszmaragdowozieloną.

Nazwa pochodzi od gr. *chrysos*, *khrysos* (złoto) i *prason* (por – roślina), *prasinos* (zielonkawy), *prasmai* (cenić). Nawiązując zarówno do barwy tego minerału, jak też do jego dużej wartości, przyrównywanej do złota.

WYSTĘPOWANIE

Najsłynniejsze, znane i wykorzystywane już od czasów starożytnych, złoże wspaniałej jakości chryzoprazu jest położone w Polsce na Dolnym Śląsku, w Szklarach koło Ząbkowic Śląskich na Przedgórzu Sudeckim. Chryzopraz występuje tam wśród serpentynitów, m.in. w towarzystwie: opalu, serpentynu, talku i magnezytu. Masa największych wydobywanych w tym rejonie okazów, częstokroć przekraczała nawet kilkanaście kilogramów. Obecnie złoże to jest już w dużym stopniu wyczerpane. Niewielkie wystąpienia chryzoprazu są też znane z kilku innych lokalizacji w rejonach Ząbkowic Śląskich oraz Sobótki. Obecnie większość wysokiej jakości chryzoprazu pochodzi z Australii, a ostatnio z Brazylii. Mniej znaczące wystąpienia tego minerału znajdują się w USA, Kazachstanie i Zimbabwe (zielone zabarwienie kamienia pochodzi tam nie od niklu, lecz od domieszek związków chromu). Chryzopraz bywa również spotykany na Nowej Kaledonii i Tasmanii, a także w Indiach, Rosji, Tanzanii, RPA, Niemczech i Austrii.

ZNACZENIE I ZASTOSOWANIE

Chryzopraz stanowi bardzo atrakcyjny i wyjątkowo wysoko ceniony kamień kolekcjonerski, ozdobny oraz jubilerski. Był on już znany i szeroko stosowany przez starożytnych Egipcjan, Rzymian i Greków. Jest używany do wyrobu drobnej galanterii ozdobnej, pamiątek, statuetek, kamei, amuletów, różnych artystycznych przedmiotów użytkowych oraz biżuterii (pierścionków, brosz, naszyjników, bransolet, wisiorków). Zazwyczaj nadaje się mu szlif kaboszonowy, kulisty (paciorki), tablicowy bądź płaski, znacznie rzadziej fasetkowy. Chryzopraz bywa niekiedy wykorzystywany jako kamień okładzinowy, dekoracyjny i inkrustacyjny.

UWAGA

Chryzopraz często bywa sztucznie barwiony; w tym celu jest zazwyczaj wykorzystywany biały chalcedon pochodzący przeważnie z Brazylii lub Urugwaju.

PRAZ

PRAZEM, *Prase*
Minerał z gromady krzemianów, odmiana chalcedonu

Nazwa pochodzi od gr. *prason* (por – roślina), *prasinos* (zielonkawy) i nawiązuje do charakterystycznej barwy tego minerału.

WYSTĘPOWANIE

Znany jest głównie z USA, RPA i Rosji, a także Niemiec, Austrii, Wielkiej Brytanii, Finlandii, Indii i Brazylii.

W Polsce srebrzystozielony praz występuje w Rudawach Janowickich (Sudety Zachodnie), gdzie został stwierdzony w towarzystwie tremolitu, aktynolitu, chlorytu, magnetytu, pirytu, chalkopirytu, turyngitu, bornitu, pirotynu oraz kryształu górskiego.

ZNACZENIE I ZASTOSOWANIE

Praz jest znany od czasów antycznych. Bywa stosowany jako kamień ozdobny, dekoracyjny oraz jubilerski (do wyrobu biżuterii, głównie brosz, wisiorków, bransolet, naszyjników i pierścieni). Nadaje się mu zazwyczaj szlif kaboszonowy, kulisty (paciorki) lub płaski. Niekiedy służy do wytwarzania ozdób, rzeźb, kamei, amuletów, różnych artystycznych przedmiotów pamiątkarskich oraz mozaik pokrywających stoły.

CECHY CHARAKTERYSTYCZNE

Zielona, przeświecająca do półprzeświecającej, rzadka odmiana chalcedonu. Barwa prazu bywa też szarozielona, ciemnozielona, czarnozielona, a niekiedy nawet żółtozielona. Praz zawdzięcza ją przede wszystkim wrostkom włóknistego amfibolu (aktynolitu), a czasami też drobnych łuseczek chlorytu lub igiełek hornblendy.

CHALCEDON NIEBIESKI

Blue chalcedon
Minerał z gromady krzemianów, odmiana chalcedonu

Nazwa nawiązuje do barwy tego minerału.

WYSTĘPOWANIE

Najcenniejsze okazy tego minerału, o wartości gemmologicznej, pochodzą z Kalifornii w USA. Piękne chalcedony niebieskie znane są też z Mongolii i RPA.

ZNACZENIE I ZASTOSOWANIE

Chalcedon niebieski jest atrakcyjnym kamieniem kolekcjonerskim oraz ozdobnym. Bywa też stosowany w jubilerstwie.

CECHY CHARAKTERYSTYCZNE

Półprzezroczysta do przeświecającej, niebieska odmiana chalcedonu zawierająca wrostki chryzokoli.

HELIOTROP

Heliotrope
Minerał z gromady krzemianów, odmiana chalcedonu

Nazwa pochodzi od gr. *helios* (słońce) i *tropos* (obracać się), *tropein* (zwracać się do), gdyż minerał ten, szczególnie zanurzony w wodzie, podczas obrotu wykazuje świetlne błyski (refleksy).

WYSTĘPOWANIE

Najpiękniejsze i najwyżej cenione okazy heliotropu pochodzą z Indii. Znane wystąpienia tego minerału znajdują się też w Pakistanie, Chinach, Rosji, Australii, Brazylii i USA, a także w Austrii, Wielkiej Brytanii, Niemczech i Republice Czeskiej.

W Polsce został stwierdzony w Górach Wałbrzyskich (Dolny Śląsk).

ZNACZENIE I ZASTOSOWANIE

Heliotrop jest znany i wykorzystywany już od czasów antycznych. W czasach historycznych pochodził niemal wyłącznie z Egiptu i Cypru. Stanowi bardzo atrakcyjny i poszukiwany kamień kolekcjonerski i ozdobny. Jest też stosowany do wyrobu biżuterii (broszek, wisiorków, kolczyków, naszyjników, bransolet, sygnetów i in.). Zwykle nadaje się mu szlif kaboszonowy, kulisty (paciorki), łezkowy, tabliczkowy bądź płaski. Heliotrop stanowi doskonały materiał rzeźbiarski. Wytwarza się z niego statuetki, galanterię ozdobną, amulety oraz różne artystyczne przedmioty użytkowe. Bywa niekiedy wykorzystywany jako ozdobny kamień inkrustacyjny i okładzinowy. W dawnych czasach był często używany do wyrobu gemm. Jedna z najstarszych gemm na świecie, bizantyjska intaglia z heliotropu, znajduje się w Muzeum Narodowym Ziemi Przemyskiej w Przemyślu.

UWAGA

Czerwone plamki przypominają krople krwi, stąd też niekiedy używana jest niewłaściwa nazwa heliotropu – krwawnik, zarezerwowana dla jednej z odmian hematytu.

CECHY CHARAKTERYSTYCZNE

Ciemnozielona, przeświecająca lub częściej nieprzezroczysta, odmiana chalcedonu o nieregularnie rozmieszczonych krwistoczerwonych, pomarańczowoczerwonych lub brunatnoczerwonych plamkach, cętkach, żyłkach i smugach utworzonych głównie przez hematyt. Barwa heliotropu jest czuła na wpływ temperatury oraz na długotrwałe oddziaływania światła słonecznego.

OPAL

Opal
Minerał z gromady krzemianów
Uwodniony dwutlenek krzemu, $SiO_2 \times nH_2O$

Nazwa wywodzi się z sanskrytu od *upala* (kamień szlachetny, drogocenny) bądź z gr. *opallios* (łac. *opalus*) – widzieć zmianę (barwy).

POCHODZENIE

Tworzy się jako produkt procesów hydrotermalnych (niskich temperatur), metasomatycznych i wietrzeniowych. Bywa spotkany w pustkach i szczelinach skał magmowych oraz w osadach gorących źródeł. Stanowi rozpowszechniony składnik wielu skał osadowych. Często pojawia się w formie pseudomorfoz po innych minerałach oraz szczątkach zwierząt i roślin (np. skrzemieniałe drewno).

WYSTĘPOWANIE

Najważniejsze wystąpienia opalu znajdują się w: Australii i Meksyku. Znany jest też m.in. z: USA, Brazylii, Hondurasu, Gwatemalii, Rosji, Kazachstanu, Indii, Indonezji , Nowej Zelandii, RPA, Zimbabwe, Etiopii oraz Słowacji, Republiki Czeskiej i Rumunii.

W Polsce występuje w masywach serpentynitowych na Dolnym Śląsku, przede wszystkim w okolicach Sobótki i Ząbkowic Śląskich. Bywa też spotykany w Górach Sowich, na Pogórzu Kaczawskim i koło Nowej Rudy. Znany jest też z Karpat fliszowych (opale bulaste – menility) oraz stanowi składnik opok lekkich koło Zawichostu i Chełma Lubelskiego. Został stwierdzony na obszarze Górnośląskiego Zagłębia Węglowego. Współwystępuje m.in. z chalcedonem, aragonitem i zeolitami.

WŁAŚCIWOŚCI

Układ krystalograficzny: substancja bezpostaciowa (amorficzna)
Wykształcenie: nie wykształca kryształów; tworzy naskorupienia, żyłki, inkrustacje, konkrecje, pseudomorfozy, a także formy naciekowe, groniaste, kuliste i nerkowate
Twardość: 5,5–6,5
Gęstość: 1,98–2,33 (2,15)
Barwa: biała (opal mleczny), żółta, żółtobrunatna, miodowa, brunatna, pomarańczowa, czerwona, czerwonobrunatna, zielona, żółtozielona, niebieska, granatowa, fioletowa, szara, czarna; może być też wielobarwny lub bezbarwny (**hialit**)
Pleochroizm: brak
Rysa: biała
Połysk: szklisty, woskowy, tłusty, a czasami żywiczny albo perłowy
Przezroczystość: przezroczysty do nieprzezroczystego
Współczynniki załamania światła: 1,37–1,52 (1,44–1,46)
Dwójłomność: brak
Dyspersja: brak, lub bardzo słaba
Podatność: kruchy
Łupliwość: brak
Przełam: muszlowy, nierówny, haczykowaty
Luminescencja: biała, żółtawa, zielonawa, brązowa
Inne cechy: stanowi amorficzną, koloidalną krzemionkę ulegającą rekrystalizacji z upływem czasu; odznacza się obecnością kulistych, w różny sposób rozmieszczonych, globul krzemionkowych o rozmiarach wahających się zazwyczaj od 100 do 300 mikrometrów; opal zawiera od 3 do 10% wody (niekiedy jej zawartość dochodzi do ok. 20%, hydroopal), a także wrostki minerałów (np. opal mszysty, opal prazowy) oraz inkluzje gazowe i ciekłe; niektóre odmiany opalu wykazują charakterystyczne zjawiska optyczne: opalescencję, opalizację, a rzadziej efekt kociego oka i asteryzm. Ze względu na obecność i rodzaj wykazywanych efektów optycznych opale dzieli się zazwyczaj na opale szlachetne i opale zwyczajne (pospolite). W obu tych grupach – biorąc pod uwagę barwę, połysk, rysunek, charakter efektów optycznych i inne cechy – wyróżnia się kilkadziesiąt odmian opali, m.in.: mleczny, złoty, zielony, czerwony, krwisty, brązowy, miodowy, niebieski, szary, czarny, pawi, jaspisowy, prazowy, drzewny, smużysty, dendrytyczny, mszysty, bulasty, porcelanowy, woskowy, gwiaździsty, płomieniowy, iskrowy, arlekinowy, matrycowy oraz hialit i hydrofan.

ZNACZENIE I ZASTOSOWANIE

Jest poszukiwany przez kolekcjonerów, a także stanowi ceniony kamień ozdobny (opal zwyczajny) oraz należy do najcenniejszych i najdroższych kamieni szlachetnych (opal szlachetny) używanych przede wszystkim do wyrobu drogocennej biżuterii. Zazwyczaj nadaje się mu szlif kaboszonowy, kulisty (paciorki), a także tablicowy i płytkowy. Niektóre odmiany (np. opal ognisty i hialit) obrabia się szlifem fasetkowym.

OPAL SZLACHETNY

Precious opal
Minerał z gromady krzemianów, odmiana opalu

Nazwa nawiązuje do unikalności i szczególnego piękna tej odmiany opalu.

WYSTĘPOWANIE

Większość opali szlachetnych pochodzi z Australii (ok. 80–90% światowego wydobycia), gdzie zostały odkryte w XIX w. w okolicach White Cliffs w Nowej Południowej Walii. Opale szlachetne występują też w: Meksyku, Brazylii, Gwatemalii, Hondurasie, USA, RPA, Ugandzie, Zimbabwe, Etiopii, Rosji, Kazachstanie, Kirgistanie, Gruzji, Armenii, Indiach, Indonezji, Rumunii, Słowacji oraz na Ukrainie i Wyspach Owczych (Dania).

W Polsce bywają sporadycznie spotykane na Dolnym Śląsku: w Szklarach koło Ząbkowic Śląskich (opal mleczny) oraz w okolicach Piławy (opal czarny).

ZNACZENIE I ZASTOSOWANIE

Opale szlachetne należą do wyjątkowo atrakcyjnych i poszukiwanych kamieni kolekcjonerskich oraz są zaliczane do jednych z najcenniejszych kamieni szlachetnych. Są używane do wyrobu drogocennej biżuterii; nadaje się im szlif kaboszonowy bądź obrabia w formie paciorków służących do wyrobu naszyjników lub bransolet. Niektóre opale szlachetne, głównie opale ogniste, bywają szlifowane fasetkowo (szlif schodkowy) bądź służą jako materiał rzeźbiarski. Do unikatów należą opale wykazujące optyczny efekt asteryzmu lub kociego oka. Piękne okazy opali szlachetnych stanowią chlubę wielu zbiorów muzealnych. Wymiary największych (nieoszlifowanych) zgromadzonych tam kamieni wahają się zazwyczaj od 10 do 20 cm (rekordzista ma ok. 50 cm) długości, a masa rzadko przekracza 500 g (jednak maksymalnie osiągają nawet kilka kilogramów). Masa największych oszlifowanych okazów przeważnie nie przekracza 350 kr. Do najsłynniejszych należą m.in.: Opal Roeblinga, Opal Noolinga Nera, Olimpiada Australijska, Arlekin, Światło Świata, Czerwony Admirał, Pandora, Błękitny Rycerz, Płomienna Królowa i Devonshire.

CECHY CHARAKTERYSTYCZNE

Przezroczysta do przeświecającej (rzadziej nieprzezroczysta) odmiana opalu, wykazująca optyczny efekt opalizacji (stanowiący najważniejszą cechę opali szlachetnych) m.in. o barwie: białej, żółtej, złotej, zielonej, niebieskiej, fioletowej, purpurowej, różowej i czerwonej, a czasami także efekt kociego oka, asteryzm bądź opalescencję. Barwa własna tych kamienie jest najczęściej: biała, żółtawa, niebieskawa, czerwona, szara lub czarna; bywają też bezbarwne. Ze względu na charakter efektów optycznych oraz rodzaj wzoru, wyróżnia się m.in.: opal mleczny (biały), niebieskawoszary, niebieski, czarny, zielony, złoty, ognisty, pawi, a także gwiaździsty, iskrowy, płomieniowy, arlekinowy i matrycowy (matriks). Do najbardziej rozpowszechnionych należą opale szlachetne – białe i czarne.

OPAL ZWYCZAJNY

OPAL POSPOLITY, *Common opal*
Minerał z gromady krzemianów, odmiana opalu

Nazwa nawiązuje do częstego występowania tych pospolitych kamieni, które nie wykazują efektu opalizacji.

WYSTĘPOWANIE

Opale zwyczajne są szeroko rozpowszechnione w różnych regionach świata. W Polsce występują na Dolnym Śląsku (głównie w Szklarach koło Ząbkowic Śląskich oraz Nasławicach i Wirach koło Sobótki).

ZNACZENIE I ZASTOSOWANIE

Stanowią popularny kamień kolekcjonerski oraz są wykorzystywane do wyrobu drobnej galanterii ozdobnej, różnych przedmiotów pamiątkarskich i użytkowych, a także niedrogiej, artystycznej biżuterii. Przeważnie nadaje się im szlif kaboszonowy, kulisty (paciorki do wyrobu naszyjników i bransolet), płytkowy, a okazjonalnie fasetkowy (hialit).

CECHY CHARAKTERYSTYCZNE

Nieprzezroczysta lub przeświecająca (rzadziej przezroczysta – **hialit**) odmiana opalu, nie wykazująca na ogół żadnych efektów optycznych. Niekiedy, szczególnie opal mleczny ujawniają efekt opalescencji. Opale zwyczajne mają barwę: białą, żółtawą, miodową, żółtobrunatną, brunatną, pomarańczową, czerwoną, brunatnoczerwoną lub czarną, a niekiedy także zieloną, niebieskawą, sporadycznie bywają bezbarwne (hialit). Są minerałami kruchymi, o muszlowym przełamie i przeważnie szklistym połysku; niektóre odmiany wykazują połysk woskowy, tłusty, żywiczny, porcelanowy lub perłowy. Ze względu na ich barwę, połysk oraz rysunek (wzór) wyróżnia się najczęściej: hialit, hydrofan, a także opal mleczny, brunatny, czarny, prazowy, porcelanowy, mszysty, dendrytowy oraz drzewny.

SKALENIE, *Feldspats*

Duża grupa minerałów skałotwórczych (zaliczanu do krzemianów) o zróżnicowanym składzie chemicznym, własnościach strukturalnych i fizycznych oraz różnej postaci kryształów. Polska nazwa „skaleń" nawiązuje do faktu, iż minerał ten jest najważniejszym i najpospolitszym składnikiem skał (skalenie stanowią ok. 50% składników mineralnych skorupy ziemskiej). Wszystkie skalenie są glinokrzemianami głównie trzech pierwiastków: potasu (skalenie potasowe: sanidyn, ortoklaz, adular, mikroklin), sodu (skaleń sodowy: albit) i wapnia (skaleń wapniowy: anortyt). Dzieli się je na dwie zasadnicze grupy tworzące szeregi kryształów mieszanych. Są to skalenie alkaliczne (kryształy mieszane skaleni potasowych i sodowych) o ogólnym wzorze chemicznym: $(K,Na)[AlSi_3O_8]$ oraz plagioklazy (kryształy mieszane skaleni sodowych i wapniowych) o ogólnym wzorze chemicznym: $(Na,Ca)[Al (Al,Si) Si_2O_8]$. reprezentowane przez; albit, oligoklaz, andezyn, labrador, bytownit, anortyt. Krystalizują w układzie jednoskośnym (ortoklaz, adular, sanidyn i celsjan) bądź trójskośnym (mikroklin i wszystkie plagioklazy). Niektóre ich odmiany są wykorzystywane jako kamienie ozdobne i jubilerskie; należą do nich głównie kamienie księżycowe i słoneczne, amazonit, perysteryt, labradoryt i spektrolit. Znajdują zastosowanie w bardzo różnych gałęziach przemysłu.

ORTOKLAZ

Orthoclase

Minerał z gromady krzemianów zaliczany do skaleni potasowych

Glinokrzemian potasu, $K[AlSi_3O_8]$

Nazwa pochodzi od gr. *orthos* (prosty) oraz *klao* (łamię; *klan* – łamać, *klasis* – łupliwy) i nawiązuje do prostego kąta między płaszczyznami łupliwości w tym minerale.

POCHODZENIE

Ortoklaz stanowi składnik skał magmowych (granity, ryolity), metamorficznych (gnejsy) i okruchowych (arkozy i szarogłazy). Jest spotykany w pegmatytach i utworach hydrotermalnych (adular). Współwystępuje m.in. z: kwarcem, muskowitem, biotytem, albitem, oligoklazem, a także z turmalinem (schörl), berylem i amfibolem (hornblendą).

WYSTĘPOWANIE

Najwyżej ceniona, szlachetna odmiana ortoklazu występuje na Madagaskarze. Są to kryształy wyjątkowo przezroczyste, odznaczające się piękną żółtą barwą.

WŁAŚCIWOŚCI

Układ krystalograficzny: jednoskośny
Wykształcenie: kryształy o pokroju tabliczkowym bądź krótkosłupkowym, często zbliźniaczone; skupienia ziarniste i zbite
Twardość: 6–6,5
Gęstość: 2,55–2,62
Barwa: biała, beżowa, szara, szarożółtawa, różowa, czerwona, brunatna, a sporadycznie jaskrawożółta, złotożółta, zielona i błękitna
Pleochroizm: słaby (żółtawy) lub brak
Rysa: biała
Połysk: szklisty, niekiedy perłowy
Przezroczystość: przezroczysty do przeświecającego
Współczynniki załamania światła: 1,518–1,525
Dwójłomność: 0,004–0,010 (0,006–0,008)
Dyspersja: 0,012
Podatność: kruchy
Łupliwość: doskonała i bardzo dobra wg (001) i (010)
Przełam: nierówny, rzadziej muszlowy
Luminescencja: niekiedy (żółta, kremowa, biała, białozielona, zielona)
Inne cechy: niekiedy wykazuje iryzację o charakterze opalescencji (adularyzacja), która uwidacznia się jako srebrzystomleczna lub najczęściej srebrzystoniebieskawa poświata (**kamienie księżycowe**); czasami ujawnia charakterystyczne iskrzenie (**kamień słoneczny**); niektóre odmiany wykazują efekt kociego oka lub asteryzm; kryształy ortoklazu stosunkowo często tworzą charakterystyczne przerosty z kwarcem zwane przerostami pismowymi (**granit pismowy**).

Okazy o wartości jubilerskiej są też znajdowane w Kenii (złocistożółte), na Grenlandii (żółte) i Sri Lance (kryształy zielone, dające efekt kociego oka oraz kamienie księżycowe i okazy wykazujące asteryzm), w Rosji (błękitne), w Birmie (kamienie wykazujące efekt kociego oka), w Japonii (żółte), Indiach, Tanzanii, Meksyku, Brazylii, USA, Australii, Włoszech; Niemczech (czerwone), Szwajcarii (czerwone), Norwegii (kamienie księżycowe). W Karlovych Varach (Republika Czeska) występują wspaniale wykształcone zbliźniaczenia ortoklazu nazywane bliźniakami karlsbadzkimi.

W Polsce ortoklaz występuje przede wszystkim w obrębie masywów granitoidowych Dolnego Śląska oraz w granitach tatrzańskich. Duże i ładnie wykształcone kryształy tego minerału są spotykane m.in. w rejonie Strzegomia, Jawora, Strzelina i Ząbkowic Śląskich na Przedgórzu Sudeckim oraz w Karkonoszach i Rudawach Janowickich. W Wojnowie koło Jeleniej Góry długość kryształów ortoklazu dochodzi do 30 cm, a w okolicach Szklarskiej Poręby do kilkunastu centymetrów.

ZNACZENIE I ZASTOSOWANIE

Ma znaczenie naukowe i kolekcjonerskie. Niektóre jego odmiany, głównie kamienie księżycowy i słoneczny, są wykorzystywane jako cenny materiał jubilerski i ozdobny. Są szlifowane w formie kaboszonów bądź paciorków, a rzadziej fasetkowo (kamień słoneczny). Pięknie zabarwionym, przezroczystym kryształom ortoklazu nadaje się wyłącznie szlif fasetkowy (brylantowy, schodkowy i mieszany). Największe okazy szlachetnych odmian ortoklazu można podziwiać w Smithsonian Institution w Waszyngtonie. Znajdują się tam m.in.: żółty kryształ z Madagaskaru o masie 249,6 kr, zielone kocie oko ze Sri Lanki (104,5 kr) oraz kamień wykazujący efekt asteryzmu w postaci białej gwiazdy, również ze Sri Lanki (22,7 kr). Ortoklaz bywa stosowany jako surowiec do produkcji porcelany, emalii, szkła i środków czyszczących.

KAMIEŃ KSIĘŻYCOWY

SPAT PERŁOWY, ***Moonstone***
Minerał z gromady krzemianów zaliczany do grupy skaleni, odmiana skaleni potasowych i plagioklazów

Nazwa nawiązuje do charakterystycznych efektów optycznych przypominających do złudzenia księżycową poświatę.

WYSTĘPOWANIE

Najlepszej jakości kamienie księżycowe pochodzą przede wszystkim ze Sri Lanki oraz z Indii. Wydobywa się je również na Madagaskarze, w Birmie, Brazylii, Tanzanii, USA i Australii. Znane są też z Rosji, Meksyku, Kanady, Szwajcarii i Finlandii.

W Polsce bywają spotykane sporadycznie w pegmatytach karkonoskich, szczególnie w okolicach Jeleniej Góry (Łomnica). Grę świateł właściwą dla kamieni księżycowych wykazują też niekiedy kryształy sanidynu spotykane w skałach wulkanicznych w rejonie Głuszycy i Miroszowa na Dolnym Śląsku.

ZNACZENIE I ZASTOSOWANIE

Są poszukiwanymi, cennymi kamieniami kolekcjonerskimi i jubilerskimi. Kamieniom księżycowym nadaje się zazwyczaj szlif kaboszonowy, a wyjątkowo fasetkowy (np. poduszkowy). Używa się do wyrobu artystycznej biżuterii oraz drobnej galanterii ozdobnej.

CECHY CHARAKTERYSTYCZNE

Gemmologiczna nazwa odmiany skaleni wykazujących efekt iryzacji o charakterze opalescencji. Kamienie księżycowe są najczęściej reprezentowane przez kryształy ortoklazu, a w szczególności jego odmianę – adular (zawierającą listewkowate wrostki bądź lamelki albitu), odznaczające się srebrzystobiałoperłową lub srebrzystoniebieskoperłową poświatą. Niekiedy ulega ona przemieszczaniu podczas poruszania kamieniem. Ten rodzaj opalescencji bywa określany jako adularyzacja. Część okazów charakteryzuje się subtelną, tęczową grą barw lub migotliwością zwaną schillerescencją (schilleryzacją). Znacznie rzadziej cechy kamieni księżycowych wykazują też inne skalenie, jak mikroklin, sanidyn oraz albit i oligoklaz, a nawet labrador. Niekiedy tą nazwą bywają określane niektóre odmiany chalcedonu, wykazujące białą, srebrzystobiałą bądź niebieskawą poświatę lub migotliwość. Kamienie księżycowe zwykle odznaczają się brakiem pleochroizmu. Niekiedy wykazują słabą, niebieskawą lub rzadziej pomarańczową luminescencję.

AMAZONIT

KAMIEŃ AMAZOŃSKI, *Amazonite (Amazonstone)*
Minerał z gromady krzemianów zaliczany do skaleni potasowych, odmiana mikroklinu
Glinokrzemian potasu, $K[AlSi_3O_8]$

WŁAŚCIWOŚCI

Układ krystalograficzny: trójskośny
Wykształcenie: kryształy tabliczkowe, słupowe, często zbliźniaczone; gruboziarniste agregaty
Twardość: 6–6,5
Gęstość: 2,56–2,58
Barwa: zielona, zielonkawoniebieska lub wyjątkowo niebieska z białymi, nieregularnymi (zazwyczaj kropelki lub żyłki) wrostkami albitu
Pleochroizm: zazwyczaj brak
Rysa: biała
Połysk: szklisty, perłowy
Przezroczystość: przeświecający do nieprzezroczystego
Współczynniki załamania światła: 1,518–1,530
Dwójłomność: 0,005–0,010 (0,008)
Dyspersja: 0,012
Podatność: kruchy
Łupliwość: doskonała wg (001) i bardzo dobra wg (010)
Przełam: nierówny, schodkowy, haczykowaty
Luminescencja: słaba (niebieskawa, żółtozielona, pomarańczowa).

Nazwa pochodzi od rzeki Amazonki, a także od papug z rodzaju Amazona, których zielone upierzenie nawiązuje do barwy tego minerału.

POCHODZENIE

Amazonit jest minerałem związanym genetycznie z kwaśnymi, głębinowymi skałami magmowymi. Najczęściej występuje w pegmatytach, a niekiedy też w granitach w towarzystwie kwarcu, mik (muskowit, biotyt) i plagioklazów.

WYSTĘPOWANIE

Największe wystąpienia amazonitu, dostarczające kamienia o wartości jubilerskiej, znajdują się w Rosji oraz w USA. Kryształy pochodzące z Miass w Górach Ilmeńskich na Uralu osiągają wielkość częstokroć przekraczającą 1 m, natomiast długość pięknie wykształconych okazów z USA dochodzi do 40–45 cm. Ładne okazy są spotykane w Brazylii, Meksyku, Kanadzie, RPA, Zimbabwe, Mozambiku, Namibii, Tanzanii, Kenii i Indiach, Australii, Niemczech, Włoszech, Norwegii i Republice Czeskiej oraz na Madagaskarze.

W Polsce bywa sporadycznie spotykany w druzach pegmatytów w Karkonoszach, Sudetach Wschodnich, a także w rejonie Jawora, Strzegomia oraz Strzelina.

ZNACZENIE I ZASTOSOWANIE

Amazonit ma duże znaczenie jako kamień ozdobny i w mniejszym stopniu jubilerski; jest też minerałem bardzo cenionym

i poszukiwanym przez kolekcjonerów. Znany jest i wykorzystywany od zamierzchłych czasów; na korale i amulety wykonane z amazonitu natrafiono m.in. w grobowcu faraona Tutenchamona (XIV w. p.n.e.). Przez wieki powszechnie służył do dekoracji wnętrz oraz produkcji blatów stołów i drobnej galanterii ozdobnej (puzder, szkatułek, wazonów, waz, tabakier, popielniczek, figurek oraz amuletów i kamei). Niekiedy szlifuje się go w formie kaboszonów, tabliczek lub kulek. Bywa wykorzystywany do wyrobu drobnej biżuterii (kolczyki, broszki, wisiorki, bransoletki, korale, oczka do pierścionków) oraz różnych przedmiotów artystycznych. Słynnym wyrobem wykonanym z amazonitu jest znajdująca się w Petersburgu waza o wysokości 22,5 cm i średnicy 14 cm.

ALBIT

SKALEŃ SODOWY, *Albite*
Minerał z gromady krzemianów zaliczany do plagioklazów
Glinokrzemian sodu, $Na[AlSi_3O_8]$

Nazwa, która pochodzi od łac. *albus* (biały), nawiązuje do najczęściej spotykanej barwy tego minerału.

POCHODZENIE

Występuje głównie w różnych skałach magmowych oraz metamorficznych i metasomatycznych. Obecny jest też w pegmatytach, żyłach hydrotermalnych oraz w skałach okruchowych. Współwystępuje m.in. z: kwarcem, muskowitem, biotytem, ortoklazem, mikroklinem, epidotem, turmalinem, hornblendą, aktynolitem i syderytem.

WYSTĘPOWANIE

Najpiękniejsze okazy o wartości jubilerskiej pochodzą z Kanady (clevelandyt, perysteryt, kamienie księżycowe), USA (clevelandyt, kamienie księżycowe), Brazylii (clevelandyt), Kenii (kamienie przezroczyste do przeświecających z niebieskim lub żółtawym odcieniem) oraz Madagaskaru (kamienie księżycowe oraz okazy przezroczyste i soczysto zielone), a także Birmy, Australii, Rosji i Norwegii.

W Polsce pięknie wykształcone kryształy albitu o długości osiągającej kilka centymetrów, występują w druzach pegmatytów w okolicach Strzegomia oraz koło Jeleniej Góry i Szklarskiej Poręby. W rejonach tych

WŁAŚCIWOŚCI

Układ krystalograficzny: trójskośny
Wykształcenie: kryształy tabliczkowe lub krótkosłupkowe, często zbliźniaczone; skupienia ziarniste i zbite
Twardość: 6–6,5
Gęstość: 2,61–2,63
Barwa: biała lub białokremowa; bywa też szara, żółtawa, brązowa, różowawa, czerwonawa, niebieskawa albo zielonkawa; jego soczysto zielona barwa pochodzi od inkluzji jadeitu; występuje również w odmianie bezbarwnej (**clevelandyt**)
Pleochroizm: brak
Rysa: biała
Połysk: szklisty, tłustawy, niekiedy perłowy
Przezroczystość: przezroczysty do przeświecającego
Współczynniki załamania światła: 1,527–1,538
Dwójłomność: 0,008–0,010
Dyspersja: 0,012
Podatność: kruchy
Łupliwość: doskonała wg (001), bardzo dobra wg (010), niekiedy słaba wg (110)
Przełam: nierówny, muszlowy
Luminescencja: niekiedy (biała lub zielonkawa)
Inne cechy: niekiedy wykazuje cechy optyczne właściwe dla kamieni księżycowych; kryształy odznaczające się błękitnoniebieską poświatą bądź charakterystyczną migotliwością (iryzacja) noszą nazwę **perysteryt**. Wyjątkowo są spotykane okazy wykazujące efekt kociego oka

jest spotykana bezbarwna odmiana albitu – clevelandyt. Ładne okazy albitu są znajdowane też w okolicach Strzelina oraz w Górach Sowich; jest także znany z Gór Izerskich, Rudaw Janowickich, Sudetów Wschodnich i Tatr.

ZNACZENIE I ZASTOSOWANIE

Albit ma znaczenie naukowe i kolekcjonerskie. Niekiedy w formie kaboszonów lub kulistych paciorków jest stosowany w jubilerstwie. Przezroczystym kryształom sporadycznie nadaje się szlif fasetkowy (przeważnie brylantowy). Masa oszlifowanych kamieni rzadko przekracza 3 kr. Stanowi surowiec stosowany w przemyśle ceramicznym.

OLIGOKLAZ

SKALEŃ SODOWO-WAPNIOWY, *Oligoclase*
Minerał z gromady krzemianów, zaliczany do plagioklazów
Glinokrzemian sodu i wapnia, $(Na,Ca)[(Si,Al)_4O_8]$

Nazwa pochodzi od gr. *oligos* (mały, niewiele) oraz *klao* (łamię; *klan* – łamać, *klasis* – łupliwy) i nawiązuje do niezbyt wyraźnie uwidaczniającej się łupliwości tego minerału.

POCHODZENIE

Występuje w wielu skałach magmowych i metamorficznych oraz w niektórych okruchowych. Współwystępuje m.in. z: kwarcem, ortoklazem, mikroklinem i amfibolem.

WYSTĘPOWANIE

Wystąpienia oligoklazu są znane z bardzo wielu lokalizacji na całym świecie. Najpiękniejsze oligoklazowe kamienie słoneczne pochodzą z Norwegii (głównie Tvedestrand), a także Rosji, Kanady, USA, RPA, Kenii i Indii. Oligoklazowy kamień księżycowy o wartości gemmologicznej wydobywany jest w USA.

W Polsce dobrze wykształcone kryształy oligoklazu znane są z pegmatytów Karkonoszy i Gór Sowich. Został stwierdzony w bardzo wielu miejscach na Dolnym Śląsku, znany jest też z Tatr.

ZNACZENIE I ZASTOSOWANIE

Ma znaczenie naukowe oraz kolekcjonerskie. Odmiany o charakterze kamieni słonecznych i kamieni księżycowych znajdują zastosowanie w jubilerstwie. Są szlifowane w formie kaboszonów, paciorków lub tabliczek. Sporadycznie nadaje się im szlif fasetkowy. Waga oszlifowanych okazów oligoklazu zazwyczaj nie przekracza 5 kr. Wykorzystywane są też do wyrobu drobnej galanterii ozdobnej oraz rzeźb. Oligoklaz znajduje zastosowanie jako surowiec ceramiczny

WŁAŚCIWOŚCI

Układ krystalograficzny: trójskośny
Wykształcenie: kryształy tabliczkowe lub krótkosłupkowe, często zbliźniaczone; skupienia ziarniste i zbite
Twardość: 6–6,5
Gęstość: 2,64–2,67
Barwa: biała, szara, szarobrązowa, czerwonobrunatna lub szarozielonkawa; sporadycznie bywa bezbarwny
Pleochroizm: brak
Rysa: biała
Połysk: szklisty, niekiedy perłowy
Przezroczystość: przezroczysty do przeświecającego
Współczynniki załamania światła: 1,542–1,549
Dwójłomność: 0,007–0,008
Dyspersja: brak lub bardzo słaba
Podatność: kruchy
Łupliwość: doskonała wg (001), bardzo dobra wg (010)
Przełam: nierówny, muszlowy
Luminescencja: niekiedy (biała, zielonkawa, czerwonobrązowa)
Inne cechy: niekiedy wykazuje cechy optyczne kamienia słonecznego (**skaleń awenturynowy**), a wyjątkowo kamienia księżycowego.

KAMIEŃ SŁONECZNY

SKALEŃ AWENTURYNOWY, HELIOTYT, *Sunstone* (*Heliolite*)
Minerał z gromady krzemianów zaliczany do grupy skaleni, odmiana ortoklazu, oligoklazu lub labradoru

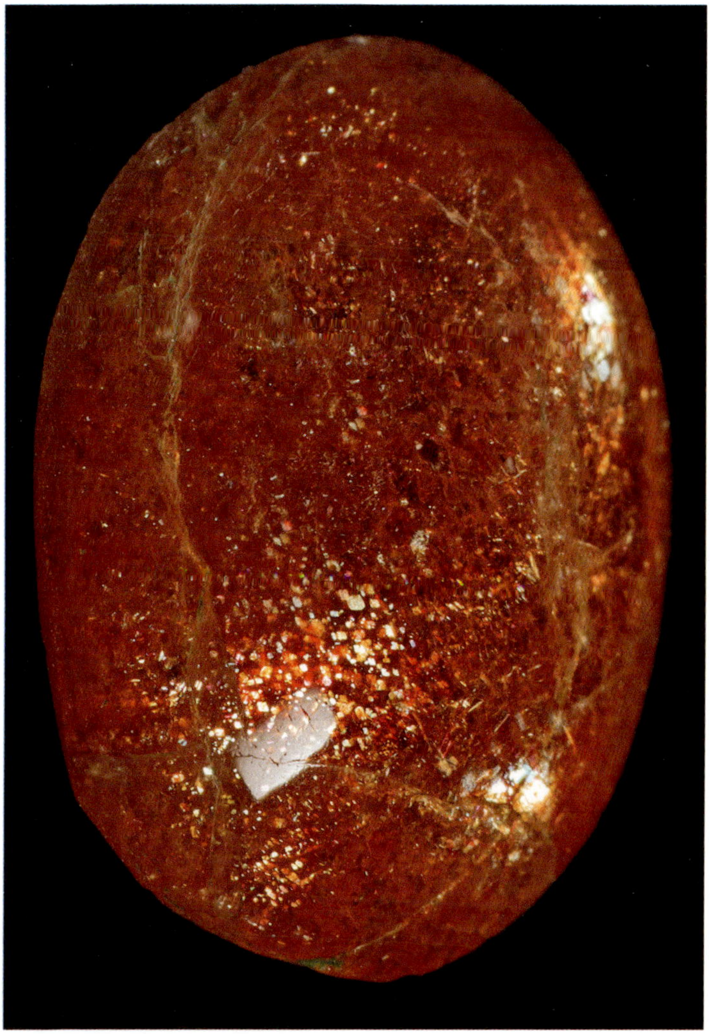

Nazwa nawiązuje do złocistych refleksów i rozbłysków charakterystycznych dla tego kamienia.

WYSTĘPOWANIE

Kamienie słoneczne występują w Norwegii, Rosji, USA, Kanadzie, RPA, Kenii, Indiach i na Madagaskarze.

W Polsce zostały stwierdzone w okolicach Jeleniej Góry (Cieplice), gdzie występują w formie otoczaków w żwirach rzecznych.

ZNACZENIE I ZASTOSOWANIE

Kamienie słoneczne szlifuje się zazwyczaj w formie kaboszonów lub tabliczek. Okazy najwyższej jakości bywają szlifowane fasetkowo; są one bardzo cenne. Służą do wyrobu biżuterii (brosz, naszyjników, wisiorków itp.), drobnej galanterii ozdobnej oraz przedmiotów artystycznych. Kamień słoneczny jest znany od bardzo dawna; bywa znajdowany w grobowcach wikingów, którzy używali go do nawigacji. Indianom północnoamerykańskim służył natomiast do odprawiania obrzędów uzdrowicielskich.

CECHY CHARAKTERYSTYCZNE

Nieprzezroczysta do przeświecające, czerwonobrunatna, brunatnoczerwona i niekiedy złotobrunatna lub pomarańczowa odmiana skalenia wykazująca efekt awenturyzacji. Ujawniają go niektóre plagioklazy (głównie oligoklaz i labrador) i skalenie potasowe (przede wszystkim ortoklaz, sporadycznie sanidyn). Kamień słoneczny odznacza się metalicznymi, migotliwymi refleksami świetlnymi o barwach: czerwonej, pomarańczowej, miedzianozłotej lub żółtawej (złotej), a znacznie rzadziej zielonawej i niebieskawej. Zjawisko to (iryzacja o charakterze schileryzacji) wywołują najczęściej drobne, prawidłowo rozmieszczone łuseczkowe wrostki hematytu, goethytu lub/i lepidokrokitu, a czasami też muskowitu, serycytu bądź biotytu, a nawet miedzi rodzimej.

LABRADOR

SKALEŃ SODOWO-WAPNIOWY, *Labradorite*

Minerał z gromady krzemianów zaliczany do plagioklazów
Glinokrzemian wapnia i sodu, $(Ca,Na)[(Al,Si)_4O_8]$

Nazwa pochodzi od półwyspu Labrador w Kanadzie, gdzie minerał ten pospolicie występuje oraz skąd został po raz pierwszy opisany i nazwany w 1780 r.

POCHODZENIE

Labrador stanowi minerał niektórych zasadowych skał magmowych, takich jak anortozyt oraz labradoryt. Bywa również spotykany w niektórych skałach metamorficznych i okruchowych. Współwystępuje m.in. z: oliwinami, piroksenami, amfibolami, magnetytem, chromitem, ilmenitem, chalkopirytem, pirotynem i pentlandytem.

WYSTĘPOWANIE

Największe złoża labradoru występują w Kanadzie, Finlandii (spektrolit) oraz na Madagaskarze (okazy wykazujące zielonozłotą grę barw i przezroczyste kamienie odznaczające się subtelnymi, niebieskawymi refleksami). Występuje ponadto w Australii, (labradory przeświecające o jasnożółtym i żółtobrunatnym zabarwieniu), Meksyku (okazy przezroczyste), a także USA, Ukrainie, Rosji, na Grenlandii, we Włoszech, Francji i Rumunii.

WŁAŚCIWOŚCI

Układ krystalograficzny: trójskośny
Wykształcenie: kryształy o pokroju słupkowym lub tabliczkowym, tworzące średnio- lub gruboziarniste skupienia; częste zbliźniaczenia
Twardość: 6–6,5
Gęstość: 2,69–2,70
Barwa: ciemnobrązowa lub niemal czarna; znane są też odmiany szare, żółtawe lub bezbarwne
Pleochroizm: brak lub zróżnicowany w zależności od barwy kamienia
Rysa: biała
Połysk: szklisty, tłusty lub perłowy
Przezroczystość: przezroczysty do przeświecającego
Współczynniki załamania światła: 1,559–1,567
Dwójłomność: 0,008–0,010
Dyspersja: 0,012
Podatność: kruchy
Łupliwość: doskonała wg (001) i bardzo dobra wg (010)
Przełam: nierówny, haczykowaty, schodkowy
Luminescencja: zwykle brak, niekiedy żółtawa
Inne cechy: labradoryzacja (iryzacja o charakterze schillerescencji) jaskrawa, migotliwa gra barw w odcieniach: niebieskich, fioletowych, purpurowych, złocistych, złocistożółtych, zielonozłotych, zielonych i czerwonych

W Polsce labrador jest znany z gabr z okolic Nowej Rudy (odznacza się tam niekiedy błękitną migotliwością) oraz Sobótki na Dolnym Śląsku. Piękne okazy wykazujące wspaniałą grę barw o długości do kilkunastu centymetrów zostały stwierdzone w wierceniach w okolicach Suwałk w obrębie anortozytów.

ZNACZENIE I ZASTOSOWANIE

Ma znaczenie naukowe i kolekcjonerskie. Znajduje też zastosowanie w jubilerstwie jako ceniony kamień ozdobny. Okazy wykazujące efekt labradoryzacji są szlifowane w formie kaboszonów, tabliczek lub płytek, natomiast kryształom przezroczystym nadaje się niekiedy szlif fasetkowy. Waga oszlifowanych kamieni wynosi zazwyczaj 10–20 kr, a tylko wyjątkowo osiąga 100 kr. Z labradoru wykonuje się paciorki, broszki, oczka do pierścionków, kamee, puzderka, szkatułki oraz inne dekoracyjne przedmioty. Bywa czasami wykorzystywany jako materiał rzeźbiarski. Szczególnie poszukiwany jest labrador wykazujący pełną paletę tęczowej gry barw, łącznie z barwą czerwoną (spektrolit). Labrador znajduje zastosowanie w przemyśle ceramicznym oraz w budownictwie jako kamień okładzinowy.

SPEKTROLIT

Spectrolite

Minerał z gromady krzemianów zaliczany do grupy skaleni (plagioklazów), odmiana labradoru

Nazwa nawiązuje do pełnego spektrum barwnego obserwowanych efektów świetlnych.

WYSTĘPOWANIE

Występuje w rejonie Lammenpää w Finlandii w pobliżu jeziora Oulujarvi, znany jest też z półwyspu Labrador w Kanadzie.

ZNACZENIE I ZASTOSOWANIE

Spektrolit należy do cenionych kamieni ozdobnych. Jest używany do wyrobu drobnej biżuterii, galanterii ozdobnej oraz rzeźb. Bywa szlifowany w formie kaboszonów, tabliczek bądź płytek.

CECHY CHARAKTERYSTYCZNE

Odmiana labradoru wykazująca wyjątkowo piękną i intensywną, migotliwą grę barw we wszystkich odcieniach tęczy: złocistożółtych, zielonozłotych, zielonych, niebieskich, fioletowych, purpurowych i czerwonych. Zjawisko to stanowi rodzaj iryzacji zwany schillerescencją, która w odniesieniu do labradoru jest określana jako labradoryzacja.

SODALIT

KAMIEŃ NIEBIESKI, *Sodalite*
Minerał z gromady krzemianów
Glinokrzemian sodu, $Na_8[Cl_2/(AlSiO_4)_6]$

Nazwa nawiązuje do składu chemicznego minerału oraz gr. *lithos* (kamień, skała).

POCHODZENIE

Składnik alkalicznych skałach magmowych i skał metamorficznych, gdzie stanowi produkt przeobrażeń kontaktowo-metasomatycznych niektórych wapieni. Współwystępuje m.in. z nefelinem i tytanitem, kalcytem i kwarcem.

WYSTĘPOWANIE

Szczególnie piękne okazy sodalitu znane są przede wszystkim z Indii, Kanady (kryształy o średnicy do 6 cm), USA, Birmy, Boliwii, Brazylii, Kolumbii i Grenlandii (średnica do 10 cm), a także Tadżykistanu, Rosji i Namibii. Wspaniałe, czyste kryształy sodalitu są spotykane w lawach Wezuwiusza koło Neapolu we Włoszech.

ZNACZENIE I ZASTOSOWANIE

Sodalit stanowi ceniony kamień kolekcjonerski, ozdobny i jubilerski, a także poszukiwany materiał rzeźbiarski, dekoracyjny, inkrustacyjny i okładzinowy. Służy do wyrobu galanterii ozdobnej, rzeźb i biżuterii artystycznej. Jest zazwyczaj szlifowany w formie kaboszonów, okrągłych paciorków oraz tabliczek i płytek. Okazom półprzezroczystym lub przeświecającym nadaje się niekiedy szlif fasetkowy (np. brylantowy). Tak obrobione kamienie nie są zbyt wysoko cenione. Półprzezroczyste kryształy, nadające się do tego celu, pochodzą niemal wyłącznie z Namibii, natomiast hackmannit jakości jubilerskiej z Kanady.

WŁAŚCIWOŚCI

Układ krystalograficzny: regularny
Wykształcenie: kryształy izometryczne lub rzadziej krótkosłupkowe, przyjmujące najczęściej postać dwunastościanu rombowego lub jego kombinacji z ośmiościanem i sześcianem; przeważnie skupienia ziarniste, zbite
Twardość: 5,5–6
Gęstość: 2,14–2,40 (2,28)
Barwa: ciemnoniebieska lub fioletowoniebieska z widocznymi białymi bądź niekiedy żółtymi, zielonymi, różowymi lub czerwonymi, nieregularnymi żyłkami i plamami; rzadziej bywa bezbarwny, biały, jasnoniebieski, szary, zielony, żółtawy, jasnoczerwony lub różowy (**hackmannit**)
Pleochroizm: brak
Rysa: biała, białoniebieska
Połysk: szklisty, niekiedy tłusty
Przezroczystość: przeświecający do nieprzezroczystego (sporadycznie bywa przejrzysty)
Współczynniki załamania światła: 1,483–1,487
Dwójłomność: brak
Dyspersja: 0,018
Podatność: kruchy
Łupliwość: niewyraźna wg (110)
Przełam: nierówny, muszlowy
Luminescencja: czasami (pomarańczowa do fioletowej, niekiedy silna żółta)
Inne cechy: bieleje pod wpływem podgrzewania i długotrwałego działania światła

LAZURYT

LAPIS-LAZULI, *Lazurite (Lapis-lazuli)*
Minerał z gromady krzemianów
Zasadowy glinokrzemian sodu i wapnia, $Na_6Ca_2[(SO_4,S,Cl)_2/(OH)_2/(AlSiO_4)_6]$

Nazwa pochodzi od arab. *azul*, *lazaward*, pers. *lazhuward*, łac. *lazulum* (niebieski) i nawiązuje do barwy minerału.

POCHODZENIE

Występuje głównie w skałach metamorficznych, stanowi produkt przeobrażeń kontaktowo-metasomatycznych. Tworzy skały zwane lapis-lazuli; często współwystępuje w nich z kalcytem i pirytem, ponadto mogą mu towarzyszyć: sodalit, haüyn, diopsyd, augit, hornblenda i mika. Bywa też spotykany w formie otoczaków w osadach aluwialnych.

WYSTĘPOWANIE

Surowiec o znaczeniu gemmologicznym pochodzi głównie z Afganistanu, Rosji i Chile. Najwyżej cenione okazy lapis-lazuli pochodzą z prowincji Badachszan w Afganistanie, gdzie eksploatacja tych kamieni jest prowadzona od ok. 6 tys. lat. Wydobywa się tam lite, pojedyncze bloki lapis-lazuli o masie dochodzącej do 110 kg o intensywnie niebieskiej lub ciemnoniebieskiej barwie z fioletowym odcieniem. Duże bloki skały o masie dochodzącej do 60 kg są też pozyskiwane w Rosji (rejon jez. Bajkał) i Uzbekistanie (rejon Buchary). Stamtąd też pochodzą pięknie wykształcone kryształy lazurytu o wielkości dochodzącej do 5 cm. Znane wystąpienia lazurytu znajdują się też w: USA, Kanadzie, Argentynie, Pakistanie, Tadżykistanie, Birmie i we Włoszech.

WŁAŚCIWOŚCI

Układ krystalograficzny: regularny
Wykształcenie: kryształy o pokroju izometrycznym, przyjmujące przeważnie postać ośmiościanów lub dwunastościanów rombowych; najczęściej skupienia drobnoziarniste i masywne
Twardość: 5–6 (5,5)
Gęstość: 2,38–2,45 (lapis-lazuli: 2,7–2,9)
Barwa: intensywnie niebieska, ciemnoniebieska lub granatowa; bywa też fioletowa, purpurowoniebieska, zielononiebieska, a także szara, brunatna i żółtozielona
Pleochroizm: brak
Rysa: jaskrawoniebieska, jasnoniebieska
Połysk: tłusty, rzadziej szklisty albo matowy
Przezroczystość: przeświecający do nieprzezroczystego
Współczynniki załamania światła: 1,500–1,522
Dwójłomność: brak
Dyspersja: brak
Podatność: kruchy
Łupliwość: słabo dostrzegalna wg (110) lub jej brak
Przełam: nierówny, ziarnisty bądź muszlowy
Luminescencja: niekiedy (biała, pomarańczowoczerwona, jasnoróżowa).

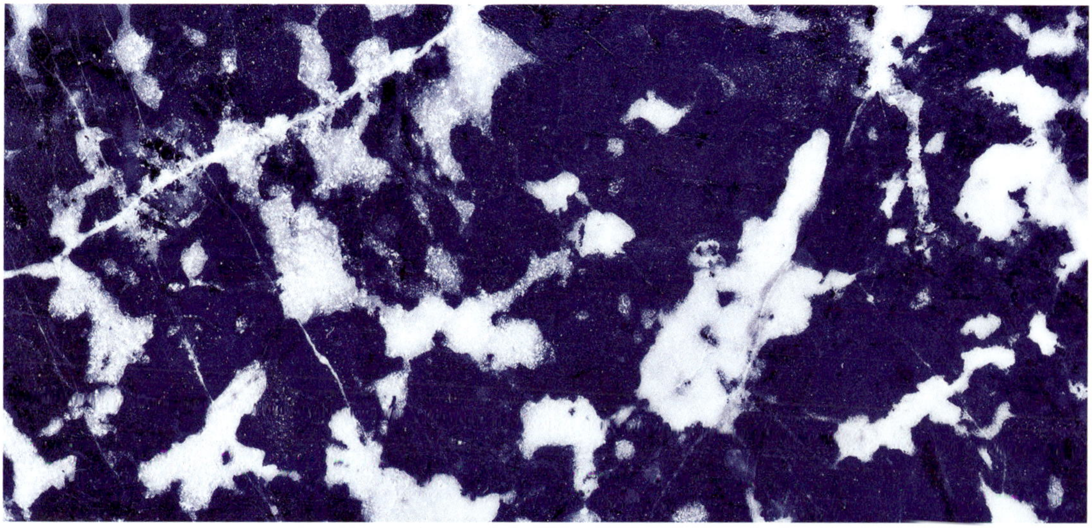

ZNACZENIE I ZASTOSOWANIE

Lazuryt stanowi poszukiwany, bardzo atrakcyjny, wysoko ceniony kamień kolekcjonerski, ozdobny, okładzinowy, dekoracyjny, inkrustacyjny oraz jubilerski. Obróbce poddaje się zazwyczaj nie sam minerał, lecz skałę lapis-lazuli. Służy ona do wyrobu rzeźb, różnych przedmiotów artystycznych oraz drobnej galanterii ozdobnej i użytkowej (m.in. szpile, guziki, wazy, czary, szkatułki, kasetki, popielnice, dzbany, lichtarze itp.). Bywa też używana do wyrobu elementów mebli (np. blatów do stolików), inkrustacji oraz jako kamień okładzinowy i dekoracyjny służący do wykańczania wnętrz niektórych budowli. Wspaniałe wyroby z lapis-lazuli można podziwiać w Sankt Petersburgu w Rosji (głównie Ermitaż oraz Sobór Izaaka), a także we Włoszech (np. Palazzo Pitti we Florencji). Lazuryt (a także lapis-lazuli) znajduje zastosowanie w jubilerstwie do wyrobu artystycznej biżuterii (np. bransolety, naszyjniki, sygnety, pierścionki i in.). Przeważnie nadaje się mu szlif kaboszonowy, kulisty (paciorki), tablicowy lub płytkowy. Półprzezroczyste okazy najwyższej jakości bywają okazjonalnie szlifowane fasetkowo. Lazuryt był niegdyś wykorzystywany do wyrobu niebieskiego pigmentu służącego do produkcji farb (ultramaryny).

SKAPOLITY

Scapolites

Grupa minerałów zaliczana do gromady krzemianów

Glinokrzemiany sodu, $Na_4[(Cl,CO_3,SO_4)/Al_3Si_9O_{24}]$ – marialit, i wapnia $Ca_4[(CO_3,Cl_2,SO_4)/Al_6Si_6O_{24}]$ – mejonit, tworzą szereg izomorficzny: marialit, dipyr, mizzonit, mejonit

Nazwa pochodzi od gr. *skapos* (pręt, słup) i *lithos* (kamień, skała) i nawiązuje do wyglądu kryształów tych minerałów.

POCHODZENIE

Tworzy się w warunkach metamorfizmu regionalnego, kontaktowego i metasomatycznego, bywa spotykany w pegmatytach. Współwystępuje m.in. z: diopsydem, hornblendą, plagioklazami, granatami, epidotem, wezuwianem, kalcytem, kwarcem, muskowitem, apatytem, tytanitem i cyrkonem.

WYSTĘPOWANIE

Największe kryształy o długości dochodzącej do 50 cm są znane z USA. Duże, przezroczyste kryształy o wymiarach 40 x 10 cm są też spotykane w Brazylii. Piękne okazy o długości od kilku do kilkunastu centymetrów pochodzą z: Kanady, Birmy, Rosji, Tadżykistanu, Chin, Madagaskaru, Mozambiku, Tanzanii, Kenii, Szwajcarii, Norwegii i Finlandii.

W Polsce występują w wielu miejscach na Dolnym Śląsku, m.in. w Górach Bialskich, Masywie Śnieżnika, Górach Bardzkich, Krowiarkach, Sudetach Wschodnich, Górach Sowich, Przedgórzu Sudeckim, Rudawach Janowickich, Karkonoszach oraz Kotlinie Jeleniogórskiej.

WŁAŚCIWOŚCI

Układ krystalograficzny: tetragonalny
Wykształcenie: słupy o przekroju kwadratu lub ośmiokąta z podłużnym prążkowaniem; skupienia zbite, włókniste
Twardość: 5–6
Gęstość: 2,57–2,62
Barwa: bezbarwne, moga też być białe, szare, żółte, miodowe, różowe, fioletowe, niebieskofioletowe, niebieskie (**glaukolit**), zielone, zielononiebieskie (**stroganovit**), pomarańczowe, pomarańczowobrunatne, żółtobrunatne, brunatne, purpurowe (**petschyt**)
Pleochroizm: wyraźny, zależny od barwy kryształów skapolitu
Rysa: biała
Połysk: szklisty, perłowy (na powierzchniach łupliwości) i tłusty (na powierzchniach przełamu), jedwabisty (skupienia włókniste)
Przezroczystość: przezroczyste do przeświecających
Współczynniki załamania światła: 1,546–1,579
Dwójłomność: 0,006–0,037 (0,012–0,020)
Dyspersja: 0,017
Podatność: kruchy
Łupliwość: wyraźna wg (100) i (110)
Przełam: nierówny, muszlowy
Luminescencja: silna, zależy od barwy skapolitu (żółta, pomarańczowa, różowa, fioletowa, niebieskoczerwona)
Inne cechy: efekt kociego oka, asteryzm (skapolit gwiaździsty)

ZNACZENIE I ZASTOSOWANIE

Skapolity interesują naukowców oraz należą do wysoko cenionych i poszukiwanych kamieni kolekcjonerskich. Bywają niekiedy wykorzystywane w jubilerstwie do wyrobu bardzo atrakcyjnej biżuterii. Przeważnie nadaje się im szlif fasetkowy (brylantowy, schodkowy), a rzadziej kaboszonowy (kamienie wykazujące optyczny efekt kociego oka lub asteryzmu). Bardzo wysoko są cenione przezroczyste kryształy odznaczające się barwą: złoto- lub cytrynowożółtą, różową, niebieską (glaukolit) bądź purpurową (petschyt). Masa obrobionych kamieni rzadko przekracza 5 kr. Największy oszlifowany kryształ skapolitu (bezbarwny), o masie 288 kr, znajduje się w zbiorach Smithsonian Institution w Waszyngtonie. Tam też jest przechowywany wspaniały (oszlifowany), żółtopomarańczowy kamień z Tanzanii (104,3 kr), a także bezbarwny okaz wykazujący efekt kociego oka pochodzący z Birmy (29,9 kr). Do wyjątkowo rzadkich kamieni należy pochodzący z Tanzanii żółtobrunatny skapolit gwiaździsty.

CZAROIT

CHAROIT, *Charoite*
Minerał z gromady krzemianów
Uwodniony zasadowy krzemian potasu, wapnia, sodu, baru i strontu,
$K_5(Ca,Na,Ba,Sr)_8[(OH,F)/Si_6O_{16}/(Si_6O_{15})_2] \times nH_2O$

Nazwa pochodzi od rzeki Czara (Ałdan, Jakucja) na Syberii w Rosji, gdzie minerał ten został odkryty.

POCHODZENIE

Stanowi produkt metamorfizmu kontaktowo-metasomatycznego. Towarzyszą mu m.in.: egiryn, ekanit, tinaksyt, miseryt, pektolit, tytanit, mikroklin, kwarc, kalcyt, witeryt i stroncjanit.

WŁAŚCIWOŚCI

Układ krystalograficzny: jednoskośny
Wykształcenie: niewielkie kryształy o pokroju krótkosłupkowym; zazwyczaj skupienia ziarniste, zbite o budowie włóknistej, pilśniowej, a także promienistej
Twardość:5–6
Gęstość: 2,40–2,69 (2,54)
Barwa: fioletowa (o różnych odcieniach), liliowa, purpurowa bądź amarantowa; rzadziej białoszara, żółtawa, brunatna lub czarna; przeważnie wykazuje obecność nieregularnych, barwnych plam (białych, żółtych, szarych, brunatnych, brunatnopomarańczowych i czarnych)
Pleochroizm: wyraźny (bezbarwny, różowy)
Rysa: biała
Połysk: szklisty, jedwabisty, woskowy
Przezroczystość: przeświecający do nieprzezroczystego
Współczynniki załamania światła: 1,550–1,559
Dwójłomność: 0,009
Dyspersja: brak
Podatność: kruchy
Łupliwość: niewyraźna (do dobrej) wg (001)
Przełam: nierówny, drzazgowaty, zadziorowaty, ziarnisty
Luminescencja: brak
Inne cechy: niektóre okazy po oszlifowaniu wykazują efekt kociego oka

WYSTĘPOWANIE

Został odkryty w latach 80. XX w. w środkowym biegu rzeki Czara na obszarze masywu muruńskiego w Rosji. Jest to jedyne na świecie miejsce występowania czaroitu o jakości gemmologicznej.

ZNACZENIE I ZASTOSOWANIE

Czaroit ma duże znaczenie naukowe, a także jest bardzo atrakcyjnym, poszukiwanym i wysoko cenionym kamieniem kolekcjonerskim, ozdobnym i jubilerskim. Wyrabiane są z niego ozdobne przedmioty, jak: popielnice, lichtarze, wazy, puchary, czarki, szkatuły, puzdra, breloczki, wisiorki, medaliony, przybory do pisania i in. Czaroit stanowi też doskonały materiał rzeźbiarski. Rzadziej bywa stosowany do wyrobu artystycznej biżuterii. Zwykle nadaje się mu szlif kaboszonowy, kulisty (paciorki do wyrobu naszyjników), tabliczkowy lub płytkowy.

BURSZTYN

JANTAR, AMBER, ELEKTRUM, *Amber*
Substancja pochodzenia organicznego, kopalna żywica
Mieszanina związków organicznych, głównie węglowodorów, kwasu bursztynowego, lotnych olejków oraz niewielkich ilości siarki, wody, a niekiedy też azotu, $C_{10}H_{18}O \times nH_2O$ (węgiel 79%, wodór 11%, tlen 10%)

Nazwa pochodzi od niem. *Bernstein* (*brennender Stein*; płonący kamień), a także od fenickiego *jainitar* (żywica morska).

POCHODZENIE

Stanowi skamieniałą żywicę drzew iglastych i prawdopodobnie liściastych, spotykaną w różnowiekowych osadach od dewonu do czasów współczesnych (kopal). Przeważająca cześć bursztynu występuje w utworach kenezoicznych, w tym również bursztyn bałtycki (sukcynit, łac. *succinum* – sok, żywica drzew); powstał najprawdopodobniej przed 40 mln lat.

WYSTĘPOWANIE

Kopalne żywice spotykane są na wszystkich kontynentach, znanych jest około 100 ich odmian, często określanych odrębnymi nazwami. Bursztyn bałtycki (sukcynit) jest znajdowany w Polsce, Rosji, na Litwie i Łotwie, a także w Dani, Niemczech i Szwecji. Kopalne żywice znane są z większości krajów europejskich, a także Dominikany, Chin, Azji (centralnej, południowo--zachodniej

WŁAŚCIWOŚCI

Układ krystalograficzny: substancja bezpostaciowa (amorficzna)
Wykształcenie: formy naciekowe, stalaktytowe, nerkowate, kuliste, kroplowe, skorupowe oraz impregnacje; najczęściej występuje w postaci brył, bochnów, sopli, płytek i nieregularnych okruchów
Twardość: 2–2,5
Gęstość: 1,03–1,30 (1,05–1,09)
Barwa: żółtawa, złocistożółta, miodowa, pomarańczowa, złocistopomarańczowa, żółtawobrunatna, brunatna, biała (tzw. bursztyn kostny); spotykane są też bursztyny zielone, czerwone, brunatnoczerwone, niebieskie, fioletowe i czarne
Pleochroizm: brak
Rysa: biała
Połysk: woskowy, żywiczny, niekiedy tłusty, szklisty lub matowy
Przezroczystość: przezroczysty do nieprzezroczystego
Współczynniki załamania światła: 1,537–1,545
Dwójłomność: brak
Dyspersja: brak
Podatność: miękki, strugalny
Łupliwość: brak
Przełam: muszlowy lub schodkowy
Luminescencja: niekiedy (żółta, żółtozielona, zielona, pomarańczowożółta, biała, brunatnobiała, niebieskobiała, niebieska)
Inne cechy: zawiera inkluzje gazowe, ciekłe i stałe reprezentowane m.in. przez piryt, markasyt, kwarc i minerały ilaste, a także zwierzęta i rośliny oraz ich szczątki; wykazuje właściwości elektrostatyczne i niekiedy opalescencję; jest łatwopalny

i południowo-wschodniej), Madagaskaru, a także wielu krajów afrykańskich.

ZNACZENIE I ZASTOSOWANIE

Ma duże znaczenie kolekcjonerskie oraz należy do bardzo wysoko cenionych, znanych już od czasów prehistorycznych, kamieni ozdobnych, jubilerskich i leczniczych. Służy do wyrobu drobnej galanterii ozdobnej, przedmiotów artystycznych, rzeźb, kamei, amuletów, różańców, krzyżyków, ustników fajek, a także popularnej biżuterii (naszyjników, pierścionków, wisiorków, bransolet, brosz i in.). Niekiedy nadaje się mu szlif kaboszonowy, płytkowy, rzadziej fasetkowy. Oprawiany bywa w srebro, a ostatnio coraz częściej w złoto. Wykorzystywany jest też często do wyrobu nowoczesnej, artystycznej biżuterii, gdzie łączony jest ze skórą, sznurem, drewnem, szkłem. Z bursztynu bałtyckiego powstała słynna Bursztynowa Komnata wykonana przez gdańskich mistrzów bursztyniarskich, która zaginęła podczas II wojny światowej. Materiał o znaczeniu gemmologicznym pochodzi głównie z krajów nadbałtyckich (tzw. złoto północy) oraz z Dominikany (niebieski, bardzo cenny).

UWAGA

Z małych okruchów bursztynu wyrabiany jest w wyniku tzw. prasowania (podgrzewania i zgniatania) bursztyn rekonstruowany, zwany też **ambroidem**. Jest on mniej cenny od bursztynu naturalnego.

KORAL

Coral

Substancja pochodzenia organicznego wytwarzana przez koralowce (*Anthozoa*)
Węglan wapnia (kalcyt, argonit) $CaCO_3$ (do 90%), węglan magnezu (magnezyt) $MgCO_3$ (do 40%), konchiolina $C_3H_{48}N_2O_{11}$ (ok. 1–4%) oraz fosforany, krzemionka, siarczany (sodu, potasu, wapnia, baru, strontu), chlorki (magnezu, jodu) węglany (baru, strontu), tlenki żelaza (w sumie do 4%)

Nazwa pochodzi od łac. *corallium* (narzędzie służące do połowu muszli), być może wywodzi się od gr. *korallion* (obiekt twardniejący w ręku) oraz od arab. *garal* (amulet, kamień amuletowy).

POCHODZENIE

Koral stanowi budulec szkieletów kolonii osiadłych morskich bezkręgowców z typu parzydełkowców (*Cnidaria*), należących do gromady koralowców (*Anthozoa*). Występują w ciepłych morzach na głębokości od ok. 3 do 200 m. Część z nich tworzy kolonie przyjmujące formę raf koralowych.

WYSTĘPOWANIE

Znane są głównie z przybrzeżnych wód Australii (Wielka Rafa Koralowa), Azji Południowo-Wschodniej, Japonii, Oceanu Indyjskiego, Morza Czerwonego, Morza Śródziemnego i Morza Karaibskiego. Stanowi istotny element wielu wysp na Pacyfiku.

ZNACZENIE I ZASTOSOWANIE

Korale znane są człowiekowi od ponad 25 tys. lat. Początkowo miały znaczenie obrzędowe, kultowe, magiczne i lecznicze. Od kilku tysięcy lat stanowi cenny kamień jubilerski; przeważnie nadaje mu się szlif kulisty (paciorki) lub kaboszonowy. Stosunkowo często bywa oprawiany w formie naturalnej. Służy do wyrobu biżuterii (m.in. na-

WŁAŚCIWOŚCI

Układ krystalograficzny: trygonalny (kalcyt, magnezyt), rombowy (aragonit), substancja bezpostaciowa (konchiolina)
Wykształcenie: formy gałązkowe, krzaczaste
Twardość: 3–4
Gęstość: 2,60–2,70 (korale szlachetne, białe, różowe, czerwone), 1,34–1,36 (korale konchiolinowe, czarne)
Barwa: czerwona, różowa, biała (korale szlachetne *Corallium rubrum*); kremowa, szara, niebieska, fioletowa, purpurowa, a także czarna i złota (korale konchiolinowe, zwane też rogowymi); znane są też odmiany wielobarwne
Pleochroizm: brak
Rysa: biała
Połysk: matowy (surowy koral); woskowy, tłusty do szklistego lub jedwabisty do perłowego (po wypolerowaniu)
Przezroczystość: zazwyczaj nieprzezroczysty, sporadycznie przeświecający
Współczynniki załamana światła: odmiany białe i czerwone: 1,486–1,658
Dwójłomność: 0,160–0,172
Dyspersja: brak
Podatność: duża zwięzłość (spoistość)
Łupliwość: brak
Przełam: drzazgowaty, zadziorowaty, haczykowaty, nierówny, ziarnisty, muszlowy
Luminescencja: słaba (jasnofioletowa do ciemnopurpurowej)
Inne cechy: wykazuje falisto-włóknistą strukturę z charakterystycznymi zagłębieniami po polipach; burzy w zetknięciu z rozcieńczonym kwasem solnym

szyjniki, bransolety, pierścienie, wisiorki, brosze, kolczyki, klipsy i zapinki), a także ozdób (np. kamee, intaglio, figurki). Jest też stosowany do przyozdabiania insygniów władzy, szat liturgicznych oraz różnych przedmiotów artystycznych. Najcenniejszy surowiec jubilerski stanowi koral czerwony (szlachetny), a także korale złote i czarne (konchiolinowe) znane w handlu pod nazwą **akabar** (accarbaar). Bardzo często są oferowane niebieskie lub czerwone, bardzo lekkie tzw. korale piankowe, pochodzące głównie z Filipin; liczne pory są w nich często wypełniane różnymi impregnatami.

UWAGA

Wyjątkowo często są spotykane różnego rodzaju imitacje korali, wykonane m.in. z porcelany, plastiku, szkła, kauczuku, a także innych minerałów (np. chalcedonu. opalu, howlitu lub kalcytu).

PERŁA

Pearl

Substancja pochodzenia organicznego, kulista forma występowania masy perłowej
Węglan wapnia (głównie aragonit) $CaCO_3$ (82–92%), konchiolina $C_{32}H_{48}N_2O_{11}$ (4–14%), woda H_2O (2–4%)

Nazwa pochodzi od łac. *perula* (torebka), *pirula* (gruszka), wywodząc się najprawdopodobniej od łac. *perna* (muszla) i *spherula* (kuleczka). Nawiązuje do pochodzenia i wyglądu perły.

POCHODZENIE

Perły są wytworem mięczaków (*Mollusca*), zwłaszcza pewnych gatunków małży słonowodnych, głównie perłopławów (rodzaj *Pteria* i *Pinctada*) oraz małży słodokowodnych (z rodzajów *Margaritifera*, *Unio* i *Anodonta*) i sporadycznie morskich ślimaków z rodziny słuchotek, nazywanych też uchowcami (*Haliotidae*). Część pereł pochodzi ze specjalnych hodowli (perły hodowlane) zarówno morskich, jak i słodkowodnych małży.

WYSTĘPOWANIE

Naturalne perły słonowodne są znane głównie z Zatoki Perskiej, skąd pochodzi przeważająca część ich światowej produkcji. Pochodzą też z Morza Czerwonego, Morza Czarnego, Oceanu Indyjskiego, a także z Indonezji, Polinezji, Mikronezji, Australii, Filipin, Japonii, Chin oraz Morza Karaibskiego, Zatoki Kalifornijskiej i z wybrzeża Florydy. Perły słodkowodne są pozyskiwane w Chinach, Japonii, Tajlandii, Mongolii, Kanadzie, USA oraz w niektórych krajach europejskich.

W Polsce naturalne perły słodkowodne znajdowano niegdyś w wielu rzekach Dolnego Śląska (Kwisa, Bóbr, Nysa Kłodzka, Nysa Łużycka). Na większą

WŁAŚCIWOŚCI

Układ krystalograficzny: rombowy (aragonit), substancja bezpostaciowa (konchiolina)
Wykształcenie: formy kuliste, półkuliste, jajowate, gruszkowate, kropelkopodobne, sercowate, beczułkowate oraz nieregularne (barokowe)
Twardość: 2,5–4,5 (3–4)
Gęstość: 2,61–2,78 (małży), 2,85 (ślimaków)
Barwa: biała, szara, kremowa, brunatna, czerwona, różowa, żółta, fioletowa, niebieska, zielona, czarna; znane są też perły złote, srebrne i tęczowe
Pleochroizm: brak
Rysa: biała
Połysk: perłowy, tłusty, matowy, rzadziej diamentowy lub metaliczny
Przezroczystość: przeświecająca lub półprzezroczysta, rzadziej przezroczysta
Współczynniki załamania światła: 1,52–1,66 (perły czarne 1,53–1,69)
Dwójłomność: 0,126–0,156
Dyspersja: brak
Podatność: stosunkowo duża zwięzłość (spoistość) i elastyczność
Łupliwość: brak
Przełam: nierówny lub muszlowy
Luminescencja: perły słonowodne – słaba (niebieskawa, żółtawa, różowa,); naturalne perły czarne (czerwonawa); perły słodkowodne – silna (bladozielona)
Inne cechy: duża odporność na czynniki zewnętrzne; specyficzne efekty świetlne wywołane zjawiskami dyfrakcji i interferencji światła: orient – przeważnie punktowa gra barw o różnym stopniu nasycenia barwą różową oraz overton – pojawianie się połyskliwych odcieni różnych barw, przeważnie różowej, niebieskiej, fioletowej, fioletowoczerwonej lub zielonej.

skalę pozyskiwane je z rzeki Kwisy w Górach i na Pogórzu Izerskim, gdzie stanowiły wytwór małża – skójki perłorodnej (*Margaritifera margaritifera*). W tym regionie sporadycznie bywają znajdowane do dnia dzisiejszego.

ZNACZENIE I ZASTOSOWANIE

Perły są znane i wykorzystywane od kilku tysięcy lat. Przez długi czas były uważane za kamień magiczny; używano je podczas obrzędów religijnych, a także służyły do wyrobu amuletów i lekarstw. Stanowią jeden z najcenniejszych kamieni jubilerskich, szeroko stosowany do wyrobu drogocennej biżuterii. Służą do wyrobu wisiorków, kolczyków, brosz, szpil, zapinek, pierścieni, naszyjników, diademów, kolii oraz przyozdabiania insygniów władzy, szat liturgicznych, wykwintnych strojów, a także różnych przedmiotów artystycznych. Duża część tych wyrobów zaliczana jest do najcenniejszych klejnotów. Jedną z największych, znanych naturalnych pereł (perła Hope'a) o długości 5 cm i masie 454 kr (90,8 g) znajduje się w Natural History Museum w Londynie. Aktualnie ponad 90% handlu perłami stanowią perły hodowlane.

MASA PERŁOWA

MACICA PERŁOWA, *Arika (Mother of pearl)*
Substancja pochodzenia organicznego wytwarzana przez niektóre mięczaki (*Mollusca*)
Węglan wapnia (głównie aragonit) $CaCO_3$ (82–92%),
konchiolina $C_{32}H_{48}N_2O_{11}$ (4–14%), woda H_2O (2–4%)

Nazwa nawiązuje do perłowego połysku wewnętrznej warstwy muszli mięczaków.

WYSTĘPOWANIE

Masa perłowa jest znana z obszarów występowania pereł. Amolity pochodzą niemal wyłącznie z Kanady, natomiast *operculum* z okolic Samoa, Australii, Tahiti i Fidżi

ZNACZENIE I ZASTOSOWANIE

Masa perłowa służy do wyrobu bardzo atrakcyjnych brosz, klipsów, kolczyków, wisiorków, kamei, guziczków; niekiedy nadaje się jej szlif kaboszonowy lub kulisty (paciorki do naszyjników). Bardzo często służy do inkrustacji różnych przedmiotów (trzonków noży, ram obrazów, szkatułek); bywa też używana do wyrobu drobnej galanterii ozdobnej i artystycznej.

CECHY CHARAKTERYSTYCZNE

Masa perłowa jest wytwarzana przez niektóre mięczaki, głównie małże, ślimaki i głowonogi; buduje najbardziej wewnętrzną warstwę ich muszli. Stanowi materiał z którego zbudowane są też perły; ma takie same jak one właściwości. Masa perłowa odznacza się różnymi barwami, najczęściej: srebrną, srebrzystobiałą, białą, kremową, szarą i niebieskoszarą, a także wykazuje barwne efekty optyczne (o charakterze iryzacji), mieniąc się różnymi kolorami. Najczęściej używa się masy perłowej perłopławów. Do bardzo atrakcyjnych należy masa perłowa morskiego ślimaka z rodziny uchowców (*Haliotis australis*), ujawniająca podobne efekty barwne jak opal; dlatego też bywa nazywany **opalem morskim**. Wielobarwne efekty, przypominające czarny opal wykazują też amolity (*kority*) stanowiące skamieniałe fragmenty muszli amonitów zbudowane z aragonitu. Cenione są też wieczka muszli (*operculum*), szczególnie ślimaków morskich, mające kształt kopułki z kolistymi wzorami o barwie zielonej, brunatnej i białej.

GAGAT

JET, DŻET, *Gagate (Jet coal)*
Substancja pochodzenia organicznego, bitumiczna odmiana węgla brunatnego (lignitu). Mieszanina węgla i podrzędnie węglowodorów (węgiel 60–75%, wodór 5,3–7,7%, tlen 1%)

Nazwa pochodzi od gr. *lithos gagates* (kamień z Gagas), rzymskiej nazwy miasta i rzeki w starożytnej Licji w Azji Mniejszej (obecnie terytorium Turcji).

POCHODZENIE

Stanowi uwęglone i sprasowane fragmenty drewna (kawałki pni i gałęzi) pochodzące najczęściej z drzew rosnących w jurze (ponad 150 mln lat temu). Występuje w formie nieregularnych gniazd lub węglistych wkładek wśród skał osadowych, często spotykany w obrębie węgla brunatnego.

WYSTĘPOWANIE

Najbardziej znanym na świecie miejscem występowania gagatu jest Whitby w Yorkshire w Anglii (Wielka Brytania). Bywa też znajdowany we Francji, Hiszpanii, Portugalii, Niemczech, Turcji, Indiach, Rosji, Chinach, USA i Kanadzie.

W Polsce jest spotykany w Odrwążu koło Opoczna, a także w okolicach Skarżyska Kamiennej i Ostrowca Świętokrzyskiego.

ZNACZENIE I ZASTOSOWANIE

Ma znaczenie kolekcjonerskie; bardzo często jest używany jako kamień ozdobny, obrabia się go w formie kaboszonów, paciorków, tabliczek lub płytek; okazjonalnie bywa szlifowany fasetkowo (np. szlif rozetowy). Służy do wyrobu drobnej galanterii artystycznej, ozdób, figur, rzeźb, krzyży, medalionów, kamei, guzików oraz żałobnej biżuterii (pierścionków, sygnetów, kolczyków, brosz, wisiorków, bransolet, naszyjników itp.). Jest znany i wykorzystywany od czasów prehistorycznych (neolit).

WŁAŚCIWOŚCI

Układ krystalograficzny: substancja bezpostaciowa (amorficzna)
Wykształcenie: budowa zbita, niekiedy włóknista bądź komórkowa
Twardość: 2,5–4
Gęstość: 1,30–1,35
Pleochroizm: brak
Rysa: czarnobrunatna
Połysk: woskowy, żywiczny, tłusty, aksamitny, niekiedy szklisty
Przezroczystość: nieprzezroczysty, czasami przeświecający
Współczynniki załamania światła: 1,64–1,68 (1,66)
Dwójłomność: brak
Dyspersja: brak
Podatność: miękki i strugalny (nieco kruchy)
Łupliwość: brak
Przełam: muszlowy
Luminescencja: brak
Inne cechy: wykazuje właściwości elektrostatyczne; jest łatwopalny

GRANIT

Granite
Skała magmowa (kwaśna), głębinowa

CECHY CHARAKTERYSTYCZNE

Ma barwę białą, kremową, jasnoszarą lub różowawą, bywa też żółtawy, zielonawy, różowoczerwony lub czerwony (np. granit rapakiwi). Odznacza się nierównym lub ziarnistym przełamem oraz równoziarnistą bądź porfirowatą strukturą; może być drobno-, średnio- lub gruboziarnisty. Zazwyczaj jest skałą bezkierunkową; niekiedy tworzy odmiany kuliste (granit orbikularny). Granitom często towarzyszą aplity, pegmatyty, lamprofiry i żyły mlecznego kwarcu. Zarówno granity, jak i pegmatyty wykazują niekiedy struktury pismowe (granit/pegmatyt napisowy).

Nazwa pochodzi od łac. *granum* (ziarno) i nawiązuje do ziarnistej budowy tej skały.

SKŁAD MINERALNY

Składa się głównie z kwarcu, skaleni potasowych, plagioklazów (oligoklaz) oraz podrzędnie mik (biotyt, muskowit); znane są odmiany zawierające amfibole (głównie hornblendę) i rzadziej pirokseny. Składnikami pobocznymi granitu są m.in.: cyrkon, apatyt, a niekiedy także magnetyt, ilmenit, piryt, allanit, anataz, rutyl i monacyt; natomiast wyjątkowo mogą w nim występować: granaty, turmaliny, topaz i beryl.

POCHODZENIE

Typowy granit powstaje w wyniku krystalizacji magmy, która intrudowała w głębi skorupy ziemskiej. Tworzy różnej wielkości i kształtu ciała o charakterze intruzji, m.in. batolity, pnie magmowe, apofizy i żyły.

WYSTĘPOWANIE

Granity są szeroko rozpowszechnione na całym świecie. W Polsce występują głównie na Dolnym Śląsku (m.in. masywy: Łużyc, Karkonoszy, Strzegomia-Sobótki, Strzelina, Žulovej, Kłodzka-Złotego Stoku, Kudowej), w Tatrach oraz w podłożu Wyżyny Krakowsko-Częstochowskiej, Niziny Śląskiej, Mazur i Suwalszczyzny, gdzie zostały stwierdzone otworami wiertniczymi.

ZNACZENIE I ZASTOSOWANIE

Granity są wykorzystywane jako kamień budowlany, a także materiał okładzinowy, posadzkowy, drogowy oraz nagrobkowy. Niekiedy bywają stosowane jako materiał rzeźbiarski, głównie do budowy pomników (np. monumentalne popiersia czterech prezydentów Stanów Zjednoczonych w Dakocie Południowej w USA). Wykonuje się z nich także drobną galanterię ozdobną, pamiątki oraz różne artystyczne przedmioty użytkowe. Do szczególnie atrakcyjnych, ozdobnych odmian należą granity: rapakiwi, orbikularny (kulisty), napisowy (pismowy) i rumburski (z niebieskimi ziarnami kwarcu, pochodzący z Gór i Pogórza Izerskiego). Z granitami bardzo często związana jest cenna mineralizacja kruszcowa (m.in. molibdenitowa, wolframitowa, kasyterytowa), wykazująca niekiedy charakter złożowy.

RYOLIT

Rhyolite
Skała magmowa (kwaśna) wylewna lub subwulkaniczna

Nazwa pochodzi od gr. *rhyaks* (potok lawowy) i *lithos* (kamień, skała) i nawiązuje do częstej formy występowania tej skały.

SKŁAD MINERALNY

Głównie zbudowany jest z kwarcu, skaleni potasowych i plagioklazów (albit, oligoklaz), a rzadziej biotytu, amfiboli i piroksenów; w niewielkich ilościach może zawierać m.in.: muskowit, apatyt, hematyt, magnetyt, ilmenit i cyrkon.

POCHODZENIE

Najczęściej powstaje w wyniku erupcji kwaśnych law wulkanicznych; czasami tworzy subwulkaniczne intruzje zastygające płytko pod powierzchnią ziemi. Występuje m.in. w formie potoków i pokryw lawowych oraz żył, lakkolitów i lopolitów.

WYSTĘPOWANIE

Jest skałą szeroko rozpowszechnioną na całym świecie. W Polsce występuje w wielu miejscach na Dolnym Śląsku (m.in. Góry i Pogórze Kaczawskie, Góry Wałbrzyskie, Kamienne, Krucze, Sowie); jest znany z okolic Krzeszowic koło Krakowa oraz podłoża Wyżyny Krakowsko-Częstochowskiej, gdzie został stwierdzony wierceniami.

ZNACZENIE I ZASTOSOWANIE

Ozdobne odmiany ryolitu budzą zainteresowanie kolekcjonerów oraz służą do wyrobu drobnej galanterii artystycznej i użytkowej, różnego rodzaju pamiątek, a także taniej biżuterii (wisiorki, brosze, breloczki itp.) Szczególnie piękne okazy ozdobnych ryolitów pochodzą z Australii. Ryolity są wykorzystywane jako kamień drogowy, budowlany i dekoracyjny. Znajdują szerokie zastosowanie w wielu gałęziach przemysłu.

CECHY CHARAKTERYSTYCZNE

Jest skałą jasną w różnych odcieniach; bywa też czerwony, czerwonobrunatny, brunatny, zielony lub niemal czarny (gdy zawiera znaczną ilość szkliwa wulkanicznego). Odznacza się ziarnistym, nierównym lub muszlowym przełamem oraz masywną i często kierunkową budową związaną z płynięciem lawy. Ma strukturę drobnoziarnistą bądź niekiedy szklistą i zazwyczaj porfirową. Niektóre ryolity zawierają geody i buły agatowe.

MOŁDAWIT

WEŁTAWIN, MOLDAVIT, VLTAVIN, *Moldavite*
Szkliwo naturalne (impaktowe), odmiana tektytu

Nazwa pochodzi od rzeki Wełtawy (niem. *Moldau*, czeskie *Vltava*) w Republice Czeskiej, nad którą mołdawity zostały odkryte w 1787 r.

SKŁAD MINERALNY

Szkliwo naturalne (substancja amorficzna) zasobne w krzemionkę (78,8% SiO_2), glinkę (10,6% Al_2O_3) i alkalia (2,6% K_2O, 2,1% CaO, 1,8% MgO); zawiera ponadto niewielkie ilości żelaza, sodu, tytanu i manganu.

POCHODZENIE

Naturalne szkliwo o pochodzeniu impaktytowym, typowe dla tektytów. Uważa się, iż miejscem macierzystym dla tych kamieni jest ogromny krater meteorytowy Ries k. Stuttgartu (Niemcy).

WYSTĘPOWANIE

Są spotykane zarówno na obszarze Czech (około 40 lokalizacji), jak i Moraw (około 15 lokalizacji) w Republice Czeskiej. Bywają sporadycznie znajdowane w okolicy Drezna w Niemczech, a także w Szwajcarii oraz Austrii.

ZNACZENIE I ZASTOSOWANIE

Mają znaczenie naukowe oraz są poszukiwane i wysoko cenione przez kolekcjonerów. Masa kamienie znajdowanych na obszarze Republiki Czeskiej waha się od około 8 do 260 g, a wyjątkowo nawet 300 g (największy znany okaz ważył około 500 g). Mołdawity bywają używane do wyrobu drobnej galanterii ozdobnej oraz biżuterii. Są zazwyczaj oprawiane w stanie naturalnym (w srebro, złoto albo platynę) lub szlifowane fasetkowo, a także w formie paciorków albo kaboszonów. Należą do najcenniejszych czeskich kamieni jubilerskich.

CECHY CHARAKTERYSTYCZNE

Przezroczysta lub przeświecająca odmiana tektytów, odznaczająca się butelkowozieloną, ciemnozieloną lub brunatnozieloną barwą oraz charakterystycznym, pobrużdżonym, rowkowatym lub strzępiastym reliefem. Są kruche; odznaczają się szklistym lub nieco tłustym połyskiem, muszlowym przełamem, twardością od 6 do 6,5 w skali Mohsa oraz gęstością wahającą się w granicach od 2,30 do 2,39 g/cm^3. Topią się w temperaturze około 1300°C. Ich wiek został określony na 14,4–14,9 mln lat.

OBSYDIAN

IZOFIR, *Obsidian*
Skała magmowa (najczęściej kwaśna), wylewna, szkliwo wulkaniczne

Nazwa pochodzi bądź od plemienia Obsius, zamieszkującego niegdyś tereny dzisiejszej Etiopii, bądź (wg Pliniusza Starszego) od Rzymianina Obsiusza, który jako pierwszy odkrył tę skałę.

SKŁAD MINERALNY

Szkliwo wulkaniczne zawierające niekiedy pigment hematytowy, a także mikrolity plagioklazu, sanidynu, leucytu, a niekiedy też innych minerałów (m.in. kwarcu, biotytu i hornblendy).

POCHODZENIE

Stanowi bardzo szybko zestalony produkt wulkanizmu o charakterze lawy wulkanicznej. Szczególnymi formami występowania obsydianu są m.in. **łzy Apacza**, **łzy Pele** (**peleit**) i **włosy Pele** znane z USA

CECHY CHARAKTERYSTYCZNE

Jest substancją bezpostaciową (amorficzną), przezroczystą lub częściej przeświecającą, o silnym szklistym połysku. Odznacza się muszlowym przełamem, białą rysą oraz czarną, brunatną bądź ciemnoszarą barwą; znany jest też obsydian: brunatnożółty, ciemnozielony, oliwkowy, pomarańczowy, czerwony, niebieski, a także purpurowy i złocisty. Rozłożenie barw bywa jednolite albo pasiaste (np. obsydian onyksowy), wstęgowe (np. obsydian falisty) bądź plamiste. Zawiera pęcherzyki gazowe tworzące czasami efekt skrzącej połyskliwości (obsydian połyskliwy). Niektóre inkluzje nadają mu metaliczny odblask, układają się w kształt śnieżnych płatków (obsydian śnieżny) lub wywołują iryzację widoczną w postaci barwnej migotliwości (np. obsydian tęczowy) bądź efektu kociego oka. Odznacza się szklistą oraz fluidalną (z płynięcia) lub rzadziej bezładną budową. Ma twardość 5–6 w skali Mohsa oraz gęstość 2,33–2,43 g/cm^3.

WYSTĘPOWANIE

Jubilerskie odmiany obsydianu pochodzą głównie z: USA, Meksyku, Gwatemali, Ekwadoru, Japonii, Rosji, Gruzji, Armenii, Azerbejdżanu, a także Słowacji.

ZNACZENIE I ZASTOSOWANIE

Najstarsze znalezione przedmioty (narzędzia, broń, rzeźby, ozdoby) wykonane z obsydianu, pochodzą sprzed kilku tysięcy lat z obszaru Mezopotamii. Obsydian był też niezmiernie popularny i ceniony przez Azteków oraz Majów. Służył m.in. do wyrobu grotów strzał, zwierciadeł, masek i kolczyków. Jest kamieniem interesującym dla kolekcjonerów. Bywa używany jako kamień dekoracyjny, ozdobny i jubilerski (szlif fasetkowy, kaboszonowy i kulisty), a także popularny surowiec rzeźbiarski. Do szczególnie cenionych należy obsydian tęczowy, obsydian śnieżny oraz łzy Apacza i łzy Pele. Do bardziej pospolitych odmian obsydianu należą **perlit** i **smołowiec**. Niektóre odmiany obsydianu są stosowane do wyrobu wełny mineralnej.

MARMUR

Marble
Skała metamorficzna

Nazwa pochodzi od gr. *marmoros* (połyskujący).

SKŁAD MINERALNY

Jest skałą niemal monomineralną składającą się głównie z kalcytu i niekiedy dolomitu. Czasami zawiera niewielkie ilości: kwarcu, skaleni, mik, chlorytu, amfiboli, piroksenów, granatów (grossularu, andradytu, hessonitu), epidotu, zoisytu, klinozoisytu, wollastonitu, wezuwianu, brucytu, peryklazu, serpentynu, talku, forsterytu, kordierytu, skapolitów, hematytu i grafitu. Pobocznymi minerałami są m.in.: apatyt, tytanit, cyrkon, piryt i pirotyn.

POCHODZENIE

Przeważnie powstaje wskutek przeobrażenia regionalnych wapieni (tworzy się wtedy marmur kalcytowy) lub dolomitów (marmur dolomitowy), a niekiedy też margli, dzięki czemu mogą tworzyć się odmiany przejściowe do skarnów albo erlanów.

WYSTĘPOWANIE

Najsłynniejsze marmury są znane z Włoch oraz Grecji, a także w Wielkiej Brytanii i USA.

W Polsce występują w wielu miejscach na Dolnym Śląsku; w szczególności w Masywie Śnieżnika, Górach Złotych, Krowiarkach, Rudawach Janowickich i Sudetach Wschodnich. Znane są też z okolic Krzeszowic k. Krakowa.

CECHY CHARAKTERYSTYCZNE

Może mieć barwę: śnieżnobiałą, białą, kremową, żółtawą, szarą, zielonawą, jasnoniebieską, szaroniebieską, fioletową, brunatną, czerwoną, różową, stalową albo czarną. Często bywa wielobarwny. Odznacza się krystaliczną, równoziarnistą (od drobno- do gruboziarnistej) strukturą, jest skałą masywną o budowie bezładnej lub kierunkowej (smużystą, prążkowaną, laminowaną, warstwową, wstęgową, brekcjowatą, fałdową). Jest skałą stosunkowo miękką (ok. 3–4 w skali Mohsa) oraz słabo odporną na warunki atmosferyczne.

ZNACZENIE I ZASTOSOWANIE

Marmury są powszechnie stosowane do celów budowlanych, głównie jako kamień okładzinowy, posadzkowy i dekoracyjny. Służą do wyrobu kolumn, postumentów, urn, ołtarzy, chrzcielnic, nagrobków, sarkofagów, blatów stołowych, kominków oraz drobnej galanterii ozdobnej, pamiątkarskiej i użytkowej. Do szczególnie atrakcyjnych odmian, wysoko cenionych także przez kolekcjonerów, należą wielobarwne marmury: pejzażowy (krajobrazowy) i ruinowy, a także charakteryzujące się pasmową wielobarwnością tzw. marmury onyksowe. Stanowią doskonały, najczęściej używany, materiał rzeźbiarski, np. biały marmur karraryjski z okolic Carrary w Toskanii we Włoszech, uznawany za najpiękniejszy na świecie (używany od czasów antycznych przez najsłynniejszych artystów rzeźbiarzy). Rzadziej bywają stosowane w przemyśle chemicznym oraz do wyrobu wapna.

UWAGA

W handlu marmur onyksowy bywa często niewłaściwie nazywany, w zależności od pochodzenia, **onyksem pakistańskim**, **onyksem meksykańskim** itd.

SERPENTYNIT

Serpentinite
Skała metamorficzna

Nazwa nawiązuje do składu mineralnego tej skały, która zbudowana jest w przewadze z minerałów z grupy serpentynu.

SKŁAD MINERALNY

Składa się głównie z serpentynu (antygorytu, chryzotylu); może też zawierać: lizardyt, garnieryt, tremolit, talk, magnezyt, chromit, magnetyt, tytanit, apatyt, chloryt, dolomit, syderyt, brucyt, grossular, hematyt oraz relikty piroksenów i oliwinów. Często zawiera gęstą sieć żyłek mineralnych złożonych m.in. z chalcedonu, opalu, magnezytu, dolomitu, sepiolitu i in. minerałów.

POCHODZENIE

Stanowi produkt przeobrażeń skał magmowych ultrazasadowych, zasadowych, a niekiedy także niektórych skał metamorficznych (np. amfibolitów) w warunkach przeobrażeń hydrotermalnych. Z serpentynitami często są związane złoża miedzi, żelaza, niklu, azbestu, talku, magnezytu, a także wystąpienia chryzoprazu (oraz innych odmian chalcedonu), opalu, nefrytu i rodingitu.

WYSTĘPOWANIE I ZASTOSOWANIE

Występowanie oraz zastosowanie serpentynitu jest podobne jak serpentynów. Szczególną odmianą serpentynitu jest **żmijowiec**, charakteryzujący się czarnymi cętkami i błyszczącymi żyłkami chryzotylu, który podczas poruszania wykazuje charakterystyczne, przemieszczające się błyski.

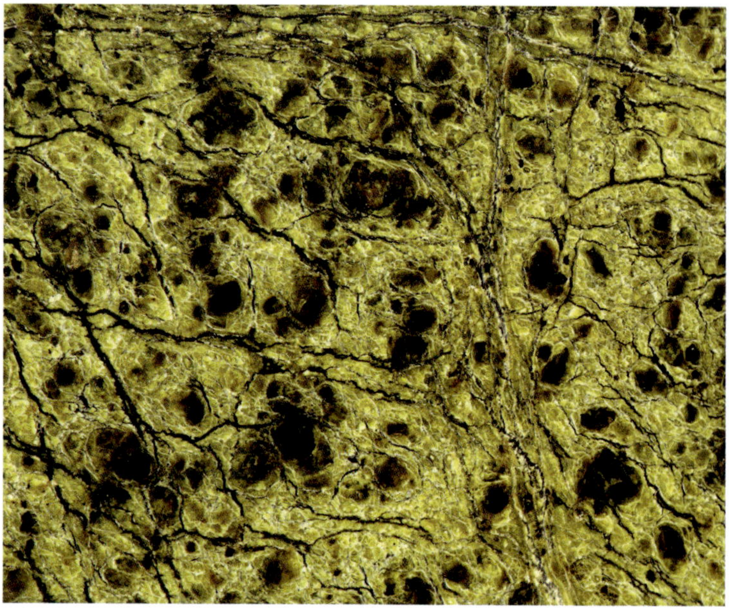

CECHY CHARAKTERYSTYCZNE

Może mieć barwę: jasnozieloną, żółtozieloną, zieloną, zielononiebieską, ciemnozieloną bądź czarnozieloną, z białymi, żółtymi, czerwonymi, brunatnymi lub czarnymi plamami. Odznacza się krystaliczną, drobnoziarnistą do gruboziarnistej, często włóknistą, siatkową lub łuseczkową strukturą. Jest skałą masywną o budowie bezładnej lub kierunkowej (laminowanej, łupkowej).

UNAKIT

Unakite
Skała metamorficzna

Nazwa pochodzi od Unaka Range w Karolinie Północnej (USA), gdzie występuje i została po raz pierwszy pozyskana.

SKŁAD MINERALNY

Unakit jest zbudowany głównie z epidotu, ortoklazu i kwarcu, a podrzędnie: magnetytu, apatytu, cyrkonu, a także hematytu i tlenków manganu.

POCHODZENIE

Powstaje w wyniku dynamicznych oraz hydrotermalnych przeobrażeń granitów i rzadziej syenitów.

WYSTĘPOWANIE

Jest znany głównie z USA; w mniejszych ilościach występuje w: Indiach, Birmie, Rosji, Australii, Japonii, Egipcie, Zimbabwe, Mozambiku, Kanadzie, Meksyku, Brazylii, Irlandii, Finlandii, Austrii, Francji, Dani (Grenlandia) oraz we Włoszech.

ZNACZENIE I ZASTOSOWANIE

Unakit jest poszukiwany przez kolekcjonerów oraz wykorzystywany jako kamień ozdobny. Materiał odpowiedniej jakości pochodzi głównie z USA oraz Indii. Jest stosowany do wyrobu galanterii ozdobnej, rzeźb, przedmiotów pamiątkarskich i użytkowych, a także oryginalnej artystycznej biżuterii. Zazwyczaj nadaje się mu szlif kaboszonowy, a także obrabia w formie paciorków (do wyrobu naszyjników i bransolet), płytek oraz bębniaków.

CECHY CHARAKTERYSTYCZNE

Ma barwę zieloną z różowymi lub czerwonymi nieregularnymi plamami. Niekiedy zawiera też plamy szare, żółtawe oraz charakterystyczne, rozgałęziające się ciemne żyłki. Znane są odmiany niemal całkowicie zielone (zawierające powyżej 50% epidotu), a także różowe (przewaga skalenia) lub szarobiałe (przewaga kwarcu). Jest skałą zwięzłą (spoistą), twardą (6–7 w skali Mohsa), nieprzezroczystą, o nierównym lub ziarnistym przełamie, matowym (po wypolerowaniu szklistym lub tłustym) połysku i gęstości ok. 2,8–3,2 g/cm^3. Odznacza się masywną i bezładną oraz drobno- albo średnioziarnistą strukturą.

NEFRYT

Nephrite (Jade)
Skała metamorficzna

Nazwa pochodzi od gr. *nephros* (nerka), gdyż w przeszłości powszechnie wierzono, iż kamień ten odznacza się szczególnymi właściwościami leczniczymi (kamień nerkowy).

SKŁAD MINERALNY

Nefryt jest zbudowany niemal wyłącznie ze ściśle ze sobą pozazębianych, spilśnionych, skrytokrystalicznych włókien aktynolitu lub rzadziej tremolitu; podrzędnie zawiera czasami: chromit, zoisyt, diopsyt, magnetyt, a także inne minerały.

POCHODZENIE

Stanowi produkt skomplikowanych procesów metamorficznych obejmujących przeważnie różne ultrazasadowe skały magmowe; zazwyczaj występuje w towarzystwie serpentynitów.

WYSTĘPOWANIE

Jest znany głównie z Chin, Rosji, Kazachstanu, Tajwanu, Nowej Gwinei, Australii, Nowej Zelandii, Nowej Kaledonii, Birmy, Kanady, USA, Brazylii, Meksyku i Zimbabwe. W Europie występuje przede wszystkim we Włoszech, Finlandii, Niemczech, Szwajcarii oraz Polsce (głównie Jordanów, a także Gogołów, Nasławice i Złoty Stok na Dolnym Śląsku).

ZNACZENIE I ZASTOSOWANIE

Jest znany i wykorzystywany od czasów prehistorycznych; służył niegdyś do wyrobu: broni, narzędzi, ozdób, rzeźb, amuletów i lekarstw (łac. *lapis nephriticus*). Do najwyżej cenionych należą przeświecające nefryty pochodzące z Nowej

CECHY CHARAKTERYSTYCZNE

Jest skałą zbitą, nieprzezroczystą (niekiedy przeświecającą), przeważnie zieloną w różnych odcieniach (jasnozieloną, trawiastozieloną, szpinakowozieloną, żółtozieloną, szmaragdowozieloną, ciemnozieloną, czarnozieloną); bywa także: szarobiały, mlecznobiały, kremowobeżowy, żółtawy, szarobrunatny, czarny i wyjątkowo czerwony. Jego barwa może być jednolita bądź smugowana, cętkowana, plamista albo marmurkowa. Niektóre odmiany wykazują charakterystyczne żyłkowanie oraz (po oszlifowaniu) optyczny efekt kociego oka. Gęstość nefrytu waha się zazwyczaj w granicach od 2,92 do 3,06 g/cm^3. Odznacza się swoistym wilgotno-tłustym bądź woskowym połyskiem, stosunkowo dużą twardością (5,5–6,5 w skali Mohsa), zadziorowatym lub nierównym przełamem i legendarną zwięzłością (spójnością). Do zgniecenia tej skały potrzebny jest bowiem nacisk większy niż 7 t/cm^2, podczas gdy do zgniecenia stali potrzeba tylko 4 t/cm^2, a granitu – 2,5 t/cm^2.

Zelandii i Chin. Duże okazy tej skały stanowią ozdobę wielu zbiorów muzealnych, np. w Metropolitan Museum w Nowym Jorku znajduje się bryła nefrytu ważąca 2140 kg (pochodzi ona z Jordanowa Śląskiego w Polsce, skąd została wywieziona w 1899 r.), natomiast w British Museum w Londynie blok o masie 524,5 kg. Stanowi poszukiwany kamień ozdobny, służący do wyrobu wielu artystycznych przedmiotów pamiątkarskich i użytkowych (niekiedy znacznych rozmiarów), rzeźb oraz popularnej biżuterii (brosze, wisiorki, kolczyki, bransolety, naszyjniki, zapinki, oczka do pierścionków itp.). Przeważnie nadaje się mu szlif kaboszonowy oraz obrabia w formie paciorków lub płytek. Wysoko cenione są kamienie wykazujące optyczny efekt kociego oka, pochodzące głównie z Tajwanu, Alaski i Jordanii. Do najsłynniejszych wyrobów z nefrytu należą: grobowiec Tamerlana w mauzoleum Gur-Emir w Samarkandzie (Uzbekistan), bukiet chryzantem przechowywany w cesarskim skarbcu w pałacu w Pekinie (Chiny) oraz rzeźba ślimaka wykonana przez słynnego rosyjskiego jubilera Petera Carla Fabergé (1846–1920), wspaniale oddająca tłusto-wilgotny połysk tego mięczaka.

JASPIS

Jasper
Skała osadowa, niekiedy wulkanogeniczna lub metamorficzna

Nazwa pochodzi od gr. *jaspis* (nakrapiany, cętkowany), wywodząc się prawdopodobnie od asyryjskiego *ashpu* bądź perskiego *jashp* oznaczających cętkowany albo płomienisty.

SKŁAD MINERALNY

Składa się prawie wyłącznie z chalcedonu oraz skryto- lub drobnokrystalicznego kwarcu (SiO_2 80–90%). Podrzędnie zawiera różne minerały spełniające rolę domieszek barwiących; są to przede wszystkim tlenki i wodorotlenki żelaza (hematyt, goethyt, a czasami też magnetyt) oraz manganu (głównie manganit i psylomelan), a także m.in.: chloryty, aktynolit, epidot, zoisyt. W niektórych jaspisach stwierdzono również: węglany (np. kalcyt, dolomit i syderyt), miki, minerały ilaste, granaty, pirokseny, skalenie, substancję organiczną, opal oraz szczątki radiolarii (promienic), gąbek i okrzemek.

POCHODZENIE

Bywa spotykany wśród skał wulkanicznych, metamorficznych oraz osadowych, tworząc: żyły, soczewy, naskorupienia, pokłady, konkrecje, wypełnienia migdałowców (w melafirach), także formy nerkowate i naciekowe, Niekiedy towarzyszy mu karneol, sard, agat i inne odmiany chalcedonu. Często występuje w formie otoczaków w osadach aluwialnych i lodowcowych.

WYSTĘPOWANIE

Znany jest przede wszystkim z: Rosji, Mongolii, Indii, Afganistanu, Armenii, Gruzji, Kazachstanu, Chin, USA, Meksyku, Wenezueli, Urugwaju, Nikaragui, Brazylii, Libii, Egiptu, RPA, Ugandy, Madagaskaru, Australii, Grenlandii, Niemiec, Włoch, Francji, Wielkiej Brytanii, Republiki Czeskiej, Ukrainy, Finlandii i Cypru.

W Polsce występuje głównie w Świerkach koło Nowej Rudy, gdzie tworzy pokłady o miąższo-

CECHY CHARAKTERYSTYCZNE

Jest skałą twardą (6,5–7 w skali Mohsa), zwięzłą, nieprzezroczystą (wyjątkowo przeświecającą), o równym, gładkim bądź zadziorowatym, nierównym, a czasami muszlowym przełamie. Wykazuje matowy, tłusty, szklisty lub woskowy połysk; jej gęstość wynosi najczęściej 2,59–2,61 g/cm^3. Odznacza się zazwyczaj skrytokrystaliczną, a rzadziej drobnokrystaliczną strukturą; jest skałą masywną o budowie bezładnej lub kierunkowej. Może mieć barwę: czerwonobrunatną, czerwoną, wiśniową, żółtą, pomarańczową lub brunatną, a rzadziej: zieloną, różową, niebieską, fioletową, białą albo czarną. Tworzy zarówno odmiany jedno-, jak i wielobarwne, m.in.: pasiaste, wstęgowe, smużyste, plamiste, łaciate, cętkowane, żyłkowe, marmurkowe, brekcjowate, kuliste i pstre. Niekiedy wykazują rysunek przypominający różne krajobrazy, kwiaty, budowle i ich ruiny, a także: skórę zebry, leoparda, tygrysa bądź umaszczenie psa dalmatyńczyka. Noszą one handlowe/zwyczajowe nazwy nawiązujące do barwy i wzorów charakterystycznych dla danej odmiany. Ze względu na często pojawiającą się czerwoną (krwistą) barwę, był określany niegdyś przez plemiona germańskie nazwą Krew Izydy.

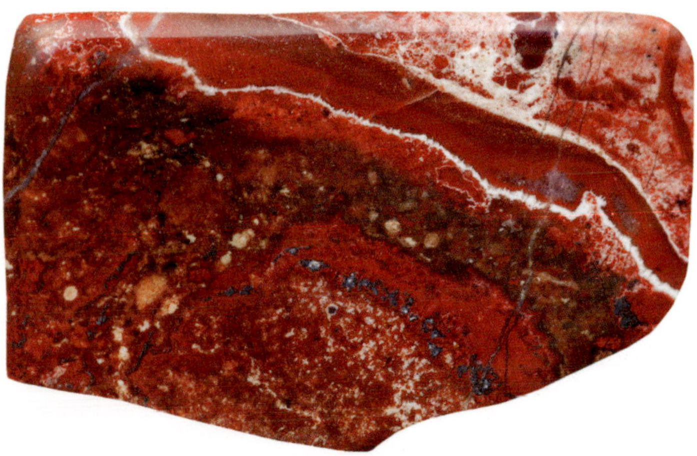

ści dochodzącej do 1,8 m wśród permskich melafirów. Znany jest też z okolic: Wlenia, Marciszowa i Dobromierza w Sudetach, Krzeszowic (Małopolska), a także z rejonu Wadowic (Karpaty) oraz z kopalni Bobrowniki-Blachówka (Górny Śląsk).

ZNACZENIE I ZASTOSOWANIE

Jaspisy należą do najpopularniejszych kamieni ozdobnych i jubilerskich znanych i wykorzystywanych już w starożytności (np. kamień nilowy). Atrakcyjne odmiany są poszukiwane i wysoko cenione przez kolekcjonerów, należą do nich m.in. jaspisy: czerwony, krajobrazowy (pejzażowy), ruinowy, orbikularny (kulisty), Kalahari, leopardzi, zebra, porcelanowy (porcelanit) i brekcjowaty. Szczególną odmianą jaspisu, pochodzącą głównie z Australii, Afryki Południowej i USA, jest **mookait**, odznaczający się wyjątkową zmiennością barw, zaznaczających się częstokroć nawet w ramach jednego okazu (od miodowożółtych, poprzez żółtobrunatne do brunatnych, brunatnoczerwonych a nawet czerwonofioletowych). Jaspisy znajdują szerokie zastosowanie w jubilerstwie m.in. do wyrobu pierścionków, kolczyków, wisiorków, brosz, naszyjników, bransolet i spinek. Zazwyczaj nadaje się im szlif kaboszonowy, tablicowy lub kulisty (paciorki) lub obrabia w formie bębniaków; są też wykorzystywane jako kamienie ozdobne do wyrobu różnych przedmiotów artystycznych, pamiątkarskich i użytkowych. (np. rzeźb, talerzy, misek, dzbanków, pucharów, waz, lichtarzy, świeczników, puzderek, przycisków, noży do papieru, tarcz zegarów, uchwytów do mebli i in.). Bywają ponadto stosowane jako kamień okładzinowy, a także wyrabia się z nich blaty stołów, mozaiki i inkrustacje. Wyjątkowo bogata kolekcja różnych artystycznych przedmiotów wykonanych z jaspisu znajduje się w Ermitażu w Sankt Petersburgu w Rosji. Wspaniałe dekoracje wykonane z tego kamienia można podziwiać też w słynnej kaplicy Św. Katarzyny koło Pragi (Karlštein) w Republice Czeskiej.

SKAMIENIAŁE DREWNO

SKRZEMIENIAŁE, ZSILIFIKOWANE DREWNO, *Petrified wood (Silicified wood)*
Skała osadowa, krzemionkowa

CECHY CHARAKTERYSTYCZNE

Zazwyczaj wykazuje dobrze zachowaną pierwotną strukturę drewna w postaci różnobarwnych pierścieni będących śladami wcześniejszych słojów. Może mieć barwę: szarą, białą, jasnożółtą, żółtobrunatną, brunatną, brunatnoczerwoną, czerwoną, czarną, a czasami niebieskawą lub pomarańczową. Często bywa wielokolorowe. Jest skałą twardą (5,5–7 w skali Mohsa), nieprzezroczystą (rzadziej przeświecającą), o szklistym lub tłustym połysku, białej, szarej, szarożółtawej lub szarobrązowej rysie i nierównym, muszlowym bądź haczykowatym przełamie. Odznacza się masywną, skrytokrystaliczną i rzadziej amorficzną (opal) budową.

Nazwa nawiązuje do pochodzenia tej skały.

SKŁAD MINERALNY

Minerały z grupy krzemionki: gównie opal (opal drzewny), a także chalcedon i niekiedy kwarc; często zawiera też niewielkie ilości hematytu, goethytu, związków manganu i substancji węglistej, a niekiedy też pirytu i fosforanu wapnia.

POCHODZENIE

Powstaje przeważnie w wyniku skwarcowania lub zopalizowania pni oraz gałęzi drzew, a sporadycznie też innych roślin, np. bambusa (**tabasheer**), których tkanki zostają zastąpione przez minerały z grupy krzemionki.

WYSTĘPOWANIE

Znane jest przede wszystkim z USA i Madagaskaru, a także z Kanady, Meksyku, Argentyny, Rosji, Gruzji, Armenii, Kazachstanu, Mongolii, Ukrainy, Grecji oraz Słowacji.

W Polsce zostało stwierdzone m.in. na Ziemi Lubuskiej, Kielecczyźnie, Roztoczu, na Górnym Śląsku oraz w okolicach Nowej Rudy i Wałbrzycha w Sudetach.

ZNACZENIE I ZASTOSOWANIE

Ma znaczenie naukowe oraz stanowi bardzo atrakcyjny, poszukiwany kamień kolekcjonerski. Zazwyczaj bywa eksponowane w postaci wypolerowanych plastrów, których średnica wynosi od kilku do kilkudziesięciu centymetrów, a wyjątkowo przekracza nawet 1 m. W Parku Narodowym Skamieniały Las (Petrified Forest NP) w stanie Arizona w USA znajdują się pnie skrzemieniałych drzew o średnicy 3 m i długości dochodzącej do 65 m. Skamieniałe drewno jest cenionym kamieniem dekoracyjnym i ozdobnym. Stosuje się je do wyrobu galanterii ozdobnej, a także różnych przedmiotów pamiątkowych i użytkowych (np. blatów stolików, tarcz zegarków itp.); bywa wykorzystywane jako materiał rzeźbiarski oraz do wyrobu oryginalnej, artystycznej biżuterii.

KRZEMIEŃ PASIASTY

Banded flint

Skała osadowa, krzemionkowa, odmiana krzemienia

Nazwa nawiązuje do charakterystycznego wyglądu tej skały.

SKŁAD MINERALNY

Składa się głównie z chalcedonu i kwarcu i niekiedy też opalu (SiO_2 – 98,93%) oraz podrzędnie m.in. hematytu, goethytu, pirytu i kalcytu.

POCHODZENIE

Tworzy się w obrębie skał węglanowych zarówno podczas ich sedymentacji, jak i później, w warunkach diagenezy.

WYSTĘPOWANIE

Krzemienie pasiaste przydatne w jubilerstwie i zdobnictwie występują w wielu krajach, lecz do najbardziej unikatowych i najpiękniejszych należą okazy pochodzące z Polski. Krzemień pasiasty był już wydobywany w neolicie w najstarszej na świecie kopalni podziemnej w Krzemionkach Opatowskich k. Ostrowca Świętokrzyskiego (Wyżyna Kielecko-Sandomierska), gdzie występuje wśród wapieni jury górnej. Jego wystąpienia znane są też z innych odsłonięć zlokalizowanych na obszarze północno-wschodniego obrzeżenia Gór Świętokrzyskich.

ZNACZENIE I ZASTOSOWANIE

Jest stosowany do wyrobu ozdobnych przedmiotów użytkowych (m.in. popielniczki, przyciski, noże do papieru), a także artystycznej biżuterii (wisiorki, brosze, naszyjniki, bransolety). Niegdyś służył do wyrobu narzędzi i broni.

CECHY CHARAKTERYSTYCZNE

Odmiana krzemienia, odznaczająca się pasiastym, a także koncentrycznym, mniej lub bardziej regularnym ułożeniem ciemnych (szarych, brunatnych) i jasnych (beżowych, kremowych, białoszarych) smug lub warstewek, tworzących często bardzo atrakcyjne wzory. Jest skałą nieprzezroczystą (niekiedy przeświecającą), bardzo zwięzłą i masywną, o budowie skrytokrystalicznej lub drobnoziarnistej. Odznacza się muszlowym przełamem, znaczną twardością (6–7 w skali Mohsa) oraz typową dla kwarcu gęstością (2,47–2,70 g/cm^3). Tworzy konkrecje o formie kulistej, bulastej, bochenkowatej, soczewkowatej, występujące w wapieniach i marglach.

ALABASTER

Alabaster
Skała osadowa, chemiczna, złożona głównie z gipsu

Nazwa pochodzi od miasta Alabastros w starożytnej Grecji (obecnie Egipt), gdzie kamień ten był pozyskiwany; gr. *Alabastrites lithos* (alabastrowy kamień, skała).

SKŁAD MINERALNY

Niemal monomineralna skała zbudowana z drobnoziarnistego gipsu.

POCHODZENIE

Tworzy się głównie w wyniku odparowania (ewaporacji) wody morskiej lub jeziornej, przeważnie w klimacie gorącym i suchym.

WYSTĘPOWANIE

Piękny alabaster rzeźbiarski pochodzi przede wszystkim z Włoch. Znany jest też m.in. z: Chin, Kazachstanu, Rosji, USA, Kanady, Meksyku, Chile, Maroka, Algierii, Tunezji, a także Wielkiej Brytanii, Niemiec, Francji, Rumunii, Austrii oraz Egiptu.

W Polsce występuje koło Kańczugi na Podkarpaciu, a także w rejonie Lwówka Śląskiego i Lubania na Pogórzu Kaczawskim w Sudetach.

ZNACZENIE I ZASTOSOWANIE

Jest wysoko cenionym kamieniem ozdobnym i dekoracyjnym. Stanowi doskonały surowiec rzeźbiarski. Jest też interesujący dla kolekcjonerów. Służy do wyrobu waz, amfor, pucharów, wazonów, szkatułek, puzder, tacek, świeczników, popielnic, a także rzeźb figuralnych. Bywa też używany jako dekoracyjny kamień okładzinowy.

CECHY CHARAKTERYSTYCZNE

Jest skałą zbitą, drobnoziarnistą, dobrze przeświecającą, białą lub delikatnie zabarwioną na żółtawo, zielonkawo, różowawo, czerwonawo, brunatno i rzadziej niebieskawo.

INDEKS NAZW POLSKICH

INDEKS NAZW ANGIELSKICH

BIBLIOGRAFIA

Bałchanowski S., Hutnik R., Piątek E., Sachanbiński M., Wierski J., 1981. *Zbieramy kamienie ozdobne*. Wydawnictwa Geologiczne, Warszawa.

Błaszkowski K., 1987. *O szlachetnych kryształach*. Instytut Wydawniczy Nasza Księgarnia, Warszawa.

Bogdański J., 2001. *Agaty Gór Kaczawskich*. MULTICO Oficyna Wydawnicza, Warszawa.

Bogdański J., Praszkier T., Siuda R., 2009. *Agaty z Płóczek Górnych*. Wydawca: Gmina i Miasto Lwówek Śląski, Lwówek Śląski.

Bolewski A., Manecki A., 1993. *Mineralogia szczegółowa*. Wydawnictwo Polskiej Agencji Ekologicznej, Warszawa.

Bolewski A., Parachoniak W., 1982. *Petrografia* (wydanie drugie). Wydawnictwa Geologiczne, Warszawa.

Boliński K., 1988. *Obróbka kamieni jubilerskich i ozdobnych*. Biuro Wydawnictw Handlu Wewnętrznego i Usług „Libra", Warszawa.

Cavey Ch., 1993. *Klejnoty – fakty i mity*. Wydawnictwo Elipsa, Warszawa.

Ďudá R., Rejl L., 1998. *Kamienie szlachetne – przewodnik*. MULTICO Oficyna Wydawnicza, Warszawa.

Fyson N., 1996. *Klejnoty Świata*. Wydawnictwo Świat Książki, Warszawa.

Grabowska J., 1983. *Polski bursztyn*. Wydawnictwo Interpress, Warszawa.

Gradowski M., 1984. *Dawne złotnictwo – technika i terminologia*. Państwowe Wydawnictwo Naukowe, Warszawa.

Grodzicki A., 1981. *Informator dla amatora – poszukiwacza złota, kamieni szlachetnych i ozdobnych*. Wydawca: Wojewódzkie Przedsiębiorstwo Gospodarki Turystycznej „Karkonosze", Jelenia Góra.

Gübelin E., Erni F. X., 2001. *Kamienie szlachetne – symbole piękna i władzy*. Wydawnictwo Arkady, Warszawa.

Gucwa I., Pelczar A., 1986. *Minerały polskich Karpat*. Wydawnictwa Geologiczne, Warszawa.

Hall C., 1993. *Kamienie szlachetne i ozdobne – zwięzły opis i identyfikacja*. Wydawnictwo Elipsa, Warszawa.

Hall C., 1996. *Klejnoty – kamienie szlachetne i ozdobne*. Wydawnictwo Wiedza i Życie, Warszawa.

Heflik W., 1974. *Nefryt*. Państwowe Wydawnictwo Naukowe, Warszawa–Kraków.

Heflik W., 1989. *Kamienie ozdobne Polski* (wydanie drugie). Wydawnictwa Geologiczne, Warszawa.

Heflik W., Mrożek A., Natkaniec-Nowak L., Szczepanowicz B., 2005. *Atlas biblijnych kamieni szlachetnych i ozdobnych. Pochodzenie, miejsce w biblii i symbolika*. Wydawnictwo WAW, Kraków.

Heflik W., Natkaniec-Nowak L., 1996. *Gemmologia, czyli nauka o kamieniach szlachetnych i ozdobnych*. Wydawnictwo Antykwa, Kraków.

Heflik W., Natkaniec-Nowak L., 1996. *Kamienie szlachetne i ozdobne Polski, cz. 1*. Uczelniane Wydawnictwa Naukowo-Dydaktyczne Akademii Górniczo-Hutniczej, Kraków.

Heflik W., Natkaniec-Nowak L., 1998. *Minerały Polski*. Wydawnictwo Antykwa, Kraków.

Heflik W., Natkaniec-Nowak L., 2011. *Gemmologia* (wydanie drugie). Wydawnictwo Antykwa, Kraków.

Hill D., 2010. *Atlas kamieni użytkowych*. Wydawnictwo RM, Warszawa.

Hochleitner R., 1995. *Kamienie szlachetne i ozdobne – encyklopedia kieszonkowa*. Wydawnictwo Muza, Warszawa.

Hochleitner R., 2010. *Minerały, kamienie szlachetne i skały*. MULTICO Oficyna Wydawnicza, Warszawa.

Hochleitner R., 2013. *Atlas kamieni szlachetnych*. Wydawnictwo RM, Warszawa.

Hutnik R., Piątek E., Wierski J., Sachanbiński M., 1984. *Vademecum zbieracza kamieni szlachetnych i ozdobnych*. Wydawnictwa Geologiczne, Warszawa.

Janeczek J., Kozłowski K., Żaba J., 1991. *Zbieramy minerały i skały – przewodnik po Dolnym Śląsku* (pod red. J. Żaby). Wydawnictwa Geologiczne, Warszawa.

Juroszek Cz., Maślankiewicz K., Janusz Cz., Urbaniak R., 1984. *Znawca kamieni szlachetnych i wyrobów jubilerskich*. Związek Zakładów Doskonalenia Zawodowego, Warszawa.

Kinle J., 1988. *Metody badań kamieni szlachetnych*. Biuro Wydawnictw Handlu Wewnętrznego i Usług „Libra", Warszawa.

Kołaczkowski M., 1961. *Kamienie i klejnoty*. Państwowe Wydawnictwo Naukowe, Warszawa.

Kosmowska-Ceranowicz B., Konart T., 1989. *Tajemnice bursztynu*. Wydawnictwo Sport i Turystyka, Warszawa.

Kosmowska-Ceranowicz B., Pietrzak T., 1982. *Znaleziska i dawne kopalnie bursztynu w Polsce*. Wydawnictwa Geologiczne, Warszawa.

Kurlus T., 1976. *Kamienie szlachetne*. Krajowa Agencja Wydawnicza. Warszawa.

Lis J., Sylwestrzak H., 1986. *Minerały Dolnego Śląska*. Wydawnictwa Geologiczne, Warszawa.

Łapot W., 1999. *Gemmologia ogólna*. Wydawnictwo Uniwersytetu Śląskiego, Katowice.

Łapot W., 2000. *Gemmologia szczegółowa - vademecum*. Wydawnictwo Uniwersytetu Śląskiego, Katowice.

Łapot W., 2001. *Optyka kryształów dla geologów i gemmologów*. Wydawnictwo Uniwersytetu Śląskiego, Katowice.

Łapot W., 2003. *Diament – praktikum gemmologiczne* (wydanie drugie – 2015). Wydawnictwo Uniwersytetu Śląskiego, Katowice.

Łapot W., 2005. *Perły, przewodnik gemmologa – Mikrobudowa masy perłowej*. Wydawnictwo LabGem, Sosnowiec.

Łapot W., 2006. *Koralowce jubilerskie*. Wydawnictwo LabGem, Sosnowiec.

Łapot W., 2007. *Syntetyczne diamenty jubilerskie*. Wydawnictwo LabGem, Sosnowiec.

Łobos K., 2006. *Mineralogiczna panorama Dolnego Śląska, cz.1*. Wydawnictwo 3nexus, Wrocław.

Łobos K., 2006. *Mineralogiczna panorama Dolnego Śląska, cz.2*. Wydawnictwo 3nexus, Wrocław.

Manecki A., 2004. *Encyklopedia minerałów*. Uczelniane Wydawnictwa Naukowo-Dydaktyczne Akademii Górniczo-Hutniczej, Kraków.

Manecki A., Łodziński M., Wrzak J., 2011. *Glosariusz minerałów – nazwy polskie i angielskie, właściwości, etymologia*. Wydawnictwo Mineralogiczne Mineralpress, Kraków.

Matuszewska A., 2010. *Bursztyn (sukcynit), inne żywice kopalne, subfosylne i współczesne*. Oficyna Wydawnicza Wacław Walasek, Wydawnictwo Uniwersytetu Śląskiego, Katowice.

Maślankiewicz k., 1983. *Kamienie szlachetne* (wydanie trzecie). Wydawnictwa Geologiczne, Warszawa.

Natkaniec-Nowak L., Heflik W., 2000. *Kamienie szlachetne i ozdobne Polski, cz. 2*. Uczelniane Wydawnictwa Naukowo-Dydaktyczne Akademii Górniczo-Hutniczej, Kraków.

Oldershaw C., 2006. *Ilustrowany atlas klejnotów i kamieni szlachetnych*. Wydawnictwo BUCHMANN, Warszawa.

Parafiniuk J., 2005. *Minerały – systematyczny katalog 2004*. Towarzystwo Geologiczne „Spirifer", Warszawa.

Płaszczyńska M., 1988. *Kamienie szlachetne – nie niszczące metody badania*. Państwowe Wydawnictwo Naukowe, Warszawa - Kraków.

Ryka W., Maliszewska A., 1991. *Słownik petrograficzny* (wydanie drugie). Wydawnictwa Geologiczne, Warszawa.

Sachanbiński M., 1997. *Kamienie szlachetne i ozdobne Dolnego Śląska* (wydanie drugie). Wydawnictwo Ossolineum, Wrocław.

Samek J., 1988. *Polskie złotnictwo*. Wydawnictwo Ossolineum, Wrocław.

Schumann W., 2012. *Kamienie szlachetne i ozdobne* (wydanie trzecie). Oficyna Wydawnicza Alma-Press, Warszawa.

Sobczak N., Sobczak T., 1993. *Opale*. Wydawnictwo Naukowe PWN, Warszawa.

Sobczak N., Sobczak T., 1995. *Kość słoniowa. Korale*. Wydawnictwo Tomasz Sobczak, Warszawa.

Sobczak N., Sobczak T., 1998. *Szmaragdy*. Wydawnictwo Tomasz Sobczak, Warszawa.

Sobczak N., Sobczak T., 1998. *Wielka encyklopedia kamieni szlachetnych i ozdobnych*. Wydawnictwo Naukowe PWN, Warszawa.

Sobczak N., Sobczak T., 2005. *Granaty*. Wydawnictwo Tomasz Sobczak, Warszawa.

Sobczak T., Sobczak N., 1995. *Perły*. Wydawnictwo Tomasz Sobczak, Warszawa.

Sobczak T., Sobczak N., 1997. *Diamenty jubilerskie*. Wydawnictwo Tomasz Sobczak, Warszawa.

Sobczak T., Sobczak N., 2000. *Kamienie jubilerskie końca XX wieku*. Wydawnictwo Tomasz Sobczak, Warszawa.

Sobczak T., Sobczak N., 2013. *Kamienie szlachetne pochodzenia organicznego*. Wydawnictwo Polskiego Towarzystwa Gemmologicznego, Warszawa.

Sylwestrzak H., 1997. *Złoto w przyrodzie i dziejach*. Wydawnictwo Wiedza i Życie. Warszawa.

Sylwestrzak H., 1999. *Diament – minerał niezwykły*. Wydawnictwo Państwowego Instytutu Geologicznego, Warszawa.

Sylwestrzak H., 2000. *Od krzemienia do piezokwarcu – czyli mineralogia jest ciekawa*. Wydawnictwo Naukowe PWN, Warszawa.

Sylwestrzak H., Kachnic J., 2010. *Kamienne tworzywo sztuki*. Wydawnictwo Naukowe Uniwersytetu Mikołaja Kopernika, Toruń.

Symes R. F., Harding R. R., 1993. *Kamienie szlachetne*. Wydawnictwo Arkady, Warszawa.

Szełęg E., 2007. *Atlas minerałów i skał*. Wydawnictwo Pascal, Bielsko-Biała.

Urbaniak R., 1980. *Nazewnictwo kamieni jubilerskich*. Wydawnictwo PHU „Jubiler", Warszawa.

Voillot P., 2002. *Diamenty – fascynujące klejnoty*. Wydawnictwo G + J Gruner + Jahr Polska (Focus), Warszawa.

Wojtczak L., Ziomek J., 2008. *Kryształy w przyrodzie i technice. Przewodnik po świecie kryształów* (wydanie drugie). Wydawnictwo Uniwersytetu Łódzkiego, Łódź.

Żaba J., 2003. *Ilustrowany słownik skał i minerałów*. Wydawnictwo Videograf II, Katowice.

Żaba J., 2014. *Ilustrowana encyklopedia skał i minerałów* (wydanie czwarte). Wydawnictwo Videograf, Chorzów.

AUTORZY ILUSTRACJI

© Kamil Mieszczakowski (ilustracje na s. 6)

© Marzena, Michał i Jacek Bronowscy / foto-baza.pl (17d, 18g, 175d, 185gp)

Shutterstock.com: © J. Palys (2, 89g, 116d, 122g, 136d, 154dl); © Imfoto (5l, 38, 61g, 69g, 72d, 117d, 141g, 147d); © Stellar Gems (7gl, 55g); © Albert Russ (7gśl, 13d, 33d, 35d, 37śp, 39gp, 39d, 45dp, 48g, 50g, 52g, 53g, 53dp, 54g, 58g, 77d, 82ś, 82p, 86g, 90l, 91, 96d, 101g, 113g, 113d, 118g, 121ś, 123d, 129g, 130d, 138g,); © MarcelClemens (7gśp, 7gp); © Joel Berg (19); © Freebulclicstar (25); © AVprophoto (27g); © MarcelClemens (27ś, 62g); © GoodWin777 (29dl); © Alexander Levitsky (29dp); © Matteo Chinellato (30g); © ODM (31g); © Sementer (34d, 59d, 109g, 143g); © Epitavi (36, 75d, 146g); © Nastya22 (37śl, 37dp, 65d, 94d, 111d, 181g); © Vitalii Tiagunov (39gl); © Dario Lo Presti (46d); © Jiri Vaclavek (50d, 57g, 67g, 67d, 130gl, 152g); © www.sandatlas.org (51g, 51d, 134gl, 134gp, 176dp); © woe (51śp, 115d, 116g, 135d, 153d, 154dp, 170d, 173gp, 180d, 185gl); © Vangert (57ś); © Only Fabrizio (59g, 172); © Sever180 (61dl); © Bennyartist (62ś); © Tom Grundy (68ś); © Mona Makela (76gp); © Zelenskaya (79d, 103gp, 167d, 169g); © farbled (80gp, 97gl); © litchima (95d); © dean bertoncelj (101d); © mtsyri (102); © verbaska (103gl, 103d, 177ś); © dmitriyd (103ś, 145g); © digitalfarmer (106dp); © Sergey Lavrentev (107l, 107pg); © Anastasios71 (110d); © MrBright (112g); © roundstripe (114gl); © BrankoG (115gl); © Manamana (117g); © Madlen (121g, 146d); © mahey (121d); © skyfotostock (122dl); © ArgenLant (123ś, 124g, 136g); © unpict (124d, 173gl); © LW (125gl); © Arkstart (125dl); © underworld (125dp); © Nastya Pirieva (128g); © Daria Medvedeva (130gp); © Zita (132g); © kudrashka-a (132ś); © elen_studio (133g); © TinaImages (139dl); © Dmitry Abezgauz (140g); © artshock (140d); © Geo-grafika (141d); © Zbynek Burival (142g); © fotovapl (142d); © shinobi (144d); © Africa Studio (145ś); © mj007 (145d); © Patricia Chumillas (147g); © Bramthestocker (150g, 177g); © Nika Lerman (150d); © Oliver Mohr (151g); © Ilizia (151d); © hadkhanong (152dl); © popgallery (152dp); © Sirocco (153g); © Nada B (153ś); © cvalle (154g); © S_E (155g); © anakondasp (158g); © Vladimir Kamenev (158d); © beer worawut (160); © Marius Rudzianskas (161g); © hjochen (161ś); © Potapov Alexander (162g); © Julia_Lelija (162d, 165d); © Dja65 (163g); © Garsya (165g); © PhotographyByMK (168g); © He Shixin (169dl); © Tyler Boyes (170g); © Muellek Josef (171g); © Karel Funda (171ś); © Seroff (173d); © Alessandro Colle (174d); © Bullstar (175g); © Alexander Cher (176g); © Ilja Generalov (176dl); © Chursina Viktoriia (177d); © marco zampieri (181d); © Kira Volkov (182g); © Bildagentur Zoonar GmbH (182d); © Sascha Burkard (183g); © bikeriderlondon (183d)

Flickr.com: © Big Bead Little Bead (CC BY-NC ND 2.0) | www.flickr.com/photos/bigbeadlittlebead/8490336706 (35ś); © Kotomi_ (CC BY-NC 2.0) | www.flickr.com/photos/kotomi-jewelry/5592098385 (41d); © Cliff (CC BY 2.0) | www.flickr.com/photos/nostri-imago/2926131626 (43gp); © Frank Fujimoto (CC BY-NC-ND 2.0) | www.flickr.com/photos/fmf0/18882875960 (43d), © Big Bead Little Bead (CC BY-NC-ND 2.0) | www.flickr.com/photos/bigbeadlittlebead/9066963182 (51śl); © Deidre Woollard (CC BY 2.0) | www.flickr.com/photos/deidrew/4427797585 (55d); © Paul Williams (CC BY-NC 2.0) | www.flickr.com/photos/ironammonite/11825532294 (58d); © opacity (CC BY-NC-ND 2.0) | www.flickr.com/photos/opacity/4049428388 (64g); © John Brandauer (CC BY-NC-ND 2.0) | www.flickr.com/photos/brandauer/4280104464 (73d); © Kotomi_ (CC BY-NC 2.0) | www.flickr.com/photos/kotomi-jewelry/16719887824 (74d); © pensondesignergems (CC BY 2.0) | www.flickr.com/photos/28173451@N08/26488839772 (78g); © pensondesignergems (CC BY 2.0) | www.flickr.com/photos/28173451@N08/26983222210 (78d); © -Merce- (CC BY-NC-ND 2.0) | www.flickr.com/photos/merceblanco/147668259 (89d); © greyloch (CC BY-SA 2.0) | www.flickr.com/photos/greyloch/14508316069 (90d); © rene_beignet (CC BY-NC-ND 2.0) | www.flickr.com/photos/silkcut/7579184462 (100g); © Kotomi_ (CC BY-NC 2.0) | www.flickr.com/photos/kotomi-jewelry/2891608851 (104dl); © Gabriel (CC BY 2.0) | www.flickr.com/photos/cod_gabriel/13225137323 (104dp); © gorekun (CC BY-NC 2.0) | www.flickr.com/photos/gorekun/2931961340 (105p); © James St. John (CC BY 2.0) | www.flickr.com/photos/jsjgeology/23489769072 (123g); © Anders Sandberg (CC BY 2.0) | www.flickr.com/photos/arenamontanus/2756010979 (126g); © opacity (CC BY-NC-ND 2.0) | www.flickr.com/photos/opacity/4127311728 (127g); © beautifulcataya (CC BY-NC-ND 2.0) | www.flickr.com/photos/beautifulcataya/8638994060 (132d); © James St. John (CC BY 2.0) | www.flickr.com/photos/jsjgeology/14979619926 (169dp)

Wikipedia.org: © Didier Descouens (CC BY-SA 4.0) | wikimedia.org/…/File:Quartz oisan.jpg (5p); © Luis Miguel Bugallo Sánchez (CC BY-SA 3.0) | wikimedia.org/…/File:Mineral Olivino GDFL046.jpg (7dp); © Pelex (CC BY-SA 3.0) | wikimedia.org/…/File:Talc mutnikSVK01.JPG (9pg); © Chmee2 (CC BY-SA 3.0) | wikimedia.org/…/File:Glass Mountain in norhtern California in summer 2012 (15).JPG (10l); © Rob Lavinsky, iRocks.com (CC BY-SA 3.0) | wikimedia.org/…/File:Quartz-159777.jpg (10p); © H. Zell (CC BY-SA 3.0) | wikimedia.org/…/File:Cinnabarit 01.jpg (11l); © Ra'ike (CC BY-SA 3.0) | wikimedia.org/…/File:Streak plate with Pyrite and Rhodochrosite.jpg (13g); © Ivtorov (CC BY-SA 4.0) | wikimedia.org/…/File:Mineral-lum.jpg (14); © Motilla (CC BY-SA 3.0) | wikimedia.org/…/File:Intrusion types PL.svg (17g); © Mauro Cateb (CC BY-SA 3.0) | wikimedia.org/…/File:5 Emeralds from Colombia.JPG (20dl); © Alchemist-hp (CC BY-NC-ND 3.0) | wikimedia.org/…/File:Platinum-nugget.jpg (26g); © GDK (CC BY-SA 3.0) | wikimedia.org/…/File:Tutanchamun Maske Transparent.png (27d); © James St. John (CC BY 2.0) | wikimedia.org/…/File:Tarnished silver (Norway) 1 (16664682503).jpg (28); © James St. John (CC BY 2.0) | wikimedia.org/…/File:Silver (Kongsberg, Norway) 3 (17090966380).jpg (29g); © Parent Géry (CC BY-SA 3.0) | wikimedia.org/…/File:Diamant sur conglomérat 3.JPG (30d); © Chris 73 (CC BY-SA 3.0) | wikimedia.org/…/File:Cullinan Diamond and some of its cuts - copy.jpg (31d); © Joan Rosell (CC BY-SA 3.0) | wikimedia.org/…/File:Sphalerite-JR.jpg (32); © Beatrice Murch (CC BY 2.0) | wikimedia.org/…/File:Museo de La Plata - Galena y Esfalerita Sulfuros de plomo y de zinc.jpg (33g); © Rob Lavinsky, iRocks.com (CC BY-SA 3.0) | wikimedia.org/…/File:Marcasite-40471.jpg (34g); © Luc Viatour (CC BY-SA 3.0) | wikimedia.org/…/File:Marcasite Luc Viatour.jpg (35g); © CarlesMillan (CC BY-SA 3.0) | wikimedia.org/…/File:3192M-fluorite1.jpg (37dl); © Rob Lavinsky, iRocks.com (CC BY-SA 3.0) | wikimedia.org/…/File:Chrysoberyl-119762.jpg (40g); © Parent Géry (CC BY-SA 3.0) | wikimedia.org/…/File:Chrysobéryl.JPG (40d); © Alfonso"~commonswiki (CC BY-SA 3.0) | wikimedia.org/…/File:Alexandrite 26.75cts.jpg (42g); © Ra'ike (CC BY-SA 3.0) | wikimedia.org/…/File:Several corundum crystals.jpg (44d); © Rob Lavinsky, iRocks.com (CC BY-SA 3.0) | wikimedia.org/…/File:Corundum-d06-236a.jpg (45g); © Rob Lavinsky, iRocks.com (CC BY-SA 3.0) | wikimedia.org/…/File:Corundum-d06-89a.jpg (45dl); © Parent Géry (CC BY-SA 3.0) | wikimedia.org/…/File:Rubis, calcite 11.jpg (47g); © 3BL Media (CC BY 2.0) | wikimedia.org/…/File:5-carat ruby ring.jpg (47d); © Parent Géry (CC BY-SA 3.0) | wikimedia.org/…/File:Saphir, albite, biotite 300.4.FS2014.jpg (48d); © Rob Lavinsky, iRocks.com (CC BY-SA 3.0) | wikimedia.org/…/File:Corundum-224177.jpg (49g); © Stanislav Doronenko (CC BY 3.0) | wikimedia.org/…/File.Sapphire ring.jpg (49d); © Eric Hunt (CC BY-SA 2.5) | wikimedia.org/…/File:Rhodochrosite Pink Form.jpg (52d); © Rob Lavinsky, iRocks.com (CC BY-SA 3.0) | wikimedia.org/…/File:Rhodochrosite-132176.jpg (53dl); © Derek Ramsey (CC BY-SA 4.0) | wikimedia.org/…/File:Azurite Specimen China 2.JPG (54d); © Rob Lavinsky, iRocks.com (CC BY-SA 3.0) | wikimedia.org/…/File:Azurite-Malachite-173855.jpg (56g); © Anagoria (CC BY 3.0) | wikimedia.org/…/File:2013-03 Malachit aus Gumeschewsk, Ural anagoria.JPG (56d); © Облако (CC BY-SA 3.0) | wikimedia.org/…/File:Ваза из малахита.jpg (57d); © Parent Géry (CC BY-SA 3.0) | wikimedia.org/…/File:Gypse (France) 1.JPG (58ś); © Hans Hillewaert (CC BY-SA 4.0) | wikimedia.org/…/File:Xiuhtecuhtli (mask).jpg (62d); © Rob Lavinsky, iRocks.com (CC BY-SA 3.0) | wikimedia.org/…/File:Brazilianite-tz13a.jpg (63g); © Parent Géry (CC BY-SA 3.0) | wikimedia.org/…/File:Brazilianite, microcline.JPG (63d); © Parent Géry (CC BY-SA 3.0) | wikimedia.org/…/File:Péridot (Pakistan).JPG (65g); © WesternDevil (CC BY-SA 3.0) | wikimedia.org/…/File:Piropas.jpg (66g); © Rob Lavinsky, iRocks.com (CC BY-SA 3.0) | wikimedia.org/…/File:Grossular-40468.jpg (68g); © Ra'ike (CC BY-SA 3.0) | wikimedia.org/…/File:Hessonit - Tafelschliff - Ceylon.jpg (68d); © Didier Descouens (CC BY-SA 3.0) | wikimedia.org/…/File:AlmandinInde.jpg (70dp); © Rob Lavinsky, iRocks.com (CC BY-SA 3.0) | wikimedia.org/…/File:Andradite-dem26x.jpg (71g); © shakko (CC BY-SA 3.0) | wikimedia.org/…/File:Demantoid brooch-pendant.jpg (71d); © Rob Lavinsky, iRocks.com (CC BY-SA 3.0) | wikimedia.org/…/File:Zircon-tuc1001c.jpg (72g); © Rob Lavinsky, iRocks.com (CC BY-SA 3.0) | wikimedia.org/…/File:Zircon-121109.jpg (73g); © Parent Géry (CC BY-SA 3.0) | wikimedia.org/…/File:Zircon.JPG (74g); © Rob Lavinsky, iRocks.com (CC BY-SA 3.0) | wikimedia.org/…/File:Zoisite-224734.jpg (75g); © Parent Géry (CC BY-SA 3.0) | wikimedia.org/…/File:Anyolite, pargasite, rubis 5.jpg (76g); © Hannes Grobe (CC BY-SA 2.5) | wikimedia.org/…/File:Rubin-zoisit hg.jpg (76d); © Mark Schneider (CC BY-SA 3.0) | wikimedia.org/…/File.Exquisite Tanzanite Ring by Mark Schneider.jpg (77g); © Vzb83~commonswiki (CC BY-SA 3.0) | wikimedia.org/…/File:Beryl.jpg (79g); © Géry PARENT (CC BY-SA 4.0) | wikimedia.org/…/File:Emeraude 1100.1.FS2014 1.jpg (80gl); © Luciana Barbosa (CC BY-SA 3.0) | wikimedia.org/…/File:Trapiche emerald.jpg (80d); © نیت زانیا (CC BY-SA 3.0) | wikimedia.org/…/File:Colombian Emeralds.jpeg (81g); © WooteleF (CC BY 3.0) | wikimedia.org/…/File:Emerald Unguentarium.JPG (81d); © DonGuennie (CC BY-SA 4.0) | wikimedia.org/…/File:Heliodor-G-EmpireTheWorldOfGems.jpg (82g); © DonGuennie (CC BY-SA 4.0) | wikimedia.org/…/File:Goshenit2-G-EmpireTheWorldOfGems.jpg (83gl); © Parent Géry (CC BY-SA 3.0) | wikimedia.org/…/File:Goshénite, mica 1.JPG (83gp); © Parent Géry (CC BY-SA 3.0) | wikimedia.org/…/File:Goshénite, mica 4.JPG (83d); © DonGuennie (CC BY-SA 4.0) | wikimedia.org/…/File:Morganit-G-EmpireTheWorldOfGems.jpg (84g); © Rob Lavinsky, iRocks.com (CC BY-SA 3.0) | wikimedia.org/…/File:Beryl-Quartz-Spodumene-kunzitemorganitequartzafghanistan.jpg (84d); © Lech Darski (CC BY-SA 3.0) | wikimedia.org/…/File:Akwamaryna, syderyt, skaleń - Erongo, Namibia..JPG (85g); © Didier Descouens (CC BY-SA 3.0) | wikimedia.org/…/File:Berry bleu2-2.jpg (85dl); © Parent Géry (CC BY-SA 3.0) | wikimedia.org/…/File:Topaze, cleavelandite, quartz fumé 2.jpeg (86d); © MBisanz (CC BY-SA 3.0) | wikimedia.org/…/File:Topaz from the SMNH.JPG (87g); © Mauro Cateb (CC BY-SA 3.0) | wikimedia.org/…/File:Silver and topaz ring.JPG (87d); © John Sobolewski (CC BY 3.0) | wikimedia.org/…/File:Cordierite-383423.jpg (88g); © Didier Descouens (CC BY-SA 3.0) | wikimedia.org/…/File:Cordierite Italie.jpg (88d); © Didier Descouens (CC BY-SA 3.0) | wikimedia.org/…/File:Diopside cabochon Inde.jpg (92g); © Didier Descouens (CC BY-SA 3.0) | wikimedia.org/…/File:Diopside Aoste.jpg (92d); © Rob Lavinsky, iRocks.com (CC BY-SA 3.0) | wikimedia.org/…/File:Diopside-tmu18b.jpg (93g); © Didier Descouens (CC BY-SA 3.0) | wikimedia.org/…/File:Diopside faceted.jpg (93d); © Rob Lavinsky, iRocks.com (CC BY-SA 3.0) | wikimedia.org/…/File:Diopside-177506.jpg (94gl); © Eva K. (CC BY-NC-ND 3.0) | wikimedia.org/…/File:Chrom-Diopsid DSC 5171.jpg (94gp); © Vzb83~commonswiki (CC BY-SA 2.5) | wikimedia.org/…/File:Spodumene.jpg (96g); © Parent Géry (CC BY-SA 3.0) | wikimedia.org/…/File:Spodumene var. kunzite sur quartz (Brésil).jpg (97g); © Didier Descouens (CC BY-SA 3.0) | wikimedia.org/…/File:Kunzite-Hiddenite.jpg (97d); © Parent Géry (CC BY-SA 3.0) | wikimedia.org/…/File:Hiddénite, cleavelandite, quartz 2.jpeg (98g); © Parent Géry (CC BY-SA 3.0) | wikimedia.org/…/File:Hiddenite - 115 mm - (Afghanistan).JPG (98d); © Kokuseki1 (CC BY-SA 3.0) | wikimedia.org/…/File:杉石(ウェッセルズ鉱山).jpg (99g); © Matthew Goodwin (CC BY 3.0) | wikimedia.org/…/File:Sugilite-447827.jpg (99d); © Rob Lavinsky, iRocks.com (CC BY-SA 3.0) | wikimedia.org/…/File:Pectolite-112882.jpg (100d); © Rob Lavinsky, iRocks.com (CC BY-SA 3.0) | wikimedia.org/…/File:Pyrophyllite-65720.jpg (104g); © 珍庵 (CC BY-SA 3.0) | wikimedia.org/…/File:Agalmatolite.jpg (105l); © Ra'ike (CC BY-SA 3.0) | wikimedia.org/…/File:Soapstone (Speckstein) - several colored samples.jpg (106g); © Nunnauuni (CC BY-SA 3.0) | wikimedia.org/…/File:Kopalnia odkrywkowa NunnaUuni w Finlandii.JPG (106dl); © Adam Ognisty (CC BY-SA 3.0) | wikimedia.org/…/File:Fuchsyt kule.jpg (107d); © Rob Lavinsky, iRocks.com (CC BY-SA 3.0) | wikimedia.org/…/File:Antigorite-usa77bbg.jpg (108d); © shakko (CC BY-SA 3.0) | wikimedia.org/…/File:Bovenite desk clock and glue pot (Faberge).jpg (109d); © Lloyd.james0615 (CC BY 3.0) | wikimedia.org/…/File:Chrysocolla.jpg (111g); © Parent Géry (CC BY-SA 3.0) | wikimedia.org/…/File:Améthyste, quartz 300-3-7706.JPG (112d); © Mauro Cateb (CC BY-SA 3.0) | wikimedia.org/…/File:Gold and quartz pendant.jpg (114gp); © Mike Peel (CC BY-SA 4.0) | wikimedia.org/…/File:Crystal Skull at the British Museum 1.jpg (114d); © Михал Орела (CC BY 3.0) | wikimedia.org/…/File:Milky-quartz-Sofia-Museum1.jpg (115gp); © Dario Crespi (CC BY-SA 3.0) | wikimedia.org/…/File:Quarzo morione.jpg (117ś); © derrico_jewelry (CC BY-SA 2.0) | wikimedia.org/…/File:Amethyst Ring1.jpg (118dl); © Parent Géry (CC BY-SA 3.0) | wikimedia.org/…/File:Améthyste (Jackson Crossroads Mine, Tignall, Georgia - USA) 2.jpg (118dp); © Mauro Cateb (CC BY-SA 3.0) | wikimedia.org/…/File:Silver and citrine rings..jpg (119d); © Lech Darski (CC BY-SA 3.0) | wikimedia.org/…/File:Prasiolit w geodzie (strefa krustalna) - Płóczki Górne, Poland. 1.jpg (120g); © Michelle Jo (CC BY 3.0) | wikimedia.org/…/File:Cut prasiolite.JPG (120ś); © Ra'ike (CC BY-SA 3.0) | wikimedia.org/…/File:Quarz - Aventurin.jpg (122dp); © Ra'ike (CC BY-SA 3.0) | wikimedia.org/…/File:Quartz - Tigers-Eye - raw stone from Southafrica.jpg (125gp); © CrimeaGems, mirmineralov.ru (CC BY-SA 3.0) | wikimedia.org/…/File:Bulls Eye Cabochon.jpg (126ś); © CrimeaGems, mirmineralov.ru (CC BY-SA 3.0) | wikimedia.org/…/File:Bulls Eye Tumble finishing.jpg (126d); © Elke Wetzig (CC BY-SA 3.0) | wikimedia.org/…/File:Chalcedon-Rose mineralogisches museum bonn.jpg (128d); © Sailko (CC BY 3.0) | wikimedia.org/…/File:159 arte pseudoantica, giunone o venere di paphos, calcedonio, xvi-xvii sec..JPG (129d); © Rob Lavinsky, iRocks.com (CC BY-SA 3.0) | wikimedia.org/…/File:Agate-Quartz-49959.jpg (131gl); © UCL Museums & Collections (CC BY 3.0) | wikimedia.org/…/File:Agate in UCL Geology Collections 1.tif (131gp); © shakko (CC BY-SA 3.0) | wikimedia.org/…/File:Alexander II signet.jpg (131d); © Mariuszjbie (CC BY-SA 3.0) | wikimedia.org/…/File:Chryzopraz wrocław.jpg (135gl); © Ra'ike (CC BY-SA 3.0) | wikimedia.org/…/File:Heliotrop1.jpg (137g); © Adam Ognisty (CC BY-SA 3.0) | wikimedia.org/…/File:Heliotrop.jpg (137d); © Xth-Floor (CC BY-SA 3.0) | wikimedia.org/…/File:Polychromic opal Bohouskovice.jpg (139g); © Doxymo (CC BY-SA 4.0) | wikimedia.org/…/File:Rainbow shield opal and diamond pendant.jpg (139dp); © Piotr Sosnowski (CC BY-SA 4.0) | wikimedia.org/…/File:Ortoklaz 2.jpg (143d); © Rob Lavinsky, iRocks.com (CC BY-SA 3.0) | wikimedia.org/…/File:Albite-155007.jpg (148d); © Ra'ike (CC BY 3.0) | wikimedia.org/…/File:Oligoclase-Sunstone from India2.jpg (149gl); © Didier Descouens (CC BY-SA 4.0) | wikimedia.org/…/File:Heliolite.jpg (149gp); © Hannes Grobe/AWI (CC BY 3.0) | wikimedia.org/…/File:Oligoklas-norway hg.jpg (149d); © shakko (CC BY-SA 3.0) | wikimedia.org/…/File:Lazurite Mesciroba (Kremlin exhibition, Moscow 2011).JPG (155d); © Parent Géry (CC BY-SA 3.0) | wikimedia.org/…/File:Scapolite.JPG (157g); © Adam Ognisty (CC BY-SA 3.0) | wikimedia.org/…/File:'czaroit'.jpg (159g); © Piotr Sosnowski (CC BY 3.0) | wikimedia.org/…/File:Czaroit kufle.JPG (159d); © David.Monniaux (CC BY-SA 3.0) | wikimedia.org/…/File:Coral woman p1070258.jpg (163d); © Kowloonese (CC BY-SA 3.0) | wikimedia.org/…/File:AbaloneInside.jpg (166g); © „veronikab (CC BY 2.5) | wikimedia.org/…/File:WLA vanda Gujarat Mother of pearl basin.jpg (166dl); © Manfred Heyde (CC BY-SA 3.0) | wikimedia.org/…/File:Pearl oyster.jpg (166dp); © Geni (CC BY-SA 4.0) | wikimedia.org/…/File:Sample of jet 2013.JPG (167g); © Huhulenik (CC BY 3.0) | wikimedia.org/…/File:Granite Geopark.jpg (168d); © VitulinK (CC BY-SA 4.0) | wikimedia.org/…/File:Muzeum vltavinu - Collection.jpg (171d); © Lysippos (CC BY-SA 2.0) | wikimedia.org/…/File:Onyxmarmor Vase1.jpg (174g); © Adam Ognisty (CC BY-SA 3.0) | wikimedia.org/…/File:1 nefryt Kanada.jpg (178g); © Eurico Zimbres (CC BY-SA 2.5) | wikimedia.org/…/File:Jaspe.jpg (180g); © Adam Ognisty (CC BY-SA 4.0) | wikimedia.org/…/File:Wielka kula krzemień pasiasty.jpg (184dl); © Andrzej Otrębski (CC BY-SA 3.0) | wikimedia.org/…/File:Gdansk Muzeum Bursztynu 12.jpg (184dp); © Pymouss (CC BY-SA 4.0) | wikimedia.org/…/File:RAMM - Kumara 01.jpg (185d); domena publiczna (pozostałe)

Zdjęcia na okładce i stronie tytułowej – front (od góry, od lewej): © MongPro | Shutterstock.com, © Joan Rosell (CC BY-SA 3.0) | wikimedia.org/…/File:Sphalerite-JR.jpg, © Jorg Hackemann | Shutterstock.com, © Albert Russ | Shutterstock.com, © MongPro | Shutterstock.com, © Albert Russ | Shutterstock.com (główne i grzbiet); tył: © Jiri Vaclavek | Shutterstock.com)

Tekst:
profesor doktor habilitowany Jerzy Żaba,
magister Irena V. Żaba,
Wydział Nauk o Ziemi, Uniwersytet Śląski

Redakcja i korekta:
zespół Wydawnictwa SBM

Projekt makiety:
Paweł Kanik

Opracowanie graficzne:
Jacek Bronowski

Opracowanie okładki:
Jacek Bronowski

Warszawa 2022

WYDAWNICTWO

Wydawnictwo SBM Sp. z o.o.
ul. Sułkowskiego 2/2
01-602 Warszawa

www.**wydawnictwosbm**.pl

ISBN 978-83-8222-429-0